广东省财政科学研究所
广东省立中山图书馆
广东省档案馆 编

民国时期广东财政史料

第一册

法规之一

廣東省出版集團
全国优秀出版社
全国百佳图书出版单位
广东教育出版社
·广州·

图书在版编目（CIP）数据

民国时期广东财政史料. 第1册，法规. 1 /广东省财政科学研究所，广东省立中山图书馆，广东省档案馆编. —广州：广东教育出版社，2011.9

ISBN 978-7-5406-8541-6

Ⅰ. ①民… Ⅱ. ①广… ②广… ③广… Ⅲ. ①地方财政—财政史—广东省—民国 ②地方财政—财政法—广东省—民国 Ⅳ. ①F812.96

中国版本图书馆CIP数据核字（2011）第189165号

责任编辑	杨向群
责任技编	杨启承
出版发行	广东教育出版社
	（广州市环市东路472号 12-15 楼 邮政编码：510075）
网　　址	http://www.gjs.cn
经　　销	广东新华发行集团股份有限公司
印　　刷	广州伟龙印刷制版有限公司
	（广州市沙河沙太路银利工业大厦 1 栋）
开　　本	787 毫米 × 1092 毫米　1/16　37.25 印张　745000 字
版　　次	2011 年 9 月第 1 版
	2011 年 9 月第 1 次印刷
书　　号	ISBN 978-7-5406-8541-6
定　　价	2500 元（全 6 册）

质量监督电话：020 - 87613102　　购书咨询电话：020 - 87621848

出版说明

一、自清中晚期以来，广东在全国的政治经济地位日渐彰显，而在全国财政向近代转型的进程中，广东省财政也起到了示范性的作用。民国时期孙中山领导的南方政府，更是主要依赖广东财政的支持，使得当时的广东财政在全国具有特殊的地位。

民国时期广东财政的史料现多收藏于广东省立中山图书馆和广东省档案馆，亦有部分藏于他处，这些史料一直未曾得到系统的整理。而整理并出版现存的广东财政史料，对史学、经济学界和有关财政部门全面、系统、深入地研究广东财政的历史演变，分析广东财政在体制、规范、实操等方面的特点，并为现实提供借鉴等，均具有非常积极的意义。

为此，在广东省财政厅的支持下，广东省财政科学研究所与广东省立中山图书馆、广东省档案馆合作，对民国时期广东财政历史文献资料、档案资料进行了收集、整理，编辑成《民国时期广东财政史料》付梓出版。

二、本书第一至六册所收录史料，系从现藏于广东省立中山图书馆和广东省档案馆的官方资料和档案中予以甄别遴选，共计资料三十七种、档案二〇四件。

我们将史料分为财政法规、财政概况、财政统计、田赋粮食、财政历史档案等五大类别：第一册为一九二九至一九三八年广东省各项财政税务法规章程；第二册为一九三八至一九四〇年广东省各项财政税务法规章程；第三册为一九一二至一九四六年间多个年份广东财政概况和财政工作报告；第四册为一九一二至一九四七年间多个年份的广东财政统计资料；第五册为一九三〇至一九四六年有关田赋粮食的相关资料；第六册为广东省档案馆收藏的广东财政历史档案。

三、本书各册单独编列页码；每种文献前设扉页，注明编辑出版者等相关信息。

四、本书收入的全部文献均据文献原底本影印，底本原有之题跋、批校、印鉴等均予保留，只作版面缩放和页面清晰度处理，不进行校勘，对文献因装订失误产生的明显顺序错误径作校正但不另注校记。

五、在图像处理上，对部分残破的底本，先进行裱补，再进行扫描、影印；对已经产生破损残缺、失去修复信息源的无法裱补的底本，按原状扫描。

由于各类资料和档案形式各异，版面格式纷杂，为保证阅读效果，全书按照统一的版心格式和成书尺寸进行排版、印制。

六、在整理、编辑、出版过程中，我们深感抢救历史文献之必要与迫切，因此，在文献收集尚未理想的情况下仍决心将现有资料整理出版，未臻完善之处，敬请方家指正。

在本书编辑出版过程中，得到了广东大沿海出版工贸有限公司和广东教育出版社的大力支持，特此致谢。

《民国时期广东财政史料》编委会

二〇一一年九月

目录

修正广东省单行划一契税章程……一·一
广东财政厅各项税捐征收章程……一·八七
广东省典商营业税征收章程……一·一七三
广东省营业税征收章程及税率表……一·一八九
广东现行赋税制度法规……一·二〇七
广东省财政厅会计章制汇编……一·三七一
广东省国防公债条例及募集办法汇编……一·五五一

修正广东省单行划一契税章程

广东省政府财政厅 编

廣東省政府財政廳

呈爲呈請核示事案照本省劃一契稅章程編訂在民國十四年間時已曆數載辦法屢有變更檔案紛繁殊難檢閱兼之各縣契稅附加地方款項漫無限制每每附加之數幾與正稅相埒卽正稅以外帶征各項亦復名目繁多先經職廳土地局主管員司提議改善根據原章搜輯近年通行成案參酌時宜悉心考核計曆數月之時間更改草案至六次昨據簽呈意見廳長復加查核飭再將征收稍重之契稅附加限以定率其帶征各種罰金測繪費代繕費註册費驗契逾限罰款等項悉皆零星收入無補餉需徒滋紛擾應予分別減征或全行免收以輕人民負擔現據該局長鍾毓元將修正契稅章

修正廣東省單行劃一契稅章程 一 廣州市龍藏街又新堂承印

程草案編校成帙連同各種契照證據申請書收據式樣呈核前來廳長查閱似比舊章完善可冀推行盡利理合轉呈

鈞府察核俯賜

提議頒布俾得酌定施行日期通令各屬佈告週知寔爲公便謹呈

廣東省政府

計呈修正廣東省單行劃一契稅章程草案一本連各種契紙執照証據申請書收據各式樣一本

廣東財政廳長范其務

民國十八年　六月　二十七日

廣東省政府指令財字第二四二二號

廣東財政廳長范其務

呈一件呈繳修正廣東省單行劃一契稅章程連同各種契照証據式樣請核提議頒佈俾得酌定施行日期通令遵知由

呈件均悉此案業經提出本府第四屆委員會第一六七次會議議決交許廳長羅院長光顧問審查在案除分函外應俟議復再行飭遵仰即知照此令

民國十八年 七月 八日

廣東省政府委員會主席陳銘樞

廣州市龍藏街文新堂承印

廣東省政府財政廳

呈爲呈繳事案奉

鈞府財字第一四二二號指令據秘書處呈繳該廳修正廣東省單行劃一契稅章程草案連同原發審查意見書簽註各案轉請復查議決由令開章程及坿件均悉查核該改正章程內第四條投稅期限應定爲六個月第十條依第八九條之規定應改爲依第七八條之規定因照原文删去一條逐條自應遞減除原文有案不再冗叙外後開仰廳即便遵照上列各項再行修正頒布施行仍將該章程繕正一分呈繳備案此令坿件存計發還修正廣東省單行劃一契稅章程草案一本等因奉此遵即按照指飭各項逐一修正並將第

九條連原文全行刪去逐條遞減一面督飭員司將各種契紙執照申請書收據式樣依據修正章程分別更正一俟修繕完備即行印刷分發各屬遵辦並將頒布施行日期另文呈報外理合將修正章程先行繕正呈繳

鈞府察核備案謹呈

廣東省政府

計呈繳修正廣東省單行劃一契稅章程一本

廣東財政廳長范其務

民國十八年十月二十三日

廣東省政府指令財字第一五七號

呈一件呈繳修正廣東省單行劃一契稅章程一本請察核備案由

廣東財政廳長范其務

呈及章程均悉准予備案仰即知照此令章程存

民國十八年十一月六日

廣東省政府委員會主席陳銘樞

修正廣東省單行劃一契稅章程（中華民國十九年一月一日奉准公布施行）

第一章　總則

第一條　本章程係根據民國十四年一月公佈廣東省單行劃一契稅章程及現辦例案加以修正期無掛漏抵觸用資遵守

第二條　本章程所謂契者指關於不動產斷賣贈與遺贈繼承分析典按之各種書據及投承官產市產屯田山墶坦地鹽塲等一切執照與外國人在通商口岸永租屋地外國教會在內地置買教堂公產所立之書約而言至沙田應照登記章程登記毋庸稅契又本國公署及公立學校公立醫院為不動產之業主時得免稅費但仍應將契送徵收官署登簿蓋印填發契紙註明公用事由送回存案外其餘均應一律稅契凡持有前清契照未經驗換者仍應補行換契原契欲分欲合或遺失霉爛者應請分契合契補契又加建上蓋或租地自建上蓋均應繳稅領照茲列舉如左

（一）稅契　斷賣　典按

（二）換契

（三）分契

（四）合契

（五）補契

（六）加建上蓋補稅領照

（七）租地自建上蓋補稅領照

（八）外國人永租屋地稅契

（九）外國教會置買公產稅契

（十）不動產之贈與遺贈繼承分析及投承官市產與斷賣同

第三條　本章程所定各項稅費均以毫銀爲本位不補元水但契內產價亦以毫銀爲率其有以大元或兩數銅錢爲本位者應照後開各欵分別伸算

（一）契內產價書明大元者應照現在普通辦法加二五伸合毫銀計算卽每一大元作毫銀一元二毫五至大元一元以下之數亦均照此伸算毋庸按時值加減

（二）契內產價書明兩數者應以兩伸元（卽七錢二分伸合毫銀一元計算）無論兩錢分釐若干均照此伸算

（三）契內產價書明銅錢者從前辦法係以制錢一千文作銀一兩現定爲每錢一千文作毫銀一元計算多少仿此

（四）契內產價並無書明大元或毫銀者概作毫銀計毋庸補水

第二章　稅契（斷賣典按）

第四條　不動產之斷賣贈與遺贈繼承分析典按其買主承受人典主按主統稱業主均應於契約成立後六箇月內依本章程第五條手續稅契凡投承官市產屯田山墶坦地鹽塲等業應由給照機關一面通知投承人於領照後六箇月內依章前赴

征收契稅機關投稅一面將投承人住址及所領產業坐落地方價值等項通知征收契稅機關查催

第五條　業主依第四條期限之規定稅契時應填申請書將本身白契上手紅契或民國後承領投買之官產市產屯田山墶坦地鹽塲等執照連同應繳稅費一併呈繳由征收官署掣回收據俟將契印就再行由業戶持據領回

凡業戶呈繳上手紅契經已換驗者由征收官署驗訖加蓋戳記先行當堂發還其稅契應納之稅費如左

（一）契稅照契內所立之產價（贈與遺贈繼承分析之產價由業主自估塡報但不得低於原契所記載之產價或其

比例之數以示限制倘發覺其自估產價低於此限制者應以匿稅論照第八條各欵處罰）斷賣契征稅金百分之六典按契征百分之四（連從前坿加大學經費在內不再另收）如係先典按而後斷賣者准將以前納過典按稅金額如數扣還但以由原承典人買受及民國年間所稅之典按契爲限

承典人出過典稅俟出典人於限滿贖產時歸還稅額之半於承典人

（二）測繪對照產價斷賣收千分之五典按收千分之三但不分斷賣典按比例少於一元者仍照一元計算超過五十

元者仍照五十元計算以收至五十元爲率不再增收

（三）契紙費不分斷賣典按契或執照均一律每張照舊收毫銀伍毫全數撥爲僱人寫契之用不入庫欵報解但各屬具領時仍須先行繳費請領用完後准予在解稅欵內扣還其以前應收代繕費每張五毫全行免收

（四）中資捐附捐及地方附加各欵依各縣呈奉核准定率暫時征收將來均應一律取銷依照正稅附加百分之三十以下撥爲地方欵以昭一律其各縣以前如有未在契稅附加者嗣後不得續請加收以輕人民負擔而免有礙正稅

第六條　業主稅契不論何種契照應由原征收官署派員傳同業主到該不動產所在地測量繪圖粘尌契紙蓋印發給并通知該業主自赴登記機關聲請登記如上手紅契或本身契照已由征收官署測量繪圖粘尌契照并無變更者應免繳測繪費但仍應聲請登記

前項測繪登記在未設登記機關地方及離登記機關稍遠之地不能前赴測繪者暫緩繳費辦理即由征收官署將契印稅後通知該業主限十日內持據將契照領還（已經登記之契照亦同）

凡業主留產應將所立白契連同上手紅契或執照先赴征收官署投稅再將印契前往登記機關登記未經印稅契照不得先行登記

第七條　業主不依第四條期限稅契者一經查出或被告發得實除照定率征收稅費外並處以應納稅額五倍之罰金

前項逾限自行投稅產價三百元以上者爲大契每張征收逾限罰欵四元產價三百元以下者爲小契每張征收逾限罰欵二元

第八條　業主投稅時匿報產價者除令換賸契紙改正契約補繳短納稅費外並處以左列之罰金

（一）匿報產價十分之二以上未滿十分之三者罰以短納稅額之一倍以下

（二）匿報產價十分之三以上未滿十分之四者罰以短納稅額之二倍以下

（三）匿報產價十分之四以上未滿十分之五者罰以短納稅額之四倍以下

（四）匿報產價十分之五以上者罰以短納稅額八倍以下

第九條　依第七八條之規定對於業主所科之罰金限以一箇月內繳納否則扣留契據不予發還再限一箇月完繳如仍逾延即將該不動產召變於變價內扣除罰金餘欵發還業主具領

業主被人舉發屬實不遵繳契據者得拘傳嚴追

第三章　換契

第十條　凡持有前淸契尾布頒紅契各種印照於本章程施行前

未經驗換又未易主者應於本章程施行後六箇月內照章繳納換契金申請換契倘不呈請換契一經查出或被告發得實除照章征收換契金飭令領換契紙外再照應納換契金額處以五倍之罰金如現在易主者准免換契亦不收換契金但須將現立之契連同上手各契照申請繳稅印契

第十一條　民國三年國稅廳頒發之驗契證據如係代用契紙者於本章程施行後六箇月內申請換契免繳換契金（契紙費照收）逾限始行申請者應照章繳納

凡有民國紅契執照欠缺產圖申請測量者照第十三條第二欵征收測繪費俟測繪後將契照發還前赴登記機關登記

第十二條　業主換契其產價准照時值增加除原價照第十三條繳費外其所增產價應照第五條繳納稅費

前項換契原價及增加產價得合計總額填入契內

第十三條　業主換契應填備申請書將原稅紅契或執照連同應納稅費一併呈繳由征收官署掣回收據除將原契加蓋（已換契）戳記標識外並填發新契與原契粘連鈐印

換契應納之稅費如左

（一）換契金照產價斷賣千分之十典按千分之六

（二）測繪費照產價斷賣千分之三典按千分之二並照第五條第二欵之限制

（三）契紙費不分斷賣典按照第五條第三欵征收其以前所
收代繕費每張五毫仝行免收

第十四條　凡民國印契及執照如有因收藏日久爲蟲傷鼠咬毁爛
能辨認印信字號產價街名門牌及業戶姓名者應准換領紙
收契紙費免繳換契金惟未測量粘圖者並應照第十三條征
收測繪費

第十五條　凡有不動產以前短稅地價或因現在地價增高均得由
業主按照時值補稅如因加建改建上蓋增價即照第七章加
建上蓋補稅領照各條辦理

第十六條　業主增價補稅應攜同原有紅契印照赴征收機關照章

繳納稅費申請補稅即由征稅機關於契照加註蓋印粘貼補
稅證據發還管業

第十七條　增價補稅稅率值百征六測繪費照第十三條第二欵征
收並照第五條第二欵之限制其未開辦測繪之地方毋庸征
收測繪費至證據紙費每張五毫撥爲僱人繕寫之用不入庫
欵報解但各屬具領時仍須先行繳費請領用完後准於在解
稅欵內扣還

第四章　分契

第十八條　凡屬一契之不動產業主欲分爲數契時得申請分契但
不得更易姓名或堂名、如將產分與子姪兄弟應照分析脊據繳稅領契）前淸

紅契未經驗換及民國未稅之契照質典按紅契均不得分契

凡有紅契一張內載舖屋田地如欲將契內所載之舖屋或田地坵段面積劃分者均得分契

前項分契張數以舖屋間數或田地坵段為準

第十九條　業主分契應自行繕立白契將購置及分割情形幷所分地段四至丈尺應估產價若干叙明各該分契之內其分契產價共額並無超越原價總額者則從前所繳稅金准其繼續有效倘業主自願照時值增加致共額超越原額時其超越之產價應照第五條各欵繳納稅費

第二十條　業主分契應具申請書將原稅紅契連同各費一幷

呈繳由征收官署掣回收據除將原契加蓋（已分契）戳記標識外幷按請分張數填發新契

原契粘連某分契之上應由業主於各分契之內自行註明幷計分契若干張自行抄白原契若干紙繳由征收官署分別粘連鈐印發給

第六條之規定於本章適用之

分契應納之費於左

（一）測繪費照第十三條第二欵征收幷照第五條第二欵之限制

（二）契紙費照第五條第三欵征收其以前所收代繕費每張

五毫全行免收

第五章　合契

第二十一條　凡同一業主地段相連數契管業之不動產得合爲一契但不得更易姓名或堂名如前清紅契未經驗換及民國未稅之契照與典按紅契均不得合契

第二十二條　業主合契應自行繕立白契將購置及合併情形并合成地段四至丈尺產價總額敘明合契之內其合契產價總額并無超越原契共額者則從前所繳稅金准其繼續有效倘業主自願照時值增加致總額超越原額時其超越之產價應照第五條各欵繳納稅費

第二十三條　業主合契應塡備申請書將原契連同各費一併呈繳由征收官署擊回收據除將各原契加蓋（已合契）戳記標識外並塡發新契與各原契粘連鈐印不願粘連者聽

第六條之規定於本章適用之

合契應納之費如左

（一）測繪費照第十三條第二欵征收并照第五條第二欵之限制

（二）契紙費照第五條第三欵征收其以前所收代繕費每張五毫全行免收

第六章　補契

第二十四條　補契分失契執照及補稅契紙兩種

第二十五條　業主因天災事變致契據遺失應補領失契執照

第二十六條　業主補領失契執照應將產業地址所失紅契之稅契年月日契紙字號詳細敘明呈由原征收官署查核檔案相符者方予准理

第二十七條　業主接到官署准理通知書應填具呈狀開列產業坐落地名四至丈尺及產價等項并刋登財政公報一月暨當地通行日報一星期將報紙及取具殷實商店蓋有圖章之證明切結如係鄉村產業無從取具舖結者可覓具三人以上鄰保切結連同應繳稅費一併呈繳由征收官署掣回收據并由征

收官署或地方官廳出示佈告張貼該不動產注目處所及公署門首一個月無論何人持有該不動產之紅契印照者得於期內向該管法院及征收官署聲請異議俟法院將案了結通知征收官署時再行分別給發失契執照或將案註銷其所繳稅費概不發還期滿無人持有該不動產契照提出異議者即為確定分別填發執照（十三年十月通行）

第二十八條　業主失契開列民國契紙字號及稅契年月日呈請補領如本廳及原征收公署雖無案可稽但登記確定已領有完畢證應開列字號一併附呈以便轉請原登記機關查明原日呈驗紅契字號年月日及產價數目并所發登記完畢證如果

相符應准照第二十九條繳費補發失契執照

第二十九條　補領失契執照應繳稅費如左

（一）補領失契執照不論斷賣典按契照照產價千分之一（照原契產價數目計算不得增加）

（二）測繪費照第十三條第二欵征收并照第五條第三欵限制

（三）執照紙費照第五條第三欵征收其以前所收代繕費每張五毫全行免收

第三十條　業主遺失契據如係前清紅契或不能將民國稅契年月日契紙字號開列無論有無登記或所開年月日字號原征收官署無案可稽又未登記均應另繕白契請領補稅契紙

第三十一條　凡業主現有不動產由於世代相傳向無契據管業者應准於本章程施行後六箇月內由業主將該產業估計時值申請補領無契執照逾限如有查出或被人告發得實即照第七八各條分別處罰逾限自行補稅者照第七條第二項辦理

第三十二條　業主請領補稅契紙及無契執照均適用第二十七條之規定

第三十三條　業主請領補稅契紙及無契執照應繳稅費如左

（一）補稅契紙稅費斷賣照產價收稅百分之六典按照產價收稅百分之四

（二）無契執照稅費照產價收稅百分之六

（三） 測繪費照第五條第二欵征收及限制

（四） 中資捐附捐及地方附加各欵照第五條第四欵分別征收

（五） 契照紙費照第五條第三欵征收其以前所收代繕費每張五毫全行免收

第三十四條　無論請領失契執照或補稅契紙倘係典按產業應於繳稅費時携同原有存執之上手斷賣紅契赴征稅機關驗明於佈告後發給如上手斷賣紅契亦經遺失應通知業主先行補領契照再由典主分別補契

第三十五條　遺失加建上蓋補稅執照一切辦法均與失斷典契相同惟照章免收中附捐地方欵

凡失上蓋執照有地契呈驗者免予佈告倘係連原印地契一併遺失者其上蓋價額歸入契內併計不再補發上蓋執照所有征收公署補發遺失加建上蓋補稅執照時應用木戳蓋明遺失補領四字

第七章　加建上蓋補稅領照

第三十六條　業主買受空地及承領官地建築上蓋或將大屋一間分建小屋多間或將小屋數間合建一間或將破爛舖屋加建或改建者均應於工竣後六箇月內照建築價額補稅加建上蓋請領執照（十二年七月及十二年八月九月十三年一月先後核定通行）　補稅加建上蓋執照係屬產業契據之一種應連帶原稅之地契呈

驗方生效力不能分析作據如無地契可驗則不得專稅上蓋

應先補稅地契再稅上蓋

本條所稱空地建築係指從前僅將地契投稅其現在所建上蓋未經印稅者而言應將建築價額補稅如係將原有之鋪屋加改建築其以前建築價額已併入地契連上蓋投稅或另行補稅上蓋領有執照現在加改建築其以前稅過上蓋連地或補稅上蓋稅金均准繼續有效應將增加之一部分價額補稅毋庸照全部價額補稅

第三十七條　鋪屋因被焚燬照舊建復上蓋應准免予補稅倘有擴充增加建築應將增加價額之數補稅毋庸全部印稅其以前

繳過上蓋連地之稅金均准繼續有效小修鋪屋毋庸補稅擴充增加樓房價額不及三百元者准免補稅倘增建之價在三百元以上者照第四十二條各款補稅

第三十八條　前二條之上蓋如係由鋪客出資建築者照第八章各條辦理

第三十九條　業主不依第三十六條之規定期限將加建上蓋補稅或匿報價額者適用第七八條處罰辦法分別辦理

第四十條　加建上蓋補稅係業主固有權利若由典主按主墊款建築上蓋者投稅時應用原有業主名義補稅但將來收贖時應將典按主所支出之建築稅費併計補交贖回如由典主按

主代税者得在執照附記欄內註明俟收贖時呈由給照官署塗銷之

第四十一條　業主加建上蓋補税應將原税土地契照呈驗蓋戳但因典押及其他特別故障未能即時將契照繳驗得聲明理由先照上蓋坐落地名價額申報繳費給發收據免予處罰但應酌定期限呈明備案俟將契照繳驗後再行填照倘逾限一月不將契照繳驗即將所繳照費充公作爲無效

第四十二條　業主加建上蓋補税應填具申報書將原税土地契照連同應納税費一併呈繳由征收官署掣回收據填發補税上蓋執照如原税契照應換應驗應分應合者并應依照本章程

各該條辦理原税契照經已驗換完備毋須分合者由征收官署驗訖加蓋戳記當堂發還

第六條之規定於本章適用之

加建上蓋補税應納之税費如左

（一）税金照產價百分之六

（二）測繪費照第五條第二欵征收及限制

（三）執照紙費照第五條第三欵征收以其前所收代繕費每張五毫全行免收

第八章　租地自建上蓋補税領照

第四十三條　凡租賃空地自建上蓋者稱爲上蓋所有人有申請領

取租地自建上蓋執照權

其租賃鋪屋加建或改建一部分者如得土地所有人同意亦得申請領照

第四十四條　租地自建上蓋所有人領照後於該上蓋除受租約特別拘束外有自由處分之權惟關於變賣行爲先准土地所有人按照第四十六條規定用價購回如土地所有人不願購回始准上蓋所有人另行招人買受成交後仍應向土地所有人按照原定批約期限另換新批至斷賣價額不得比原價增加倘非租期已滿及履行本條及第四十六條第四十七條第四十八條之規定土地所有人不得任意取回土地

第四十五條　租地自建上蓋所有人如將上蓋典當或轉賃與別人者除受租約特別拘束外其典當或轉賃期限均不能超過原租約所定賃期

第四十六條　土地所有人於建築期滿時除原有批約仍照約辦理外其并無批約或約內并未詳細訂明者得照執照所載價額依左列建築完竣後年期補回建築費於上蓋所有人取回土地及其建築物

（一）建築完竣後五年期滿者九成五

（二）建築完竣後十年期滿者九成

（三）建築完竣後二十年期滿者八成

（四）建築完竣後三十年期滿者六成五
（五）建築完竣後四十年期滿者五成
（六）建築完竣後五十年期滿者三成五
（七）建築完竣後六十年期滿者二成

前項期限如在兩項之間者得照最近兩項平均計算

第四十七條　租地自建上蓋所有人領照後如遇天災事變上蓋完全燬滅時除原批約定有租賃期限仍照批約辦理外倘並未訂有期限該上蓋所有人應即向土地所有人再議訂批約如三箇月內不議該土地應歸土地所有人自由處分

第四十八條　天災事變若祇燬壞上蓋一部分者應由上蓋所有人出資建復并得向土地所有人商酌延長租賃期限換立新批如上蓋所有人不願建復時土地所有人應將所餘部分價值補還於上蓋所有人取回土地及建築物

第四十九條　租地自建上蓋所有人與土地所有人租賃土地建築上蓋應於落成後六箇月內申請領照

第五十條　依第四十四條及第四十五條規定買受或典受上蓋者須於成交後六箇月內申請換照所繳稅費與領照同

第五十一條　租地自建上蓋所有人請領執照應繳稅費如左

（一）稅金照上蓋價額斷賣百分之六典按百分之四
（二）測繪費照第五條第二款征收及限制

(三)執照紙費照第五條第三欵征收其以前所收代繕費每
張五毫全行免收

第五十二條　租地自建上蓋所有人申請領照時應塡具申請書連
同土地所有人原立批約照第五十一條繳納稅費由征收官
署掣回收據塡發執照並將原有批約粘連蓋印移送登記機
關該自建上蓋所有人應自赴登記機關聲請登記領取執照
其未設登記機關地方由該管地方官廳或征收官署將該申
請案佈告三箇月土地所有人如有異議時得於期內向該管
地方法院或征收官署聲明異議俟法院將案了結再行分別
給照或註銷其所繳或多繳稅費槪不發還土地所有人於三

個月內不提出異議即作爲確定給發執照
前項佈告該管地方官廳或征收官署應另繕一分蓋印張貼
該舖屋門首幷以郵信通知土地所有人
依第四十四條及第四十五條買受及典受租地自建上蓋者
其換照手續准用本條之規定

第五十三條　租地自建上蓋所有人如因賃期既滿依租約爲土地
所有人收回或土地所有人依第四十六條補還其建築費價
觔作土地所有人得聲請塗銷其登記其聲請手續准用不動
產登記章程聲請塗銷登記之程序辦理

第五十四條　第三十六條第三十九條之規定准用於租地自建上

蓋之租客

第九章　外國人承租屋地稅契

第五十條　各國洋人在通商口岸承租屋地居住或開設行棧應照約章及向例由該洋人將新契連同上手紅契呈請該管領事官照會該處官廳先行傳集該買賣業主勘明四至丈尺是否相符如無盜賣侵佔官民之地及於地方上礙無妨礙又無其他典重轇轕情事即繪圖註說由地方官或征收公署佈告兩箇月一面由租地洋人自行照章刊登財政公報暨當地通行日報兩箇月後期滿無人提出異議即照中國人民稅契辦法征收稅銀再行印契發還管業不得稍涉疏漏含混

按照約章並無准外國人在通商口岸以外典租屋地居住或開設行棧亦無准在內地置買私產明文如呈請印契所租之地并非通商口岸係在內地私購產業即不得將契印稅並由地方官查照約章責成賣主退還原價取銷租約

洋人在通商口岸租賃屋地所立租約務須飭將四至丈尺確切勘明填入租約之內不得於契內籠列海心河心灘心路心爲界等字樣致令日後藉契影射徒滋轇轕倘敢於印契之員漫不經心率行印給者定即從嚴懲處

洋人在通商口岸租賃屋地如該地上手紅契載明年納糧租若干應飭該洋人於租契內註明某戶年納糧租若干由租地

之洋人遞年照原額應完之數繳納不得短欠並由征收官署令該管征粮機關將粮租推收過割登註粮册清楚方可印契發給

第十章　外國教會置買公産稅契

第五十六條　外國人所設之教會在內地購置教堂公産爲約章所許但教士不得在內地置買箇人私産向章教會稅契應由領事官或教會將新契連同上手紅契送該處地方官或征收公署先行傳集該買賣主勘明四至丈尺是否相符如無盜賣侵佔官民之地及於地方上確無妨礙又無其他重典重賣轇轕情事即繪圖註說佈告兩箇月一而由教會自行照章刊登財

政公報暨當地通行日報兩箇月俟期滿無人提出異議即照中國人民稅契辦法征收稅欵並於契內註明某國教會購爲該處教會公産字樣不得專繕教會私人姓名如該地上手紅契載明年納粮租若干應飭該教會於契內註明某戶年納粮租若干由購地之教會遞年照原額繳納不得短欠並由征收官署令該管征粮機關將粮租推收過割登註粮册清楚方可印契發給

日本國條約幷無在中國地方傳教一欵遇有日本國人在內地設立教會置産印契應由征稅公署專案呈請核辦

教會置産契約登敘適用第五十五條第三項之規定

第十一章　附則

第五十七條　不動産買賣如該地上手紅契註有年納粮額官租者應由賣主於交易時會同買主赴該管征收粮租機關將粮租過割推收清楚由新業主按年完納仍應於稅契時由征收契稅機關飭令業主在於契內詳晰註明粮額若干載在某戶以杜隱匿而免遺粮無着

第五十八條　查業主偽造契據有犯罪之嫌疑應歸司法審判惟業主逾期不稅或短價匿稅或延不割粮等事屬於行政範圍應由行政官署照章懲罰如果不服縣判自可赴上級行政官署控告未便准其向法院上訴致啟人民脫卸懲處之漸此等案

件無論是否涉及犯罪行為應先由征收公署訊明照章分別追繳稅金罰欵如有犯及偽契嫌疑俟追欵後再咨送當地法院審判未經繳欵之前法院暫緩受理上訴（本條係民國十三年四月據花縣呈由本廳會同前高審廳呈奉前省長公署核准通行辦理）

第五十九條　凡業戶投稅契照如有他人提出異議印契尚未發給應先扣發或契經給領均飭赴法院辯訴俟判決後再行分別辦理

第六十條　各縣請領各種契照應按所定價銀每張五毫先行解繳作為墊解稅欵准在收入稅欵內扣還歸墊其路遠各縣并准

將紙價匯解省庫即由廳將契紙郵寄所需郵費若干封發後令縣繳回歸墊

第六十一條 各種契照由財政廳印刷分別給領填用所支工料紙價按月由稅契欵內支回歸墊

第六十二條 本章程自廣東財政廳呈奉廣東省政府核准佈告之日實行

第六十三條 本章程如有未盡事宜得由廣東財政廳隨時呈請修正之

修正各縣派征契稅額數比較表民國十九年一月修正通行

縣名	派征數目	縣名	派征數目	縣名	派征數目
南海	七萬元	番禺	四萬元	順德	三萬五千元
中山	一十一萬元	新會	六萬元	東莞	三萬元
增城	一萬元	龍門	六千元	從化	四千元
花縣	一萬二千元	三水	一萬七千元	台山	八萬元
清遠	一萬五千元	寶安	一萬五千元	赤溪	二千元
佛岡	一千元	高要	三萬四千元	四會	一萬元
鶴山	一萬二千元	恩平	二萬元	開平	四萬元
新興	一萬二千元	德慶	四千元	封川	三千元
開建	三千元	廣寧	一萬五千元	高明	五千元
羅定	一萬元	雲浮	一萬元	鬱南	四千元
南雄	六千元	始興	四千元	曲江	二萬元
樂昌	六千元	仁化	三千元	英德	大千元
翁源	四千元	乳源	三千元	連縣	一萬二千元
陽山	六千元	連山	二千四百元	惠陽	三萬元
博羅	一萬元	海豐	一萬二千元	陸豐	一萬二千元
新豐	三千元	紫金	五千元	龍川	八千元
河源	一萬元	和平	七千二百元	連平	三千五百元
潮安	六萬元	潮陽	四萬元	揭陽	四萬元
澄海縣 汕頭市	五萬元 一十五萬元	饒平	二萬元	普寧	一萬五千元
大埔	六千元	豐順	八千元	惠來	一萬元
南澳	二千元	梅縣	四萬元	五華	一萬五千元
興寧	一萬六千元	蕉嶺	五千元	平遠	三千四百元
茂名	一萬五千元	電白	一萬五千元	信宜	一萬元
化縣	一萬元	吳川	五千元	廉江	五千元
海康	五千元	遂溪	三千元	徐聞	六千元
陽春	一萬元	陽江	三萬元	合浦	二萬元
靈山	一萬二千元	欽縣	一萬元	防城	一萬五千元
瓊山	二萬元	澄邁	四千元	安定	四千元
文昌	二萬元	瓊東	三千元	樂會	三千元
臨高	二千五百元	儋縣	二千元	崖縣	二千元
萬寧	二千元	陵水	二千元	感恩	一千元
昌江	一千元				

合計壹佰伍拾萬元

廣東省　　縣編造民國　年　月分征收契稅各項一覽表

（民國十九年一月修正通行由各縣自行照式刊印填用）

款別＼數別	征收數	扣除公費一成數	應解九成數	扣除墊解稅款數	實解數	說明
斷賣契稅						契據若干張共價若干元照產價值百征收六元連大學經費在內應征如上數內除一成公費如上數實在毫洋若干　以下各稅收仿此
典按契稅						照產價值百征四連大學經費在內
舖屋加建上蓋補稅						照產價值百征六連大學經費在內
租地自建上蓋補稅						照產價值百征六連大學經費在內
洋人及教會永租契稅						照產價值百征六連大學經費在內
失契補契稅						照產價值百征六連大學經費在內
無契補領執照契稅						照產價值百征六連大學經費在內
補領失契執照費						照產價征收千分之一
換契契稅						照產價斷賣契征千分之十典按契征千分之六
自行稅契逾限罰款			扣公費一成外全數解廳			置產業後逾六個月自行投稅分別照下列征收逾限罰款
大契逾限自行投稅征收罰款						產價三百元以上征收四元
小契逾限自行投稅征收罰款						產價三百元以下征收二元
合計						

總說明

右表所列合計稅欵銀數除本月坐支共撥過稅契欵項若干歸還領契墊過稅欵若干外實存縣應解稅契銀若干又扣支公費若干又上月結存若干均應於本欄逐一詳細說明限月底繳廳查攷凡稅欵積至五百元以上者均應隨時清解毋得延誤

斷賣契根

廣東省政府財政廳　為

字第　　號產價銀

中華民國　　年　　月　　日給

斷賣契紙

廣東省政府財政廳　為

字第　　號產價銀

中華民國　　年　　月　　日給

斷賣存根

廣東省政府財政廳　為

中華民國　　年　　月　　日給

（投稅贈與遺贈繼承分析書據及官市產執照與斷賣契同）

（投稅各項契據分類用戳蓋明以資識別）

字　　號

廣州市不動產投稅斷賣契申請書

具申請書業主（姓名）　　住（址）　　門（牌）　　號

今有（田地屋舖塘）（坵段間間口）坐落廣州市警察　區　署　段　（路街）第　號門牌

原屬　縣係於　年　月　日向　（承受領）內開

產價銀　　茲遵契稅定章備具後開各項銀元呈請分別

核收並領編號空白三聯契紙一張以便按照契紙內所載條件自行

繕寫明白連同上手契照或本身執照繳候核明印給收執再此項產

業委係來歷明白并非將公家之產冒認作私產他人之業影佔作己

業亦非隱匿原價以多報少朦混投稅倘有此等情弊一經查出或被

告發情願遵章處罰合併陳明此呈

廣東省政府財政廳

附繳上手　堂　頒　字第　號（紅契執照）　張

本身　堂　張　字第　號執照　張

計呈繳　契稅毫銀　契紙費毫銀　測繪費毫銀　逾限罰款毫銀　附捐毫銀　中資捐毫銀

共計毫銀

中華民國　年　月　日

（此申請書財政廳適用之）　以前所收代繕費每張五毫全行免收

（投稅附與遺贈繼承分析者據及官市產執照與斷賣契同）

（投稅各項契據分類用戳蓋明以資識別）

字　　號

不動產投稅斷賣契申請書

具申請書業主姓名　　住址　　門牌　　號

今有地段 塘口 田坵 屋間 舖間坐落　　縣市土名　　地方門牌第　　號

係於　年　月　日向　　承受／承領內開產價銀

茲遵契稅定章備具後開各項銀元呈請分別核收

幷領編號空白三聯契紙一張以便按照契紙內所載條件自行繕寫

明白連同上手契照或本身執照繳候核明印給收執再此項產業委

係來歷明白並非將公家之產冒認作私產他人之業影佔作已業亦

非隱匿原價以多報少朦混投稅倘有此等情弊一經查出或被告發

情願遵章處罰合併陳明此呈

（此空白一行上端填收稅機關銜名）

附繳 上手　堂　頒　字第　號紅契　張

附繳 本身　堂　頒　字第　號執照　張

計呈繳 契稅　毫銀 契紙費　毫銀 逾限罰款　毫銀 附捐　毫銀 中資捐　毫銀

共計毫銀

中華民國　年　月　日

（此申請書各縣市征稅機關適用之）以前所收代繕費每張五毫全行免收

（投稅不動產之贈與遺贈繼承分析書據及官市產執照與斷賣契同）

廣州市不動產投稅斷賣契收據存查

業主姓名	產業類別	坐落地址	門牌	縣名	警區	產價	業主住址

年　月　日據繳各項毫銀

年　月　日發給本契編列　字第　號　張

附繳上手　堂　頒　字第　號紅契執照　張

本身　堂　頒　字第　號執照　張

字第　號

（投稅不動產之贈與遺贈繼承分析書據及官市產執照與斷賣契同）

廣州市不動產投稅斷賣契收據

廣東省政府財政廳

現據業主　申請書稱有不動產　計產價

呈請投稅遵照契稅定章呈繳後開款項請領斷賣契紙所繳各項銀

元已由本廳稅契股照數收訖發給收據應候派員前往測繪核明印

妥後該業主將此項收據前來領取契據以憑管業此據

計收

契稅毫銀

契紙費毫銀

測繪費毫銀

逾限罰款毫銀

附捐毫銀

中資捐毫銀

合共毫銀

本契編列　字第　號　經收人　填據人

中華民國　年　月　日本廳稅契股發

（此收據財政廳適用之）

以前所收代辦投稅每張五毫全行免收

（投稅不動產之贈與遺贈承分析書據及官市產執照與斷賣契同）

不動產投稅斷賣契收據

（此空白一行上端填征稅機關銜名）

現據業主　　申請書稱有不動產　　計產價
呈請投稅遵照契稅定章呈繳後開款項請領斷賣契紙所繳各項
銀元已由　　照數收訖發給收據應候核明印妥後該業主
將此項收據前來領取契據以憑管業此據

計收　契稅　　毫銀
　　　契紙費　毫銀
　　　逾限罰款毫銀
　　　附捐　　毫銀
　　　中資捐　毫銀
　　合共　　毫銀

本契編列　　字第　　號　　經收人　填據人

中華民國　　年　　月　　日發

（此收據各縣市征稅機關適用之）

以前所收代辦費每張五毫全行免收

字第　　號

（投稅不動產之贈與遺贈承分析書據及官市產執照與斷賣契同）

不動產投稅斷賣契收據存查

業主姓名	
產業類別	
坐落地址	
門牌	
縣名	
警區	
產價	
業主住址	

年　　月　　日據繳各項毫銀

年　　月　　日發給本契編列　　字第　　號

附繳　上手　堂　頒　字第　號紅契執照　張

　　　本身　堂　頒　字第　號執照　張

典按契根

廣東省政府財政廳 為

中華民國　年　月　日給

字第　號典價銀

廳頒　字　號典按契紙業主

典按契紙

廣東省政府財政廳 為

中華民國　年　月　日給

字第　號典價銀

廳頒　字　號典按契紙業主

典按存根

廣東省政府財政廳 為

中華民國　年　月　日給

字第　號典價銀

廳頒　字　號典按契紙業主

廣州市不動產投稅典按契申請書

字　　號

具申請書業主姓名　　住址　　門牌　　號

今有田地屋舖塘　坵段間間口　坐落廣州市　　區　　署　　路街第　　號門牌

原屬　　縣係於　　年　　月　　日向　　典按內開典價

銀　　茲遵契稅定章備具後開各項銀元呈請分別核收

並領編號空白三聯契紙一張以便按照契紙內所載條件自行繕寫明

白連同上手紅契或執照繳候核明印給收執再此項產業委係來歷明

白並非將公家之產冒認作私產他人之業影佔作己業亦非隱匿原價

以多報少朦混投稅倘有此等情弊一經查出或被告發情願遵章處罰

合併陳明此呈

廣東省政府財政廳

附繳上手　　堂　　頒　　字第　　號紅契　　張

計呈繳

契稅　　毫銀

契紙費　　毫銀

測繪費　　毫銀

逾限罰欵　　毫銀

附捐　　毫銀

中資捐　　毫銀

共計　　毫銀

中華民國　　年　　月　　日

（此申請書財政廳適用之）　以前所收代繕費每張五毫全行免收

不動產投典稅按契申請書

字　　號

具申請書業主（姓名）　　住址　　門牌　　號

今有（地屋舖田塘）（段間間坵口）坐落（縣市）土名　　地方門牌第　　號

係於　　年　　月　　日向　　典按內開典價銀

茲遵契稅定章備具後開各項銀元呈請分別核收并領編號空白三聯契紙一張以便按照契紙內所載條件自行繕寫明白連同上手紅契或執照繳候核明印給收執再此項產業委係來歷明白並非將公家之產冒認作私產他人之業影佔作己業亦非隱匿原價以多報少朦混投稅倘有此等情弊一經查出或被告發情願遵章處罰合併陳明此呈

（此空白一行上端填收稅機關銜名）

附繳上手　　堂　　頒　　字第　　號紅契　　張

計呈繳

契稅毫銀
契紙毫銀
逾限罰欵毫銀
附捐毫銀
中資捐毫銀

共計毫銀

中華民國　　年　　月　　日

（此申請書各縣市征稅機關適用之）

以前所收代繕費每張五毫全行免收

廣州市不動產投稅典按契收據存查

業主姓名	
產業類別	
坐落地址	
門牌	
縣名	
警區	
典價	
業主住址	

年　月　日據繳各項毫銀

年　月　日發給本契編列　字第　號　張

附繳上手　堂　頒　字第　號　紅契執照　張

字第　號

廣州市不動產投稅典按契收據

廣東省政府財政廳

現據業主　申請書稱有典按不動產　計典價
呈請投稅遵照契稅定章呈繳後開欵項請領典按契紙所繳各項銀
元已由稅契股照數收訖發給收據應候派員前往測繪核明印妥後
該業主將此項收據前來領取契據以憑管業此據

計收

契稅毫銀
契紙費毫銀
逾限罰欵毫銀
測繪費毫銀
附捐毫銀
中資捐毫銀

合共毫銀

本契編列　字第　號

經收人
填據人

中華民國　年　月　日本廳稅契股發

（此收據財政廳適用之）

以前所收代繕費每張五毫全行免收

不動產投典稅按契收據存查

業主姓名	
產業類別	
坐落地址	
門牌	
縣名	
警區	
典價	
業主住址	

年　月　日據繳各項毫銀

年　月　日發給本契編列　字第　號　張

附繳上手　堂　領　字第　號　紅契執照　張

字第　號

不動產投典稅按契收據

（此空白一行上端填收稅機關銜名）

現據業主　申請書稱有典按不動產　計典

價　呈請投稅遵照契稅定章呈繳後開欵項請領典按契

紙所繳各項銀元已由　照數收訖發給收據應候核明

印妥後該業主將此項收據前來領取契據以憑管業此據

計收　契稅毫銀

契紙費毫銀

逾限罰欵毫銀

附捐毫銀

中資捐毫銀

合共毫銀

本契編列　字第　號

經收人

填據人

中華民國　年　月　日發

（此收據各縣市征稅機關適用之）

以前所收代繕費每張五毫仝行免收

此聯截繳本廳

廣東省政府財政廳徵收逾限自行稅契或補稅上蓋罰款收據存根

第　字　號

業主姓名

不動產種類

坐落

四面至積

立契年月日

產價

中華民國　年　月　日

此聯截給業戶

廣東省政府財政廳徵收逾限自行稅契或補稅上蓋罰款收據

第　字　號

業主姓名

不動產種類

坐落

四面至積

立契年月日

產價

條例

一、民國　年　月　日起逾限自行稅契或補稅上蓋即照後開辦法征收罰款

二、產價三百元以上者為大契每張征收逾限罰款四元

三、產價三百元以下者為小契每張征收逾限罰款弍元

四、此項罰款以毫銀為本位毋庸補水

五、此項收據由財政廳蓋印編發各征收公署於填用時粘在原契並於年月騎縫處加蓋印信

六、此項收據紙費及繕費全行免收

中華民國　年　月　日給

此聯截存征稅機關

廣東省政府財政廳徵收逾限自行稅契或補稅上蓋罰款收據存根

第　字　號

業主姓名

不動產種類

坐落

四面至積

立契年月日

產價

中華民國　年　月　日

换契纸契根

廣東省政府財政廳 為

中華民國　年　月

字第

號產價銀

換契契紙

廣東省政府財政廳 為

中華民國　年　月

字第

號產價銀

換契紙存根

廣東省政府財政廳 為

中華民國　年　月

字　號

廣州市不動產換契申請書

具申請書業主（姓名）　住址　門牌　號

今有（田地屋舖塘）坐落廣州市　區　署　（路街）門牌第　號（坵段間間口）

原屬　縣係於　年　月　日向　受內開

產價銀　又加增產價銀　茲遵契稅章程內載換契各條

備具後開各項銀元連同本身紅契　張呈請分別驗收准予換領新

契管業再此項產業委係來歷明白幷非將公家之產冒認作私產他

人之業影估作己業倘有此等情弊一經查出或被告發情願遵章處

罰合併陳明此呈

廣東省政府財政廳

附繳本身　堂　頒　字第　號紅契　張

計呈繳（換契金毫銀　契紙費毫銀　測繪費毫銀）　又增加產價（契稅毫銀　測繪毫銀　附捐毫銀　中資捐毫銀）

共計毫銀

中華民國　年　月　日

（此申請書財政廳適用之）以前所收代繕費每張五毫全行免收

字　　號

不動產換契申請書

具申請書業主 姓名　　住址　　門牌　　號

今有 田地屋舖塘 坐落 坵段間間口　　縣市 土名　　地方門牌第　　號

原屬　　縣係於　　年　　月　　日向　　受內開

產價銀　　又增加產價銀　　茲遵契稅章程內載換契

各條備具後開各項銀元連同本身紅契　　張呈請分別驗收准予換

領新契管業再此項產業委係來歷明白並非將公家之產冒認作私產

他人之業影佔作已業倘有此等情弊一經查出或被告發情願遵章處

罰合併陳明此呈

（此空白一行上端填征稅機關銜名）

附繳本身　　堂　　頒　　字第　　號紅契　　張

計呈繳　換契金毫銀　　又增產價 契稅毫銀

契紙費毫銀　　附捐毫銀　中費捐毫銀

共計毫銀

中華民國　　年　　月　　日

（此申請書各縣市征稅機關適用之）

以前所收代繕費每張五毫全行免收

典賣/斷賣 按應用戳分別盖明

廣州市不動產換契收據存查

業主姓名	
產業類別	
坐落地址	
門牌	
縣名	
警區	
產價	
業主住址	

年　月　日據繳各項毫銀

年　月　日發給本契編列　字第　號　張

附繳本身　堂　頂　字　號　紅契　張

字第　號

廣州市不動產換契收據

廣東省政府財政廳

現據業主　申請書稱有　不動產　產價　又增加產價　原稅紅契係　年　月　日發給茲呈請換契遵照契稅定章具繳後開欵項請領換契契紙所繳各項銀元已由本廳稅契股照數收訖發給收據應候派員前往測繪核明印妥後該業主將此項收據前來領取契據以憑管業此據

換契金毫銀　契稅毫銀

計收　契紙費毫銀　測繪費毫銀

測繪費毫銀　又增加產價　附捐毫銀

合共毫銀　中資捐毫銀

本契編列　字第　號　經收人

中華民國　年　月　日　填據人　本廳稅契股發

（此收據財政廳適用之）

以前所收代繕費每張五毫仝行免收

按典賣應用戳分別蓋明

不動產換契收據存查

業主姓名	
產業類別	
坐落地址	
門牌	
縣名	
警區	
產價	
業主住址	

年　月　日據繳各項毫銀

年　月　日發給本契編列　字第　號　張

附繳本身　堂　頒　字　號　紅契　張

字第　號

不動產換契收據

（此空白一行上端填收稅機關銜名）

現據業主　申請書稱有　不動產　產價

又增加產價　原稅紅契係　年　月　日發給現

呈請換契遵照契稅定章具繳後開欵項請領換契契紙所繳各項銀

元已由　照數收訖發給收據應候核明印妥後該業主將此

項收據前來領取契據以憑管業此據

計收　換契金毫銀　契紙費毫銀

又增加產價　契稅毫銀　附捐毫銀　中資捐毫銀

合共毫銀

本契編列　字第　號　經收人　填據人

中華民國　年　月　日　發

（此收據各縣市征稅機關適用之）　以前所收代繕費每張五毫仝行免收

廣州市不動產補請測繪申請書

字　　號　　號

具申請書業主 姓名　　住址　　門牌　　號

今有 田地屋鋪塘 坵段間間口 坐落　　區　　署　　路街 門牌第　　號

原屬　　縣係於　　年　　月　　日向　　受

計　　產價銀　　業經遵章投稅領契管業惟未有產

圖茲遵照契稅章程備具後開測繪費連同原契照呈請分別驗收准予測

量繪發圖式粘連原契以憑管業再此項產業委係來歷明白並非將公

家之產冒認作私產他人之業影佔作己業倘有此等情弊一經查出或

被告發情願遵章處罰合併陳明此呈

廣東省政府財政廳

附繳　　堂　　須　　字第　　號紅契　　張

計呈繳測繪費毫銀

中華民國　　年　　月　　日

（此申請書財政廳適用之）

廣州市不動產補請測繪收據存查

業主姓名
產業類別
坐落地址
門牌
縣名
警區
產價
業主住址

年　月　日據繳各項毫銀

年　月　日發給粘連產圖　張

附繳本身　堂　須　字　號　紅契　張

字第　號

廣州市不動產補請測繪收據

廣東省政府財政廳

現據業主　申請書稱有不動產　計

產價　原稅紅契未有產圖茲遵照契稅定章呈繳後開欵項補

請派員測量繪圖粘附原契印發管業所繳各項銀元已由本廳稅契

股照數收訖發給收據應候派員前往測繪核明印妥後該業主將此

項收據前來領回原契粘連產圖以憑管業此據

計收測繪費毫銀

經收人

填據人

中華民國　年　月　日本廳稅契股發

（此收據財政廳適用之）

增價補税證據查繳

縣市警察區別	街名門牌號數	產業種類	業戶姓名	產價總額	原契種類字號	原契產價	增加產價	增價税金	証據字號	附記

中華民國　年　月　日

此証據由財政廳編列字號於字號騎縫及年月加蓋廳印俟業主投税時填寫明白然後由征税公署於年月及產價并粘貼原契處騎縫加蓋印信將証據截開三幅分別給領繳留

第　字　號產價增加額

增價補税證據

廣東省政府財政廳

為發給增價補税證據事照得粵省民間税契習慣每有將買賣原值少報成數以圖少納税額者在章程雖定有相當罰則而因執行向從寬大未予過事吹求以致積習未能盡改現在各屬相繼開闢馬路公路產價日增比較從前相差甚遠設遇訴訟或收歸公用均以契照所載價額為標準則業戶方面損失亦鉅茲為利便人民兼顧税收起見特擬定不動產增價補税辦法准其自由補税現據左記業戶遵照簡章申請增價補税前來除照章征收税費外合填給證據粘連原契之內加蓋印信以資證明須至證據者

縣市警察區別	街名門牌號數	產業種類	業戶姓名	產價總額
原契種類字號	**原契產價**	**增加產價**	**增價税金**	**附記**

右給業戶　　　　　　收執

廳領　字　號証據給業戶　　　　　　准此

中華民國　年　月　日

此証據由財政廳編列字號於字號騎縫及年月加蓋廳印俟業主投税時填寫明白然後由征税公署於年月及產價并粘貼原契處騎縫加蓋印信將証據截開三幅分別給領繳留

第　字　號產價增加額

增價補税證據存根

縣市警察區別	街名門牌號數	產業種類	業戶姓名	產價總額	原契種類字號	原契產價	增加產價	增價税金	証據字號	附記

中華民國　年　月　日

此証據由財政廳編列字號於字號騎縫及年月加蓋廳印俟業主投税時填寫明白然後由征税公署於年月及產價并粘貼原契處騎縫加蓋印信將証據截開三幅分別給領繳留

字　　號

廣州市不動產補稅增加產價申請書

具申請書業主(姓名)　　住址　　門牌　　號

今有(田地屋舖塘)(坵段間間口)坐落廣州市　　區　　署　　路街門牌第　　號

原屬　　縣係於　　年　　月　　日向　　買受內開斷賣產

價銀　　業經遵章投稅領契管業茲因增加產價

呈請補稅遵照契稅章程備具後開銀元連同原契照具繳分別驗收准予

給發證據粘連原契管業再此項產業委係來歷明白並非將公家之產

冒認作私產他人之業影佔作己業倘有此等情弊一經查出或被告發

情願遵章處罰合併陳明此呈

廣東省政府財政廳

附繳　　堂　　頒　　字第　　號紅契印照　　張

計呈繳　契稅毫銀
證據紙費毫銀
測繪費毫銀

中華民國　　年　　月　　日

(此申請書財政廳適用之)　以前所收代繕費每張弍毫全行免收

字　號

不動產補稅增加價申請書

具申請書業主 姓名　住址　門牌　號

今有 田地屋舖塘 坵段間間口 坐落　縣市 土名　地方門牌第　號

原屬　縣係於　年　月　日向　買受內

開斷賣產價銀　業經遵章投稅領契管業茲因增加產價

呈請補稅遵照契稅章程備具後開銀元連同原契照具繳分別驗收准予

給發證據粘連原契管業再此項產業委係來歷明白並非將公家之產

冒認作私產他人之業影估作已業倘有此等情弊一經查出或被告發

情願遵章處罰合併陳明此呈

（此空白一行上端填征稅機關銜名）

附繳　堂　頒　字第　號紅契印照　張

計呈繳　契稅　毫銀　證據紙費　毫銀

中華民國　年　月　日

（此申請書各縣市征稅機關適用之）

代繕費免收

廣州市不動產增加產價收據存查

業主姓名	
產業類別	
坐落地址	
門牌	
縣名	
警區	
產價	
業主住址	

年　月　日據繳各項毫銀

年　月　日發給本證據編列　字第　號　張

附繳　堂　頒　字　號紅契　張

字第　號

廣州市不動產增加產價收據

廣東省政府財政廳

現據業主　申請書稱有不動產　計原契產

價　茲因增加產價　元呈請投稅遵照契稅定章

呈繳後開欵項請領增加產價證據所繳各項銀元已由本廳稅契股

照數收訖發給收據應候派員前往測繪核明印妥後該業主將此項

收據前來領取證據以憑管業此據

計收　契稅毫銀

證據紙費毫銀

測繪費毫銀

合共毫銀

本證據編列　字第　號　經收人　填據人

中華民國　年　月　日本廳稅契股發

（此收據財政廳適用之）

以前所收代繕費每張五毫全行免收

不動產增加價收據存查

業主姓名	產業類別	坐落地址	門牌	縣名	警區	產價	業主住址

年　月　日據繳各項毫銀

年　月　日發給本證據編列　字第　號　張

附繳　堂　頒　字　號　紅契　張

字第　號

不動產增加價收據

（此空白一行上端填征稅機關銜名）

現據業主　申請書稱有不動產　計原契產價

茲因增加產價　元呈請投稅遵照契稅定章呈繳後開款項

請領增加產價證據所繳各項銀元已由　照數收訖發給收據

據應候核明印妥後該業主將此項收據前來領取契據以憑管業此

計收契稅毫銀

證據紙費毫銀

合共毫銀

本契編列　字第　號

經收人

填據人

中華民國　年　月　日發

（此收據各縣市征稅機關適用之）以前所收代繕費每張五毫全行免收

斷賣分契契根

廣東省政府財政廳　為

該產價銀

廳頒

中華民國　年　月　日給

字第　號產價銀

斷賣分契契紙

廣東省政府財政廳　為

業主

坐落

共稅

該產價銀

廳頒

字

號斷賣分契紙業主

准此

中華民國　年　月　日給

字第　號產價銀

斷賣分契存根

廣東省政府財政廳　為

該產價銀

廳頒

中華民國　年　月　日給

廣州市不動產斷賣分契申請書

字　　號

具申請書業主（姓名）　　住址　　門牌　　號

今有（田坵　地段　屋間　舖間　塘口）坐落廣州市　　區　　署　　路街門牌第　　號

原屬　　縣經於　　年　　月　　日向　　公署稅契內開

斷賣產價銀　　茲遵契稅章程將本身紅契　　張自

行分立白契　　張計產價　　與原契相符或按照

時值增加　　呈請准予劃分契紙　　張以便管業

計本分契原價　　增加產價　　理合備具後開各

項銀元具繳核收請予給發契紙再此項產業委係來歷明白並非將公

家之產冒認作私產他人之業影估作己業倘有此等情弊一經查出或

被告發情願遵章處罰合併陳明此呈

廣　東　省　財　政　廳

附繳本身　　堂　　頒　　字第　　號紅契　　張

計呈繳　契紙費毫銀　　測繪費毫銀　　又增加產價　　契稅毫銀　　附測繪費毫銀　　中資捐毫銀

共計毫銀

中華民國　　年　　月　　日

（此申請書財政廳適用之）　以前所收代繕費每張五毫全行免收

字　　號

不動產斷賣分契申請書

具申請書業主（姓名）　　住址　　門牌　　號

今有（田地屋舖塘　坵段間間口）坐落　　（縣市）土名　　地方門牌　　號

經於　　年　　月　　日向　　公署稅契內開斷賣產價

銀　　茲遵契稅章程將本身紅契　　張自行分立白契

張計產價　　與原契相符或按照時值增加　　呈請准予劃

分契紙　　張以便管業計本分契原價　　增加產價

理合備具後開各項銀元具繳核收請予給發契紙再此項產業委係

來歷明白并非將公家之產冒認作私產他人之業影估作己業倘有

此等情弊一經查出或被告發情願遵章處罰合併陳明此呈

（此空白一行上端塡敍稅機關銜名）

附繳本身　　堂　　頒　　字第　　號紅契　　張

計呈繳契紙費毫銀　　又增加產價（契稅毫銀　附捐毫銀　中資捐毫銀）

共計毫銀

中華民國　　年　　月　　日

（此申請書各縣市征稅機關適用之）以前所收代繕費每張五毫全行免收

廣州市不動產斷賣分契收據存查

業主姓名	產業類別	坐落地址	門牌	縣名	警區	產價	業主住址

年 月 日據繳各項毫銀

年 月 日發給本契編列 字第 號 張

附繳上手 堂 須 字 號原紅契執照 張

字第 號

廣州市不動產斷賣分契收據

廣東省政府財政廳

現據業主 申請書稱有自置不動產 共產價 將

原紅契呈請分契 張本契估原產價 增加產價

茲遵照契税定章呈繳後開欵項請領斷賣分契契紙

所繳各項銀元已由本廳税契股照數收訖發給收據應候派員前往

測繪核明印妥後該業主將此項收據前來領取契據以憑管業此據

計收契紙費毫銀
測繪費毫銀
契税毫銀

又增加產價 測繪費毫銀
附捐毫銀
中資捐銀毫

合共毫銀

本契編列 字第 號 經收人
塡據人

中華民國 年 月 日本廳税契股發

（此收據財政廳適用之）

以前所收代繕費每張五毫全行免收

不動產斷賣分契收據存查

業主姓名
產業類別
坐落地址
門牌
警區
縣名
產價
業主住址

年　月　日據繳各項毫銀
年　月　日發給本契編列　字第　號　張
附繳本身　堂　頒　字　號紅契執照　張

字第　號

不動產分契收據

（此空白一行上端填收稅機關銜名）

現據業主　中請書稱有自置不動產　共產價
將原紅契呈請分契　張本契佔原產價　增加產
價　遵照契稅定章呈繳後開欵項請領斷賣分契契紙所
繳各項銀元已由　照數收訖發給收據應候核明印妥後該
業主將此項收據前來領取契據以憑管業此據

計收契紙費毫銀
又增加產價　契稅毫銀　附捐毫銀　中資捐毫銀
合共毫銀
本契編列　字第　號
經收人　填據人

中華民國　年　月　日發

（此收據各縣市征稅機關適用之）以前所收代繕費每張五毫全行免收

断賣合契契根

廣東省政府財政廳　為

中華民國　　年　　月

號産價銀

字第

断賣合契契紙

廣東省政府財政廳　為

中華民國　　年　　月

號産價銀

字第

断賣合契存根

廣東省政府財政廳　為

中華民國　　年　　月

廣州市不動產斷賣合契申請書

字　　號

具申請書業主（姓名）　　住址　　門牌　　號

今有（田地屋舖塘）（坵段間間口）坐落廣州市　　區署　　路街門牌第　　號

原屬　　縣經於　　年　　月　　日分別向　　公署稅契

內開斷賣產價共銀　　茲遵契稅章程備具後開各項銀

元連同本身紅契　　張自行繕立白契一張該產價總額與原契總額

相符或按照時值增加　　呈請分別驗收准予合為契紙一

張以便管業再此項產業委係來歷明白並非將公家之產冒認作私產

他人之業影佔作己業倘有此等情弊一經查出或被告發情願遵章處

罰合併陳明此呈

廣東省政府財政廳

附繳本身　　堂　　頒　　字第　　號紅契　　張

計呈繳　　契紙費毫銀　　契稅毫銀

測繪費毫銀　　又增加產價　　測繪費毫銀

附捐毫銀

中資捐毫銀

共計毫銀

中華民國　　年　　月　　日

（此申請書財政廳適用之）以前所收代繕費每張五毫全行免收

不動產斷賣合契申請書

字　　　　號

具申請書業主（姓名）　　　住址　　　　門牌　　　　號

今有（田地屋舖塘 坵段間間口）坐落　　　縣市土名　　　地方門牌　　　號

原屬　　　縣經於　　　年　　　月　　　日分別向　　　公署稅

契內開斷賣產價共銀　　　　茲遵契稅章程備具後開各項銀

元連同本身紅契　　　張自行繕立白契一張該產價總額與原契

總額相符或按照時值增加　　　　呈請分別驗收准予合

為契紙一張以便管業再此項產業委係來歷明白并非將公家之產

冒認作私產他人之業影佔作己業倘有此等情弊一經查出或被告

發情願遵章處罰合併陳明此呈

（此空白一行上端填敗稅機關銜名）

附繳本身　　　堂　　　頒　　　字第　　　號紅契　　　張

計呈繳契紙費　　　毫銀

又增加產價（契稅　　　毫銀　附捐　　　毫銀　中資捐　　　毫銀）

共計　　　毫銀

中華民國　　　年　　　月　　　日

（此申請書各縣市征收機關適用之）以前所收代繕費每張五毫全行免收

（此收據財政廳適用之）

廣州市不動產斷賣合契收據

廣東省政府財政廳

現據業主　　申請書稱有自置不動產　　呈請合併計

各原契產價共　　又增加產價　　茲遵照契稅定

章呈繳後開款項請領合契契紙所繳各項銀元已由本廳稅契股照

數收訖發給收據應候派員前往測繪核明印妥後該業主將此項收

據前來領取契據以憑管業此據

計收契紙費毫銀　　又增加產價　　契稅毫銀

測繪費毫銀　　測繪費毫銀

附捐毫銀

中資捐銀毫

合共毫銀

本契編列　　字第　　號　　經收人

填據人

中華民國　　年　　月　　日本廳稅契股發

以前所收代繕費每張五毫全行免收

字第　　號

廣州市不動產斷賣合契收據存查

業主姓名	
產業類別	
坐落地址	
門牌	
縣名	
警區	
產價	
業主住址	

年　月　日據繳各項毫銀

年　月　日發給本契編列　字第　號　張

附繳本身　堂　頒　字　號　紅契執照　張

不動產斷賣合契收據存查

業主姓名	產業類別	坐落地址	門牌縣名警區	產價	業主住址

年　月　日據繳各項毫銀

年　月　日發給本契編列　字第　號　張

附繳本身　堂　頒　字　號紅契執照　張

字第　號

不動產斷賣合契收據

（此空白一行上端填收稅機關銜名）

現據業主　申請書稱有自置不動產　呈請合併

計各原契產價共　又增加產價　玆遵照契稅定

章呈繳後開欵項請領合契契紙所繳各項銀元已由　照

數收訖發給收據應候核明印妥後該業主將此項收據前來領取

契據以憑管業此據

計收契紙費毫銀　又增加產價附捐毫銀　契稅毫銀

中資捐毫銀

合共毫銀

本契編列　字第　號　經收人

中華民國　年　月　日　填據人

發

（此收據各縣市征稅機關適用之）　以前所收代繕費每張五毫仝行免收

失契執照根

廣東省政府財政廳　為

中華民國　年　月

字第　號產價銀

失契執照

廣東省政府財政廳　為

發給失契執照事照得廣東現行契税章程業主遺失契據補領失契執照應備具呈狀開列產業坐落地名四至丈尺產價所失紅契之税契年月日契紙字號呈由征收公署查核檔案相符者方予准理如本廳及原征收公署雖無案可稽但登記確定已領有完畢証應將列字號一併附呈以便辦請查明如果相符應准補領失契執照仍先由業主刊登財政公報一月暨當地通行日報一星期將報紙并取具殷實商店蓋有圖章之証明切結連同應繳補契各費一併呈繳由征收官署彙回收據並由征收官署或地方官廳佈告一個月期滿無人提出異議即為確定不論斷賣與按契照按產價千份之一征收其應帶收各款并照章征收執照紙費每張伍毫均收毫銀不補元水歷經照辦在案茲據左列業主　請領失契執照前來查案相符並經佈告期滿無人聲請異議合將捐照填明加蓋印信截給收執照根存根分別繳留備查須至執照者

計開

業主　遺失　年　月　日向　印税　字　號斷賣典按契紙　張

原係於　年　月　日受　縣　都　圖　堡　甲　戶丁　地名　坐落

地方共税　頃　拾　畝　分　釐　毫　絲　忽　微　纖　沙　塵

填共長　丈　人　寸共闊　丈　尺　寸

該產價銀　　該補契費銀

廳頒　字　號業戶

此執照由財政廳編列字號於字號騎縫及年月加蓋廳印俟業主請領時填寫明白然後由征税公署於年月及產價騎縫加蓋印信將執照截開三幅分別給領繳留

中華民國　年　月　日給　准此

字第　號產價銀

失契執照根

廣東省政府財政廳　為

中華民國　年　月

（典按斷賣應用木戳分別蓋明）

廣州市不動產請領失契執照收據存查

業主姓名	產業類別	坐落地址	門牌	縣名警區	原日產價	業主住址

年　月　日據繳各項毫銀

年　月　日發給本執照編列　字第　號

附繳　張

字第　號

廣州市不動產請領失契執照收據

廣東省政府財政廳

案據業主　狀稱有　不動產原價　元遺失
契據呈請補發業經核准發給失契執照茲遵照契稅定
章具繳後開欵項請領失契執照所繳各項銀元已由本廳稅契股
照數收訖發給收據應候佈告一月期滿無人異議再行派員前往
測繪核明印妥後該業主將此項收據前來領取執照管業此據

計收
補契稅毫銀
執照紙費毫銀
測繪費毫銀
合共毫銀

本執照編列　字第　號　經收人　填據人

中華民國　年　月　日本廳稅契股發

（此收據財政廳適用之）

以前所收代繕費每張五毫全行免收

按典斷賣應用木戳分別蓋明

不動產請領失契執照收據存查

業主姓名	產業類別	坐落地址門牌	縣名	警區	原日產價	業主住址

年　月　日據繳各項毫銀

年　月　日發給本執照編列　字第　號

附繳　張

字第　號

不動產請領失契執照收據

（此空白一行上端填征稅機關銜名）

案據業主　狀稱有　不動產原價銀　元遺失
契據呈請補發業經核准發給失契執照茲遵照契稅定章具
繳後開款項請領失契執照所繳各項銀元已由　收訖
發給收據應候佈告一月期滿無人異議再行核明印妥後該業主將
此項收據前來領取執照以憑管業此據

本執照編列　字第　號

合共毫銀

計收　補契稅毫銀
　　　執照紙費毫銀

經收人
填據人

中華民國　年　月　日發

（此收據各縣市征稅機關適用之）　以前所收代結費每張五毫全行免收

補稅契紙契根

廣東省政府財政廳　為

中華民國　年　月

字第　號產價銀

補稅契紙

廣東省政府財政廳　為

發給補稅契紙事照得廣東現行契稅章程業主遺失契據如係前清紅契或不能將民國稅契年月日契紙字號開列或所開字號原征收官署無案可稽又未登記確定者應備具呈狀開列產業坐落地名四至丈尺估計時值及所失契據日期緣由幷另立白契仍先由業主列登財政公報一月暨當地通行日報一星期將報紙並取具殷實商店蓋有圖章之證明切結連同應繳補契各費具狀一併呈繳由征收官署掣回收據並由征收官署或地方官廳佈告一個月期滿無人提出異議即為確定不論斷賣與按照估產價斷賣收稅百分之六典按百分之四連大學經費在內其附加各欵照章征收契紙費每張五毫均收毫銀不補元水歷經照辦在案茲據左列業主請領補稅契紙前來當經佈告期滿無人聲請異議合將契紙填明粘連白契加蓋印信截給收執契根存根分別繳留備查須至契紙者

計開

業主　遺失　年　月　日向　印稅　字

號斷賣典按契紙　張原係於　年　月　日　受　縣

都　圖　堡　甲　戶丁　地屋田舖塘　段間坵間口　坐落　地方

共稅　頃　拾　畝　分　厘　毫　絲　忽　微　纖

沙　壆　塽共長　丈　尺　寸共闊　丈　尺　寸

該產價銀

該補契稅銀

廳頒　字　號補稅契紙　業主　准此

中華民國　年　月　日給

此契紙由財政廳編列字號於字號騎縫及年月加蓋廳印俟業主請領時填寫明白然後由征稅公署於年月及產價騎縫粘連白契加蓋印信將契紙截開三幅分別給領繳留

字第　號產價銀

補稅契紙存根

廣東省政府財政廳　為

中華民國　年　月

廣州市不動產請領補稅契紙收據存查

業主姓名	
產業類別	
坐落地址	
門牌	
縣名	
警區	
原日產價	
業主住址	

年　月　日據繳各項毫銀

年　月　日發給本契編列　字第　號　張

附繳

字第　號

廣州市不動產請領補稅契紙收據

廣東省政府財政廳

案據業主　狀稱有　不動產　計產價銀　元遺失　契據呈請補發業經核准發給補稅契紙茲遵照契稅定章具繳後開欵項請領稅契紙所繳各項銀元已由本廳稅契股照數收訖發給收據應候佈告一月期滿無人異議再行派員前往測繪核明印妥後該業主將此項收據前來領取契紙管業此據

計收

契稅毫銀

契紙費毫銀

附捐毫銀

中資捐毫銀

測繪費毫銀

合共毫銀

本契編列　字第　號　經收人　填據人

中華民國　年　月　日本廳稅契股發

（此收據財政廳適用之）

以前所收代繕費每張五毫仝行免收

不動產請領補稅契紙收據存查

（典,按 斷,賣 應用木戳分別蓋明）

業主姓名	產業類別	坐落地址	門牌	縣名	警區	原日產價	業主住址

年　月　日據繳各項毫銀

附繳

年　月　日發給本契編列　字第　號

張

字第　號

不動產請領補稅契紙收據

（此空白一行上端填征稅機關銜名）

案據業主狀稱有　不動產　計產價　元

遺失　契據呈請補發業經核准發給補稅契紙茲遵照契稅定

章具繳後開欵項請領補稅契紙所繳各項銀元已由

照數收訖發給收據應候佈告一月期滿無人異議再行核明印妥後

該業主將此項收據前來領取契紙管業此據

計收　契稅　毫銀

契紙費　毫銀

中資捐　毫銀

附捐　毫銀

合共　毫銀

本契編列　字第　號

經收人
填據人

中華民國　年　月　日發

（此收據各縣市征收機關適用之）以前所收代繕費每張五毫全行免收

無契執照存根

縣市警察區別	地址門牌	業主姓名	產業種類間數	四至	面積	產業價值	補契稅金	取得原因	原置年月	執照字號	附記

中華民國　　年　　月　　日

此執照由財政廳編列字號於字號騎縫及年月加蓋廳印俟業主請領時填寫明白然後由征稅公署於年月及產價騎縫加蓋印信將執照截開三幅分別給領繳留

第　　字　　號
產價　　銀

無契執照

廣東省政府財政廳　為

發給無契執照事照得廣東現行契稅章程業主現有不動產田地房屋由於世代相傳向無契據管業者由業主將該產業估計時值分別開列產業坐落地方土名畝數間數四至丈尺及取具殷實商店蓋有圖章之證明切結連同應繳稅費具狀呈由征收官署掣回收據一面由該業主刊登財政公報一月暨當地通行日報一星期並由地方官廳出示佈告一個月期滿無人提出異議即為確定照估計產價每百元征收正稅銀六元連大學經費在內其附加各款照章征收執照紙費每張五毫均收毫銀不補元水應經照辦在案茲據左列業主　請領無契執照前來當經佈告期滿無人提出異議合將執照填明加蓋印信裁給收執照根存根分別繳留備查此照

縣市警察區別	地址門牌	業主姓名	產業種類間數	四至	面積
產業價值	**補契稅金**	**取得原因**	**原置年月**	**執照字號**	**附記**

廳頒　　字　　號照給業主　　收執

中華民國　　年　　月　　日

此執照由財政廳編列字號於字號騎縫及年月加蓋廳印俟業主請領時填寫明白然後由征稅公署於年月及產價騎縫加蓋印信將執照截開三幅分別給領繳留

第　　字　　號
產價　　銀

無契執照繳驗

縣市警察區別	地址門牌	業主姓名	產業種類間數	四至	面積	產業價值	補契稅金	取得原因	原置年月	執照字號	附記

中華民國　　年　　月　　日

此執照由財政廳編列字號於字號騎縫及年月加蓋廳印俟業主請領時填寫明白然後由征稅公署於年月及產價騎縫加蓋印信將執照截開三幅分別給領繳留

廣州市不動產請領無契執照收據

字第　　號

廣東省政府財政廳

現據業主　　　狀稱現有不動產　　　估計產價

由於世代相傳無契管業呈請發給無契執照茲遵照契稅定章具

繳後開款項請領無契執照所繳各項銀元已由本廳稅契股照數

收訖發給收據應候佈告一月期滿無人異議再行派員前往測繪

核明印妥後該業主將此項收據前來領取執照管業此據

計收

契稅毫銀

執照紙費毫銀

測繪費毫銀

逾限罰款毫銀

附捐毫銀

中資捐毫銀

合共毫銀

本執照編列　字第　號　經收人

填據人

中華民國　年　月　日本廳稅契股發

（此收據財政廳適用之）以前所收代繕費每張五毫仐行免收

廣州市不動產請領無契執照收據存查

業主姓名	產業類別	坐落地址	門牌	縣名警區	估計產價	業主住址

年　月　日據繳各項毫銀

年　月　日發給本執照編列　字第　號　張

不動產請領無契執照收據查存

業主姓名	
產業類別	
坐落地址	
門牌	
縣名	
警區	
估計產價	
業主住址	

年　月　日據繳各項毫銀

年　月　日發給本執照編列　　字第　　號　　張

字第　　號

不動產請領無契執照收據

（此空白一行上端填征稅機關銜名）

現據業主　　狀稱現有不動產　　估計產價　　由於世代相傳無契管業呈請發給無契執照茲遵照契稅定章具繳後開欵項請領無契執照所繳各項銀元已由　　照數收訖發給收據應候佈告一月期滿無人異議再行核明印妥後該業主將此項收據前來領取執照以憑管業此據

本執照編列　　字第　　號

合共毫銀

計收　契稅毫銀
　　　執照紙費毫銀
　　　逾限罰欵毫銀
　　　附捐毫銀
　　　中資捐毫銀

經收人
填據人

中華民國　　年　　月　　日　　發

（此收據各縣市征稅機關適用之）以前所收代繕費每張五毫全行免收

房屋加建補税上蓋執照查存

縣市警察區別	地址門牌	業主姓名	產業種類	四至	面積	上蓋價值	現補稅金	原契字號	原契產價	建築年月	官或民地	執照字號	附記

此執照由財政廳編列字號於字號騎縫及年月加蓋廳印俟業主投税時填寫明白然後由征税公署於年月及產價騎縫加蓋印信將執照截開三幅分別給領繳留

中華民國　　年　　月　　日

第　　字　　號上蓋價值

房屋加建補税上蓋執照

廣東省政府財政廳　為　發給房屋補税上蓋執照事照得廣東現行契税章程業主買受空地及承領官地建築上蓋或將大屋一間分建小屋數間或將破爛舖屋加建或改建者均應於工竣後六個月内照建築價額補税上蓋請領執照其不依期限或匿報價額一經查出或被告發得照章處罰又逾限自行投税者仍照章征收逾限罰款如以前建築價額已併入地契連上蓋投税或另補税上蓋領有執照現在加改建築其以前税過上蓋連地或補税上蓋税金均准繳銷有效但應將增加之一部分價額補税此項上蓋執照不得分析作據如無地契可驗則不得專税上蓋應先補税地契再税上蓋茲據左列業主遵具申請書並原契連同税金呈繳請領上蓋執照前來准照章每百元征收正税六元連大學經費在内又執照紙費每張收銀五毫均收毫銀不補水其附加各款照章分別征收給照由業主粘連地契管業此照

縣市警察區別	地址門牌	業主姓名	產業種類	四至	面積	上蓋價值
現補稅金	**原契字號**	**原契產價**	**建築年月**	**官或民地**	**執照字號**	**附記**

廳領　　字　　號証據給業戶　　收執

中華民國　　年　　月　　日

此執照由財政廳編列字號於字號騎縫及年月加蓋廳印俟業主投税時填寫明白然後由征税公署於年月及產價騎縫加蓋印信將執照截開三幅分別給領繳留

第　　字　　號上蓋價值

房屋加建補税上蓋執照繳驗

縣市警察區別	地址門牌	業主姓名	產業種類	四至	面積	上蓋價值	現補稅金	原契字號	原契產價	建築年月	官或民地	執照字號	附記

此執照由財政廳編列字號於字號騎縫及年月加蓋廳印俟業主投税時填寫明白然後由征税公署於年月及產價騎縫加蓋印信將執照截開三幅分別給領繳留

中華民國　　年　　月　　日

廣州市房屋加建補稅上蓋申請書

具申請書業主（姓名）　　住址　　門牌　　號

今有自置屋地/承領官地一段於民國　　年　　月　　日加建上蓋茲遵

照契稅章程內載補稅上蓋各條備具申請書並原契/照　　張連同稅金

呈請收納發給執照以憑管業再此項產業委係來歷明白並非將公家

之產冒認作私產他人之業影估作已業亦非隱匿原價以多報少朦混

投稅倘有此等情弊一經查出或被告發情願遵章處罰合併陳明謹呈

廣東省政府財政廳

計呈繳

補稅金　　毫銀
測繪費　　毫銀
執照紙費　　毫銀
逾限罰款　　毫銀

縣市警察區別	地址門牌	業主姓名	產業種類	四至	面積	上蓋價值	現補稅金	原契字號	原契產價	建築年月	官地民地	附記

中華民國　　年　　月　　日業主　　謹呈

（此申請書財政廳適用之）

以前所收代繕費每張五毫全行免收

房屋加建補稅上蓋申請書

字　　號

具申請書業主（姓名）　　住址　　門牌　　號

今有自置屋地／承領官地一段於民國　　年　　月　　日加建上蓋茲遵照契稅章程內載補稅上蓋各條備具申請書並原契照　　張連同稅金呈請收納發給執照以憑管業再此項產業委係來歷明白並非將公家之產冒認作私產他人之業影佔作己業亦非隱匿原價以多報少朦混投稅倘有此等情弊一經查出或被告發情願遵章處罰合併陳明謹呈

（此空白一行上端填征稅機關銜名）

計呈繳　補稅金毫銀　執照紙費毫銀　逾限罰款毫銀

縣市警察區別	地址門牌	業主姓名	產業種類	四至	面積	上蓋價值	現補稅金	原契字號	原契產價	建築年月	官地民地	附記

中華民國　　年　　月　　日業主　　謹呈

（此申請書各縣市稅征機關適用之）以前所收代繕費每張五毫全行免收

廣州市房屋加建補稅上蓋收據存查

業主姓名	
產業類別	
坐落地址門牌	
縣名	
警區	
原產價	
上蓋價值	
業主住址	

年 月 日據繳各項毫銀

年 月 日發給本執照編列 字第 號

附繳 頒 字第 號原執照 張

紅契 張

字第 號

廣州市房屋加建補稅上蓋收據

廣東省政府財政廳

現據業主 申請書稱有自置 現加建上蓋計價額 遵照契稅章程加建上蓋補稅領照條例呈繳後開欵項請領上蓋執照所繳各項銀元已由本廳稅契股照數收訖發給收據應候派員前往測繪核明印妥後該業主將此項收據前來領取執照以憑管業此據

計收 補稅金毫銀

測繪費毫銀

執照紙費毫銀

逾限罰欵毫銀

合共毫銀

本執照編列 字第 號 經收人

填據人

中華民國 年 月 日 本廳稅契股發

（此收據財政廳適用之）

以前所收代繕費每張五毫全行免收

房屋加建補稅上蓋收據存查

業主姓名	產業類別	坐落地址	門牌	縣名	鄉區	原產價	上蓋價值	業主住址

年　月　日據繳各項毫銀

年　月　日發給本執照編列　字第　號

附繳　須　字第　號原執照紅契　張　張

字第　號

（此空白一行上端填收稅機關銜名）

房屋加建補稅上蓋收據

現據業主　申請書稱有自置　現加建上蓋計價

額　遵照契稅章程加建上蓋補稅領照條例呈繳後開欵

項請領上蓋執照所繳各項銀元已由　照數收訖發給

收據應候核明印妥後該業主將此項收據前來領取執照以憑管

業此據

計收　補稅金毫銀
執照紙費毫銀
逾限罰欵毫銀

合共毫銀

本執照編列　字第　號　經收人

中華民國　年　月　日　填據人　發

（此收據各縣市征稅機關適用之）以前所收代繕費每張五毫全行免收

租地自建上蓋執照驗繳照

縣市區坐落	地址門牌	上蓋所有人姓名	上蓋層數	四至	面積	上蓋價額	上蓋稅金	土地所有人姓名住址	地租若干	立批年月	租賃年期	執照字號	附記

中華民國　　年　　月　　日

此執照由財政廳編列字號於字號騎縫及年月日加蓋廳印俟業主投稅時填寫明白然後由征稅公署於年月及上蓋價額騎縫并於粘連批約處加蓋印信將執照截開三幅分別給領繳留

第　　字　　號　上蓋價額

租地自建上蓋執照

廣東省政府財政廳

為發給租地自建上蓋執照事照得廣東現行契稅章程業主租賃空地及將租賃舖屋加建或改建並無受租約之拘束者如得土地所有人同意得申請將上蓋價額繳納稅費領照照章按斷賣每百元征正稅六元典按四元連大學經費在內執照紙費每張銀五毫其附加各款照章分別征收所有租地建築上蓋落成後六個月內將批租約連同呈驗投稅茲據左列上蓋所有人　　填具申請書并原批約連同稅金呈繳請領租地自建上蓋執照前來准照章分別征稅給照由上蓋所有人粘連批約管業此照

縣市區坐落	地址門牌	上蓋所有人姓名	上蓋層數	四至	面積	上蓋價額

上蓋稅金	土地所有人姓名住址	地租若干	立批年月	租賃年期	執照字號	附記

右照給上蓋所有人　　收執

中華民國　　年　　月　　日

此執照由財政廳編列字號於字號騎縫及年月日加蓋廳印俟業主投稅時填寫明白然後由征稅公署於年月及上蓋價額騎縫并於粘連批約處加蓋印信將執照截開三幅分別給領繳留

第　　字　　號　上蓋價額

租地自建上蓋執照存根

縣市區坐落	地址門牌	上蓋所有人姓名	上蓋層數	四至	面積	上蓋價額	上蓋稅金	土地所有人姓名住址	地租若干	立批年月	租賃年期	執照字號	附記

中華民國　　年　　月　　日

此執照由財政廳編列字號於字號騎縫及年月日加蓋廳印俟業主投稅時填寫明白然後由征稅公署於年月及上蓋價額騎縫并於粘連批約處加蓋印信將執照截開三幅分別給領繳留

廣州市租地自建上蓋補稅申請書

字　號

具申請書上蓋所有人（姓名）　住址　門牌　號

今有於　年　月　日與土地所有人　租賃土地

一段於民國　年　月　日自建上蓋　間茲遵照契稅

章程內載租地自建上蓋領照各條備具申請書連同土地所有人原立

批約　張又別項証據　張及應繳稅費呈請核收發給執照確定

業權以憑管業再此項上蓋委係租地自建並非原有更非將公家之產

冒認作私產他人之業影估作己業亦非隱匿原價以多報少朦混領照

倘有此等情弊一經查出或被告發得寔情願遵章塗銷合併陳明謹呈

廣東省政府財政廳

計呈繳　稅金　毫銀　測繪費　毫銀　執照紙價　毫銀

共計　毫銀

縣市警察區別	地址門牌	上蓋所有人姓名	上蓋種類層數	四至面積	上蓋價額	上蓋稅金	土地所有人姓名住址	地租若干	立批年月	租賃年期	附記

中華民國　年　月　日上蓋所有人　呈

（此申請書財政廳適用之）　以前所收代繕費每張五毫全行免收

租地自建上蓋補稅申請書

字　號

具申請書上蓋所有人姓名　住址　門牌　號

今有於　年　月　日與土地所有人　租賃土地

一段於民國　年　月　日自建上蓋　間茲遵照契稅

章程內載租地自建上蓋領照各條備具申請書連同土地所有人原立

批約　張又別項証據　張及應繳稅費呈請核收發給執照確定

業權以憑管業再此項上蓋委係租地自建並非原有更非將公家之產

冒認作私產他人之業影佔作己業亦非隱匿原價以多報少朦混領照

倘有此等情弊一經查出或被告發得甘情願遵章塗銷合併陳明謹呈

（此空白一行上端填征稅機關銜名）

縣市暨察區別	地址門牌	上蓋所有人姓名	上蓋種類層數	四至面積	上蓋價額	上蓋稅金	土地所有人姓名住址	地租若干	立批年月	租賃年期	附記

計呈繳　稅金　毫銀
測給費　毫銀
執照紙費　毫銀

共計　毫銀

中華民國　年　月　日上蓋所有人　呈

（此申請書各縣市征稅機關適用之）以前所收代繕費每張五毫全行免收

廣州市租地自建上蓋補稅收據存查

上蓋所有人姓名	產業類別	坐落地址	門牌	縣名	警區	上蓋價額	上蓋所有人住址

年　月　日據繳各項毫銀

年　月　日發給本執照編列　字第　號　張

附繳業主原立批約　叚

字第　號

廣州市租地自建上蓋補稅收據

廣東省政府財政廳

現據上蓋所有人　　申請書稱有租地自建上蓋計價額
元遵照契稅章程租地自建上蓋條例呈繳後開欵項請
領租地自建上蓋執照所繳各項銀元已由本廳稅契股照數收訖
發給收據應候派員前往測繪核明印妥後該上蓋所有人將此項
收據領取執照此據

計收　稅契毫銀
　　　測繪費毫銀
　　　執照紙費毫銀

合共毫銀

本執照編列　字第　號　經收人　塡據人

中華民國　年　月　日本廳稅契股發

(此收據財政廳適用之)　以前所收代繕費每張五毫仝行免收

租地自建上蓋補稅收據存查

上蓋所有人姓名	產業類別	坐落地址	門牌	縣名	警區	上蓋價額	上蓋所有人住址

年　月　日據繳各項毫銀

年　月　日發給本執照編列　字　號　張

附繳業主　原立批約　張

字第　號

租地自建上蓋補稅收據

（此空白一行上端填征稅機關銜名）

現據上蓋所有人　申請書稱有租地自建上蓋計價額

遵照契稅章程租地自建上蓋條例呈繳後開款項請領租地自建

上蓋執照所繳各項銀元已由　照數收訖發給收據應候

核明印妥後該上蓋所有人將此項收據領取執照此據

計收稅金　毫銀

執照紙費毫銀

本執照編列　字　號　經收人　填據人

中華民國　年　月　日發

（此收據各縣市征稅機關適用之）以前所收代收繕費每張五毫全行免收

永租契根

廣東省政府財政廳 為

中華民國 年 月 日給

字第 號 租價銀

洋人永租屋地契紙

廣東省政府財政廳 為

中華民國 年 月 日給

字第 號 租價銀

永租存根

廣東省政府財政廳 為

中華民國 年 月 日給

廣州市不動產投稅永租契收據存查

永租洋人姓名	產業種類	坐落地址	門牌	縣名	警區	租價	永租洋人住址

年　月　日據繳各項毫銀

年　月　日發給本契編列　字第　號

附繳上手　堂　頒　字第　號執照紅契　張

本身洋人　堂　頒　字第　號紅契　張

字第　號

廣州市不動產投稅永租契收據

廣東省政府財政廳

現據　國洋人　有不動產　計租價

呈請投稅永租契紙遵照契稅定章呈繳後開

欵項前來已由本廳稅契股照數收訖合發給收據此據

計收
契稅毫銀
契紙費毫銀
逾限罰欵毫銀
附捐毫銀
中資捐毫銀

本契編列　字第　號　經收人　填據人

中華民國　年　月　日本廳契稅股發

（此收據財政廳適用之）

以前所收代繕費每張五毫仝行免收

不動產投稅永租契收據存查

永租洋人姓名	產業種類	坐落地址門牌	縣名暨區	租價	永租洋人住址

年　月　日據繳各項毫銀
年　月　日發給本契編列　字第　號
附繳上手　堂　頒　字第　號紅契執照　張
本身洋人　堂　頒　字第　號紅契　張

字第　號

不動產投稅永租契收據

（此空白一行上端填收稅機關銜名）
現據　國洋人　有不動產　計租價
呈請投稅永租契紙遵照契稅定章呈繳後開
欵前來已由　照數收訖合發給收據此據
契稅　毫銀
契紙費毫銀
計收　逾限罰欵毫銀
附捐毫銀
中資捐毫銀
本契編列　字第　號　經收人　填據人
中華民國　年　月　日　發
（此收據各縣市適用之）
以前所收代繕費每張五毫仝行免收

教會置買公產契根

廣東省政府財政廳 為

中華民國 年 月

字第 號產價銀

教會置買公產契紙

廣東省政府財政廳 為

中華民國 年 月

字第 號產價銀

教會置買公產根存

廣東省政府財政廳 為

中華民國 年

廣州市不動產投稅教會契收據存查

教會名稱	產業種類	坐落地址	門牌	縣名	警區	產價	教會住址

年　月　日據繳各項毫銀

年　月　日發給本契編列　字第　號

附繳上手　堂　頒　字第　號執照紅契　張

本身　教會　頒　字第　號紅契　張

字第　號

廣州市不動產投稅教會契收據

廣東省政府財政廳

現據　國　教會有不動產　計產價

呈請投稅教會置買公產契紙連照契稅定章

呈繳後開欵項前來已由本廳稅契股照數收訖合發給收據此據

計收

契稅　毫銀

契紙費　毫銀

測繪費　毫銀

逾限罰欵　毫銀

附捐　毫銀

中資捐　毫銀

合共　毫銀

本契編列　字第　號　經收人

填據人

中華民國　年　月　日本廳稅契股發

（此收據財政廳適用之）以前所收代繕費每張五毫今行免收

不動產投稅教會契收據存查

教會名稱	產業種類	坐落地址門牌	縣名警區	產價	教會住址

年　月　日據繳各項毫銀

年　月　日發給本契編列第　字　號

附繳上手　堂　頒　字第　號紅契執照　張

本身　教會　頒　字第　號紅契　張

字第　號

不動產投稅教會契收據

（此空白一行上端填征稅機關銜名）

現據　國　教會有不動產　計

產價　呈請投稅教會置買公產契紙遵照契稅定章

呈繳後開款項前來已由　照數收訖合發給收據此據

契稅毫銀

契紙費毫銀

計收　逾限罰款毫銀

附捐毫銀

中賫捐毫銀

合共毫銀

本契編列　字第　號　經收人　填據人

中華民國　年　月　日　發

（此收據各縣市適用之）以前所收代繕費每張五毫全行免收

广东财政厅各项税捐征收章程

苏世杰 署签

民國二十五年二月編印　非售品

廣東財政廳各項稅捐征收章程

蘇世傑署簽

廣東財政廳各項稅捐征收章程目錄

(一)廣東全省舶來農產品什項專稅征收章程……一至一六頁
(二)廣東全省進口洋布疋頭專稅征收章程……一七至二六頁
(三)廣東全省顏料專稅征收章程……二七至三〇頁
(四)征收廣東全省洋紙專稅章程……三一至三六頁
(五)修正廣東全省舶來糖類捐征收章程……三七至三八頁
(六)征收廣東全省舶來士敏土附加費章程……三九至四〇頁
(七)廣東全省蜡類專稅征收章程……四一頁
(八)廣東全省水陸緝私總處緝獲走私貨物變價及罰欵充賞章程……四二頁
(九)征收廣東省舶來皮革及廢爛膠輪稅章程……四三至四八頁
(十)修正廣東省屠牛稅牛皮稅征收章程……四九至五〇頁
(十一)修正廣東省屠牛稅牛皮稅征收章程施行細則……五一至五二頁

(十二)修正廣東全省香燭紙寶冥鏹捐及出口香粉香竹燭芯會紙錫箔捐暨汕頭出口紙鏹捐稽征章程……五三至五六頁
(十三)廣東全省屠捐征收章程……五六頁
(十四)省河豬捐加二專欵章程……五七頁
(十五)曲江縣連江口欽廉瓊崖生豬出口捐征收章程……五七至五八頁
(十六)廣東全省京果海味捐章程……五九至六二頁
(十七)廣州市水陸筵席捐及花捐附加費征收章程……六三至六六頁
(十八)廣東省各縣市筵席捐章程……六七頁
(十九)廣東全省各縣花捐附加費章程……六八至六九頁
(二十)台山縣屬磚捐附加費章程……七〇頁
(二一)台山縣屬灰捐附加費章程……七〇頁
(二二)佛山戲院附加軍費章程……七〇頁
(二三)廣東菸酒類牌照稅費征收章程……七一至八〇頁

廣東全省船來農產品雜項專稅征收章程

一　此項船來農產品雜項專稅係統征全省分局抽收凡屬船來物品於入口時無論由輪船輪渡帆船火車運入如章程規定應完納專稅者一律照章抽收國產免抽

二　此項專稅係列舉種類抽收如章程所無者不得濫征茲分別開列如下

類別	名稱	重量或價值	征收大洋數	備考
穀米類	洋米	每百斤	一元四四	(一)不分類別 (二)以下屬農產穀米稅
	洋穀	每百斤	〇七二	
雜糧類	餅乾	每值百元	九六〇	(一)以下屬農產雜項稅 (二)二十四年五月三日財政廳稅字第二四八六號訓令規定甜餅乾照修正糖類捐征收章程所定按照「在港澳所製造各種糖果餅餌洋來糖果餅餌一抽收每值百元抽收毫洋捌拾元不再抽農產品雜項專稅其鹹餅乾及雜餅乾仍照農產品雜項專稅章程所定抽收
	雜糧粉	每值百元	六〇〇	麥粉免抽
	生粉	每值百元	六〇〇	
	粢粉	每值百元	六〇〇	
	粢米粉	每值百元	六〇〇	

粟粉	每值百元	六	〇〇	
米粉	每值百元	六	〇〇	
薏仁米	每值百元	六	〇〇	(一)除納京果海味捐外實抽大洋四元二角 (二)二十三年六月十一日財廳厘字第二四七號訓令核定薏口薏米照征
山薯	每值百元	六	〇〇	
咖喱薯仔	每值百元	六	〇〇	
洋葱	每值百元	六	〇〇	
粟膠	每值百元	六	〇〇	
粟片	每值百元	六	〇〇	
東京粉	每值百元	六	〇〇	
番茄	每值百元	三〇	〇〇	(一)二十四年稅字第七一一五號佈告加征
豆類	每百斤	一	八〇	(一)舶來及省外運粵均照之(二)免收保証紙幣加二專欵(三)所有黃豆綠豆白豆紅豆青豆白扁豆蠶豆瓜仁豆均照上列稅率征收
花生仁	每百斤	一	八〇	(一)舶來及省外運粵均照之 (二)免收保証紙幣加二專欵

	黑白芝麻	每百斤	一八〇	(一)船來及省外運粵均屬之 (二)免收保証紙幣加二專款
	黑白瓜仁	每百斤	一八〇	(一)船來及省外運粵均屬之 (二)免收保証紙幣加二專款
	壳花生	每百斤	一五〇	(一)船來及省外運粵均屬之 (二)免收保証紙幣加二專款
	玉蜀黍	每百斤	〇六〇	船來及省外運粵均屬之
肉品類	臘腸	每值百元	一八〇〇	
	鹹猪肉	每值百元	一二〇〇	
	洋火腿	每值百元	一二〇〇	整隻以布包裹或無包裹者抽十二元倘以罐或瓶俤或以別種裝俤者抽六元
	鹹牛肉	每值百元	九六〇	
	牛肉片	每值百元	九六〇	
	羊肉	每值百元	九六〇	
	肉汁	每值百元	六〇〇	
	牛肉汁	每值百元	六〇〇	

	牛尾湯	每值百元	六	〇〇	
	乾肉	每值百元	三	六〇	
	猪肉皮	每值百元	三	六〇	
果品類	洋蜜棗	每值百元	一四	四〇	
	蘋果	每值百元	三〇	〇〇	二十四年稅字第七一一五號佈告加征
	榛子	每值百元	三〇	〇〇	同上
	金山橙	每值百元	三〇	〇〇	同上
	檸檬	每值百元	三〇	〇〇	同上
	提子	每值百元	三〇	〇〇	同上
	呂宋芒果	每值百元	三〇	〇〇	同上
	暹柚	每值百元	三〇	〇〇	同上
	椰子	每值百元	三〇	〇〇	同上（廿三年六月一日財廳厘字第一零六四號訓令核定椰乾免抽）

	品名	單位			備考
	檳榔	每值百元	三〇	〇〇	同上
	未列名鮮果	每值百元	三〇	〇〇	同上
	西梅乾	每值百元	三〇	〇〇	同上
	蘋果乾	每值百元	三〇	〇〇	同上
	椰絲肉	每值百元	三〇	〇〇	同上
	花旗松子	每值百元	三〇	〇〇	同上
	毛花果	每值百元	三〇	〇〇	同上
	黃枝乾	每值百元	三〇	〇〇	同上
	西枝乾	每值百元	三〇	〇〇	同上
	杏梅乾	每值百元	三〇	〇〇	同上
	栗肉乾	每值百元	三〇	〇〇	同上（另納京果海味捐大洋二元四角准照扣除）
	大提子	每值百元	三〇	〇〇	同上（另納京果海味捐大洋二元四角准照扣除）

	杏仁	每值百元	三〇	〇〇	同上（另納京果海味捐大洋二元四角准照扣除）
	未列名乾果	每值百元	三〇	〇〇	同上
	果皮及製餅果料	每值百元	六	〇〇	
	小葡萄乾	每值百元	三	六〇	
	加倫子	每值百元	三	六〇	
飲料類	果子露	每值百元	一八	〇〇	
	果汁凍	每值百元	一八	〇〇	
	果子汁	每值百元	一八	〇〇	
	茶葉	每值百元	一八	〇〇	下分色素
	大小保士担茶	每值百元	一八	〇〇	
	查古律	每值百元	一四	四〇	即朱古力不分片或粉或粒
	可可	每值百元	一四	四〇	即哥古

咖啡	每值百元	一四	四〇	不分粉或精
麥精	每值百元	一四	四〇	
阿華田	每值百元	一四	四〇	
毛花果汁	每值百元	一四	四〇	
檸檬汁	每值百元	一四	四〇	
橙汁	每值百元	一四	四〇	
提子汁	每值百元	一四	四〇	
蘋果汁	每值百元	一四	四〇	
煉乳	每值百元	六	〇〇	
淡奶皮	每值百元	三	六〇	
淡牛奶	每值百元	三	六〇	
牛奶粉	每值百元	三	六〇	乾乳、勒吐精、格那克索等

	奶粉糖	每值百元	三	六〇
罐頭類	大小罐頭水欖	每值百元	一二	〇〇
	罐頭雜果	每值百元	一二	〇〇
	罐頭台果	每值百元	一二	〇〇
	罐頭沙甸魚	每值百元	一二	〇〇
	罐頭希苓魚	每值百元	一二	〇〇
	罐頭三文魚	每值百元	一二	〇〇
	罐頭鮑魚	每值百元	一二	〇〇
	罐頭明蝦	每值百元	一二	〇〇
	其他魚介海產品罐頭	每值百元	一二	〇〇
	罐頭雀肉	每值百元	一二	〇〇
	罐頭牛脷	每值百元	一二	〇〇

貨名	單位	稅率	
罐頭牛肉	每值百元	一二	○○
其他肉類罐頭	每值百元	一二	○○
罐頭蘆筍	每值百元	七	八○
罐頭菜蔬	每值百元	七	八○
罐頭粟米	每值百元	七	八○
罐頭青豆	每值百元	七	八○
罐頭瓜仁豆	每值百元	七	八○
罐頭肉豆	每值百元	七	八○
罐頭粟米豆	每值百元	七	八○
酸果	每值百元	七	八○
甜酸果	每值百元	七	八○
罐頭糖菠蘿	每值百元	七	八○

	罐頭糖洋葱頭	每值百元	七	八〇	
油類	椰油	每值百元	一八	〇〇	
	猪油	每值百元	一二	〇〇	
	牛油	每值百元	一二	〇〇	
	橄欖油	每值百元	六	〇〇	
	假奶油	每值百元	六	〇〇	
	假猪油	每值百元	六	〇〇	
	假牛油	每值百元	六	〇〇	
	生菜油	每值百元	六	〇〇	
	菜油	每值百元	六	〇〇	
	生油	每百斤	五	四〇	(一)船來及省外運粵均照之 (二)免收保証紙幣加二專款
	生餅	每百斤	〇	四〇	(一)出油重量五斤以上未滿十斤 (二)免收保証紙幣加二專款

		每百斤	一	〇八	(一)出油重量十斤以上至二十斤 (二)免收保証紙幣加二專款
		每百斤	一	六二	(一)出油重量二十斤至三十斤 (二)船來及省外運粵均關之
		每百斤	二	一六	(一)出油重量三十斤以上至四十斤 (二)免收保証紙幣加二專款
	豆油	每百斤	五	四〇	(一)船來及省外運粵均關之 (二)免收保証紙幣加二專款
	蔴油	每百斤	五	四〇	(一)船來及省外運粵均關之 (二)免收保証紙幣加二專款
	臭牛油	每百斤	一	〇〇	廿三年九月十九日財廳厘子第二一三三號訓令核定每担征收大洋一元
調味類	魚子醬	每值百元	一八	〇〇	
	奶酥	每值百元	一八	〇〇	
	奶油	每值百元	一八	〇〇	
	果醬	每值百元	一八	〇〇	
	醬油	每值百元	一八	〇〇	
	沙士	每值百元	一八	〇〇	

洋醋	每值百元	一八	〇〇	
茄汁	每值百元	一八	〇〇	
茄醬	每值百元	一八	〇〇	
油咖哩	每值百元	一八	〇〇	
芥茉	每值百元	一八	〇〇	
結汁	每值百元	一八	〇〇	即喼汁
咖啡油	每值百元	一八	〇〇	
大小湯汁	每值百元	一八	〇〇	
雜肉醬	每值百元	一八	〇〇	
果子油	每值百元	一八	〇〇	
香料粉	每值百元	一八	〇〇	
香精油	每值百元	一八	〇〇	

雜類				
菠蘿油	每值百元	一八	〇〇	
味之素	每值百元	一八	〇〇	
魚露	每值百元	一八	〇〇	
鹹魚水	每值百元	一八	〇〇	
紅辣椒	每值百元	七	八〇	
胡椒	每值百元	七	八〇	不分黑白
茄湯	每值百元	六	〇〇	
八角	每值百元	二	四〇	
茴香	每值百元	二	四〇	
良薑	每百斤	一	八〇	
這厘片	每值百元	一四	四〇	
發酵粉	每值百元	九	六〇	

香菌	每值百元	八	四〇	
白菌	每值百元	八	四〇	
洋冬菇	每值百元	八	四〇	
洋香信	每值百元	八	四〇	
洋蘑菇	每值百元	八	四〇	
洋石耳	每值百元	八	四〇	
蛋黄汁	每值百元	七	八〇	
笋尖	每值百元	七	八〇	
蘆笋	每值百元	六	〇〇	
野鳥蛋	每值百元	三	六〇	
家禽蛋	每值百元	三	六〇	
白燕窩	每斤	一二	〇〇	

品名	單位			備註
毛燕窝	每斤	三	〇〇	廿三年一月廿五日財廳厘字第一六五號訓令核定每斤收大洋五角又遵照厘字第一零五零號訓令飭增加二成應征如上數
燕窝排	每斤	〇	六〇	
上列各物品無論散裝罐裝餅裝均須一律抽收國產除特定外餘均免征倘若舶來罐頭改裝混充國貨書寫「在中國製造」字樣而無註册商標者照章征收以杜取巧				
上列各物品除花生仁壳花生豆類黑白瓜仁黑白芝蔴生油生餅荳油蔴油等項稅率概免征收保証紙幣加二專欵外其餘一律照征				
舶來機器類				
油渣機	每值百元	二〇	〇〇	二十四年十二月十六日起凡本國工廠所製出機器種類呈經政府核驗明確認爲可用對於該類之舶來機器亦照征收
抽水機	每值百元	二〇	〇〇	
離心力抽水機	每值百元	二〇	〇〇	
風力機	每值百元	二〇	〇〇	
風油發動機	每值百元	二〇	〇〇	
米磨	每值百元	二〇	〇〇	
花生粉磨	每值百元	二〇	〇〇	
翻礱磨	每值百元	二〇	〇〇	

外煤類				
	搾蔗機	每值百元	二〇	〇〇
	鍛烟機	每值百元	二〇	〇〇
	混和機	每值百元	二〇	〇〇
	髮剪	每值百元	二〇	〇〇
	電手筒	每值百元	二〇	〇〇
外煤類	外洋煤	每噸		五〇	專款存儲以備擴充建築省府合署經費由廿五年二月廿七日開征

三　凡前項舶來物品如係由華人商店購買無論買自何人或外人洋行應由買人之華商負完稅責任於買入時向征稅局所申報種類或重量完納專稅領具完稅單據方能運回轉賣不得藉口洋行送貨希圖免稅如係由華商直接採辦者于進口時即須完納專稅至未開征前已購入之貨現儲存待沽者應由貨主報明登記不抽登記費及不追征稅欵

四　凡前項舶來物品已完專稅如須轉運別處者各貨商應向當地征稅局所申報在稅單內註明已銷若干轉運若干銷號放行不得重抽及不得征收銷號費

五　凡估價完稅應依照海關估價爲標準並以海關所伸算大洋者爲限

六　完納專稅以大洋爲本位以加三伸合毫洋計繳

七　凡應征專稅之物品如係華人經理遇有特別情形須先入倉續報或已完專稅而仍儲倉待沽者皆應先行報明理由方能緩納違作走私論

八　貨商販運應完專稅各貨物或以多報少或以貴報賤或塗改稅票或單貨不符影射走漏者均按照稅款加罰三倍恃強闖越加罰五倍大起走私不服盤查追緝拒捕者呈廳究辦充公其有私運私藏私售私買舶來農產品及什項貨物未經依照規定手續完納專稅者一經緝獲訊明除將私貨悉數沒收外並照所獲私貨之價值五倍處罰所有窩藏接運之商店貨倉住宅輪船貨艇得予標封投變沒收充公至罰

欵及私貨變價照廣東全省緝私總處緝獲走私貨物變價及罰欵充賞章程辦理

九　凡應征專稅之物品原係原件轉駁不泊岸轉運別處者應先行報明分別完免稅欵倘確有持有海關轉口稅單應於未轉運時將關單繳驗免稅放行惟貨商不得過期延滯或分拆起卸或抽換頂替致干查究

十　此項專稅現暫委員稽征所有征存稅欵按旬報解金庫核收至遲不得逾期五天外屬道遠得半月報解一次仍不得過期

十一　此項專稅應用聯單由本廳核發各委員呈廳領用

十二　此項章程由頒布日施行

廣東全省進口洋布疋頭專稅征收章程

(一)全省洋布疋頭專稅應按照規定種類遵照抽收如左

(一)本色棉布品類

種類	品別	按貨價每值百元征收大洋數	備考
凡本色市布、粗布、細布、寬不過四十英寸長不過四十一碼	(甲)重七磅及以下 (乙)重過七磅不過九磅 (丙)重過九磅不過十一磅	三元〇〇	
本色市布粗布、細布・寬不過四十英寸長不過四十一碼每英方寸過一百十綫	(甲)重過十一磅不過十二磅半 (乙)重過十二磅半不過十五磅半 (丙)重過十五磅半	三〇〇	
本色市布、粗布、細布、寬不過四十英寸長不過四十一碼每英方寸不過一百十綫	(甲)重過十一磅不過十五磅半 (乙)重過十五磅半	三〇〇	
本色粗細斜紋布(僅三綫或四綫組)寬不過三十一英寸長不過三十一碼		三〇〇	
本色粗細斜紋布(僅三綫或四綫組)寬不過三十一英寸長不過四十一碼	(甲)重十二磅零四分之三及以下 (乙)重過十二磅零四分之三	三〇〇	

本色洋標布寬不過三十四英寸長不過二十五碼	(甲)重七磅及以下 (乙)重過七磅	三	〇〇	
本色洋標布寬過三十四英寸不過三十七英寸長不過二十五碼		三	〇〇	
本色棉帆布雙絲布		三	〇〇	
未列名本色棉布		三	〇〇	
漂市布（通稱漂布）粗布細布	(甲)寬不過三十七英寸長不過四十二碼 (乙)寬不過四十一英寸	三	〇〇	以下漂白或染色棉布品
漂竹布寬不過三十七英寸長不過四十二碼		三	〇〇	
漂粗細斜紋布（僅三線或四線組）寬不過三十一英寸長不過三十二碼 漂粗細斜紋布（僅三線或四線組）寬不過三十一英寸長不過四十二碼		三	〇〇	
漂洋標布	(甲)寬不過三十二英寸長不過二十五碼 (乙)寬不過卅二英寸長不過廿五碼不過四十一碼	三	〇〇	
漂白織花洋紗燈心布、水浪布、織花膠布、燈芯蓆法布、寬不過三十英寸長不過三十碼		三	〇〇	
漂白或染色素或織花、細洋紗、軟洋沙、稀洋紗、厚稀紗、細稀紗、輕軟稀紗、維多利亞格子紗、瑞士格子紗、拉白（譯音）紗布洋緞、提花洋紗、（單紗綫）及條子、點子、燈芯織花市布	(甲)寬不過三十英寸長不過三十一碼 (乙)寬過三十英寸不過三十七英寸長不過四十二碼 (丙)寬過三十七英寸	三	〇〇	

漂白或染色洋羅寬不過三十一英寸長不過三十碼		三	〇〇
染色、素、市布、粗布、細布、洋素綢 漂白或染色提花(鏤空洋紗)	(甲)寬不過三十英寸長不過三十三碼 (乙)寬不過三十英寸長過三十三碼不過四十三碼 (丙)寬不過三十六英寸長不過二十一碼 (丁)寬不過三十六英寸長過二十一碼不過三十三碼 (戊)寬不過三十六英寸長過三十三碼不過四十三碼	三	〇〇
染色、素、粗細斜紋布(僅三綫或四綫組)	(甲)寬不過三十一英寸長不過三十三碼 (乙)寬不過三十一英寸長過三十三碼不過四十三碼	三	〇〇
染色洋漂布拷花甯綢素甯綢贋假洋紅布寬不過三十二英寸長不過二十五碼	(甲)重三磅零四分之一及以下 (乙)重過三磅零四分之一不過五磅零四分之一 (丙)重過五磅零四分之一	三	〇〇
漂白、染色、印花、素或織花綌地絲光洋紗寬不過三十二英寸長不過三十二碼		三	〇〇
漂白或染色素或織花綌紋呢寬不過三十三英寸長不過卌三碼		三	〇〇
本色、漂白、染色、染紗織綌布(綌紋呢不在內)	(甲)寬不過十五英寸 (乙)寬過十五英寸不過三十英寸	三	〇〇
白或染色、素或織花羽綾羽緞羽綢冲西緞泰西綾綢、斜羽綢横工布十字紋綢細嗶嘰立吧次布粗條子布(羅緞不在內)蔴法布水雲緞、寬不過三十三英寸長不過三十三碼	(甲)織花羽綾羽綢 (乙)其他	三	〇〇
白或染色素或織花羽繭(五綫組)經面羽緞(不過五綫組)條子羽綢寬不過三十三英寸長不過三十三碼		三	〇〇

品類	規格	稅率
白或染色織花羅緞(波紋緞在內)泰西緞寬不過三十三英寸長不過三十三碼		三〇〇
白或染色、素羅緞(波紋緞在內)泰西緞、寬不過三十三英寸長不過三十三碼		三〇〇
手織、斜紋、絨布、棉法絨	(甲)漂白染色、印花染紗織(雙面印花不在內) (一)寬不過二十五英寸長不過十五碼 (二)寬過二十五英寸不過三十英寸長不過十五碼 (三)寬過二十五英寸不過三十英寸長不過三十一碼 (四)寬過三十英寸不過三十六英寸長不過十五碼 (五)寬過三十英寸不過三十六英寸長不過三十一碼 (乙)雙面印花寬不過三十一英寸	三〇〇
染色冲毛呢	(甲)寬不過三十二英寸長不過二十碼 (乙)寬過三十二英寸不過六十四英寸長不過二十碼	三〇〇
染色素尺六絨尺九絨寬不過二十六英寸		三〇〇
印花織花拷花尺六絨尺九絨及燈芯絨厚燈芯絨囘絨幕絲錦布芝蔴絨		三〇〇
漂白或染色棉帆布雙絲布		三〇〇
未列名漂白或染色棉布		三〇〇

(二)印花棉布品類

品名	規格		
印花細洋紗、印花軟洋紗、印花稀洋紗、印花市布、印花粗布、細布、印花洋標布（灰印花標在內）印花粗斜紋布、印花細斜紋布、印花横工布、印花嗶嘰、印花羽布、印花蔴法布（無光印花蔴法布不在內）	（甲）寬不過二十英寸 （乙）寬過二十英寸不過四十六英寸長不過十二碼 （丙）寬過二十英寸不過三十二英寸長不過三十碼 （丁）寬過三十二英寸不過四十二英寸長不過三十碼	三	〇〇
印花縐地呢縐地花布寬不過三十二英寸長不過三十碼		三	〇〇
印花縐布	（甲）寬不過十五英寸 （乙）寬過十五英寸不過三十英寸	三	〇〇
印花羽緞、緞布、印提花印紗（印花條子格子在內）印花羽綢、印花格布、印花泰西緞、印花羽綾、印花斜羽綢、印花粗條子布、印花羅緞、印花水雲緞寬不過三十二英寸長不過三十碼		三	〇〇
印花洋羅寬不過三十一英寸長不過三十碼		三	〇〇
一色印雙面印花標寬不過三十二英寸長不過三十碼		三	〇〇
未列名印花棉布（各種雙面印花布）		三	〇〇
（三）雜類棉布品類			
未列名染紗織棉布		三	〇〇
橡皮雨衣布		三	〇〇

未列名棉布		三	○○	
（四）棉製品類				
棉質假金線棉質假銀線		三	○○	
棉纜索繩		三	○○	
燭芯		三	○○	
花邊、衣飾、縧貨、其他裝飾用品、及全部用上列各物製成之貨品		三	○○	
蚊帳紗		三	○○	
製襪衫用及針織綿布	（甲）起毛者 （乙）不起毛者	三	○○	
起毛針織衛生衣類		三	○○	
未起毛汗衫褲短襪長襪	（甲）兩面均未起毛者（一）無光無絲光線製（二）光絲光線製 （乙）其他	三	○○	
寬緊帶		三	○○	
未裝飾或裝飾腿帶		三	○○	

品名	稅率
燈芯	三〇〇
圍絨毛巾	三〇〇
無花毯、印花毯、老虎毯、及毯布、	三〇〇
手帕	三〇〇
新布袋	三〇〇
未列名衣服及衣着零件	三〇〇
未列名棉貨	三〇〇
(五)毛織品類	
毛花邊、衣飾、繡貨、其他裝飾用品及全部用上列各物製成之貨品	三〇〇
針織呢絨	三〇〇
旗紗布寬不過十八英寸長不過四十碼	三〇〇
羽毛寬不過三十一英寸長不過六十二碼	三〇〇

素、織花、綢紋、毛羽綾、寬不過三十一英寸長不過三十二碼		三	〇〇
粗嗶嘰寬不過三十一英寸長不過二十五碼		三	〇〇
小呢寬不過六十四英寸		三	〇〇
毛羢		三	〇〇
橡皮雨衣布		三	〇〇
未列名呢絨（攙什他種纖維者在內但攙什絲者不在內）	（甲）每方碼重不過六英両 （一）經線全爲棉紗 （二）其他 （乙）每方碼重過六英両不過十二英両 （一）經線全爲棉紗 （二）其他 （丙）每方碼重過十二英両	三	〇〇
氈呢毯套		三	〇〇
毛毯地毯及其他地衣類		三	〇〇
呢冠帽	（甲）不用襯絨或毛髮製成者每打價值不過二六〇二五金單位 （乙）其他	三	〇〇
未列名衣服及衣着零件		三	〇〇

未列名毛貨（攙什他種纖維者在內但攙什絲者不在內）	（甲）帽坯 （乙）其他	三	〇〇
（六）絲及其製品類			
人造細絲、粗絲		三	〇〇
未列名絲及廢絲		三	〇〇
絲質假金銀線（攙什他種纖維者在內）		三	〇〇
未列名紗、線		三	〇〇
花邊、衣飾、繡貨、其他裝飾用品及全部用上列各物製成之貨品		三	〇〇
針織綢緞		三	〇〇
寬緊帶		三	〇〇
羅衣紗絨		三	〇〇
白、染色、染紗織、蠶絲棉緞	（甲）素 （乙）織花 （丙）染紗織	三	〇〇

未列名綢緞(搀什他種纖維者在內)	(甲)蠶絲(指舶來而言國產免抽) (乙)人造絲 (丙)蠶絲夾人造絲 (丁)蠶絲夾毛或夾毛及植物纖維 (戊)人造絲夾毛或夾毛及植物纖維 (己)蠶絲夾植物纖維 (庚)人造絲夾植物纖維	三	〇〇
未列名衣服及衣着零件		三	〇〇
未列名絲貨(搀什他種纖維者在內)		三	〇〇

以上各類皆在征抽範圍之內但以舶來品爲限國產貨品不得征收其貨物同一種類而未列名稱者悉依海關抽收種類爲據又已完統稅及規定免稅章程所未列舉者不得征收

一　凡章程規定各項物品一經進口由華商購入均應按照各貨之海關估價值百抽三即每百元抽大洋三元

一　凡前項進口貨物如由華人商店購買無論買自何人或何處洋行均應由買入之華人或商店負完稅責任於買入時赴專稅局之征收辦事處遵章報明種類及估本價值繳納專稅領具完稅聯單與貨隨行方能起運出倉回店不得藉口洋行送貨圖免稅款違作走私論

一　凡屬應征專稅之貨物如係華人經理販運入口一經起卸及完納關稅後即應到專稅局報納專稅如有特別情形須先入倉續報或已完專稅而仍儲倉待沽者皆應先行報明理由查實許可方能緩納否則亦作走私論

一　凡洋布疋頭原艤原件轉駁不泊岸轉運別處者應先行報明分別完免稅款倘確係持有海關攜涉(TRANSIT)(轉口稅單)應於未轉運時將關單繳驗免稅放行惟貨商不得過期延滯或分拆起卸或抽換頂替至干究罰

一　商人販運應完專稅布疋或以多報少或以貴報賤或塗改印票有意隱瞞或單貨不符影射走漏者均應照稅款加罰三倍恃強闖越加罰五倍大起走私不服盤查追緝拒捕者呈廳罰辦充公其有私運私藏私售私買未經依照規定手續完納專稅者一經緝獲訊明除將私貨

悉數沒收外並照所獲私貨之價值五倍處罰所有藏挾運私貨之商店貨倉住宅輪船貨艇得予標封投變沒收充公至罰欵及私貨變價照廣東全省緝私總處緝獲走私貨物變價及罰欵充賞章程辦理

一 凡已納專稅之洋布疋頭如轉運別處不得重征貨商須向就近征稅處所報明已銷若干轉運若干銷號放行征稅處所不得留難阻滯及索取銷號費

一 凡有入口少數貨疋其度量不過五碼或總額不過三件均免抽專稅若逾此度數一律報征不能藉口希圖免納

中華民國二十四年　九月　三十三　日

廣東全省顏料專稅征收章程

一 凡廣東全省進口顏料均歸顏料專稅征收範圍按照規定種類照海關估價值百抽八即每百元抽大洋八元以加三伸合毫幣繳納如左

品名	重量或價值	征收大洋數	備考
未列名安尼林染料及其他煤膏染料（人造染料）	每值百元	八〇〇	
栲皮	每值百元	八〇〇	
梅樹皮	每值百元	八〇〇	
黃柏皮（染料用）	每值百元	八〇〇	
洋靛	每值百元	八〇〇	
銅金粉	每值百元	八〇〇	

炭精（墨烟）	每值百元	八	〇〇
鉻黃（泥金色）	每值百元	八	〇〇
硃砂	每值百元	八	〇〇
養化鈷（青漆）	每值百元	八	〇〇
呀囒色	每值百元	八	〇〇
薯莨	每值百元	八	〇〇
兒茶（皮膠）或梹榔膏	每值百元	八	〇〇
籐黃	每值百元	八	〇〇
漆綠	每值百元	八	〇〇
石黃	每值百元	八	〇〇
人造靛	每值百元	八	〇〇
天然乾靛	每值百元	八	〇〇

品名	單位	稅額
天然水靛	每值百元	八〇〇
降香	每值百元	八〇〇
紅丹鉛粉黃丹	每值百元	八〇〇
蘇木膏	每值百元	八〇〇
五倍子	每值百元	八〇〇
赭色	每值百元	八〇〇
紅花	每值百元	八〇〇
蘇木	每值百元	八〇〇
大青或碗青	每值百元	八〇〇
藤黃	每值百元	八〇〇
佛頭青或雲青	每值百元	八〇〇
銀硃	每值百元	八〇〇

人造銀硃	每值百元	八〇〇
鉡白	每值百元	八〇〇
未列名染料顏色皮料硝皮料油漆料	每值百元	八〇〇
未列名油漆凡立水擦光料油墨	每值百元	八〇〇

以上各種類以舶來品爲限國貨產品不得征收其未列名各物悉依海關抽收種類爲據文章程所無者不得濫征

一　凡進口舶來顏料如係由華人商店購買無論買自何人或何處洋行均應由買入之華人商店遵章報明價值繳納專稅領具征收稅單與貨隨行方能出倉返店不得藉口洋行送貨希圖免抽如違作走私論罰

一　凡已納專稅之顏料如運往省內各處分銷應先向就地征收專稅辦事處先行銷號註明已銷若干轉運若干領取運照以憑轉運沿途經過征收分所一經驗明即蓋戳放行查驗人員不得收受銷號或手續等費及留難阻滯

一　貨商隱匿偷漏加罰三倍恃强闖越加罰五倍大起走私不服盤查幷追緝拒捕者扭解財政廳懲辦貨物充公其有私運私藏私售私買未經依照規定手續完納專稅者一經緝獲訊明除將私貨悉數沒收外並照所獲私貨之價值五倍處罰所有蘊藏接運私貨之商店貨倉住宅輪船貨艇得予標封投變沒收充公至罰款及私貨變價照廣東全省緝私總處緝獲走私貨物變價及罰款充賞章程辦理

一　凡應征專稅之顏料如係華人經理販運入口一經起卸及完納關稅後即應向顏料專稅征收處報納專稅如有特別情形須先入倉續報或已納專稅而仍儲倉待沽者皆應先行報明理由方許通融辦理違作走私論

征收廣東全省洋紙專稅章程

(一)凡廣東全省進口洋紙，依本章程規定，征收專稅，由廣東財政廳辦理，將款解繳庫收。

(二)洋紙專稅及罰欵，均以大洋爲本位，如以毫洋繳納，照加三元水伸繳。

(三)征收洋紙專稅之種類及標準稅率，依左列辦理。

品別	重量	征收大洋數	備考
舊洋文報紙雜誌	每百斤	六元〇〇	
新聞報紙	每百斤	二〇〇	限報館印刷報紙用每百斤征收大洋壹元
油光紙	每百斤	二〇〇	
包皮紙	每百斤	二〇〇	鷄皮紙洋表古紙油紙及他類防水紙在內
紙板	每百斤	二〇〇	
火柴紙	每百斤	二〇〇	
書簿皮紙	每百斤	二〇〇	
紙烟紙	每百斤	二〇〇	
羊皮紙	每百斤	二〇〇	
百加明紙	每百斤	二〇〇	

品名	單位	稅額	備考
格拉新紙	每百斤	二〇〇	
防油紙	每百斤	二〇〇	
冲砂紙	每百斤	二〇〇	
拍紙簿	每百斤	二〇〇	
單面臘簿紙	每百斤	二〇〇	
滑資書紙	每百斤	二〇〇	
粗夫士隐紙	每百斤	二〇〇	以上各種無論白色或染色有無隱紋均同
印成之日曆通書及各項商品招紙標語紙	每百斤	二〇〇	
印圖紙	每百斤	四〇〇	
印書紙	每百斤	四〇〇	三十一磅至七十五磅
臘光紙	每百斤	四〇〇	
雪光紙	每百斤	四〇〇	

印花色紙	每百斤	四〇〇	
簿面花紋紙	每百斤	四〇〇	
幼夫士愢紙	每百斤	四〇〇	
印水紙	每百斤	四〇〇	
一號色書紙	每百斤	四〇〇	
蔴紙	每百斤	四〇〇	
卜架紙	每百斤	四〇〇	
厚印書紙	每百斤	四〇〇	七十五磅重以上
圖畫紙	每百斤	四〇〇	
薄砂紙	每百斤	四〇〇	
偈紙	每百斤	四〇〇	
揮把紙	每百斤	四〇〇	電器物料

錫紙	每百斤	四〇〇
粉紙	每百斤	四〇〇
解手紙	每百斤	四〇〇
名片紙	每百斤	四〇〇
白粉咭紙	每百斤	四〇〇
通咭紙	每百斤	四〇〇
映相用紙	每百斤	四〇〇
蠟油紙	每百斤	四〇〇
玻璃紙	每百斤	四〇〇
明紙	每百斤	四〇〇
石棉紙	每百斤	四〇〇
羅紋紙	每百斤	四〇〇

元甲紙	每百斤	四〇〇	
縐紙	每百斤	四〇〇	
布紋紙	每百斤	四〇〇	
千層紙	每百斤	四〇〇	
擦器砂紙	每百斤	四〇〇	以上各種無論白色或染色有無縐紋均同
五彩印色各行商標	每百斤	四〇〇	
月份牌	每百斤	四〇〇	
洋紙盒	每百斤	四〇〇	
其他未列名特種洋紙及用洋紙製成貨品	每百斤	四〇〇	

（四）征收洋紙專稅，係為維持土紙，增益稅收起見，凡有本國製紙廠所製紙料，運抵本省行銷時，如查明有第一或轉口關局所給單照者，准予免稅放行，倘僅有未經呈准之自刊運單，並無關局已照機貨完稅單照者，應仍照章征稅，至所領關局給發已照機貨完稅單照，務將廠號貨品名稱，分別載明，如有含混夾藏情弊，除對于單照載明廠號貨品免稅放行外，其餘別廠貨品，未經載明者，仍照定章征稅。

(五)凡進口洋紙，如係由華人商店購買，無論買自何人，或何處洋行，均應由買入之華人商店，須到征稅處遵章報明種類及重量，繳納專稅，領取征收單與貨隨行，方能起運出倉返店，不得藉口洋行送貨，希圖免抽，否則作走私論罰。

(六)凡屬應征專稅之洋紙，如係華人經理販運進口，一經起卸及完納關稅後，即應向征稅處報納專稅，如有特別情形，須先入倉續報，或已納專稅而仍儲倉待沽者，皆應先行報明理由，查實許可方准通融緩納，否則概作走私處罰。

(七)凡已納專稅之洋紙，如運往省內各處分銷，應先向就地征收專稅機關先行銷號，註明已銷若干轉運若干領取運照以便經過沿途征稅處時報驗，經驗明數目相符蓋戳放行，惟查驗人員不得收受銷號或手續等費及留難阻滯。

(八)凡存有洋紙華人商店及運銷任何地方，征稅處得隨時會警檢查，如有走私偷稅應按照情節輕重施以相當處罰，貨商隱匿偷漏照稅欵加罰三倍，恃強闖越加罰五倍，大起走私不服盤查追緝拒捕者呈廳罰辦充公其有私運私藏私售私買未經依照規定手續完納專稅者一經緝獲訊明除將私貨悉數沒收外並照所獲私貨之價值五倍處罰，所有囤藏接運私貨之商店貨倉住宅輪船貨艇得予標封投變沒收充公，至罰欵及私貨變價給獎分配各項依照廣東全省水陸緝私處緝私給獎章程辦理

(九)本章程施行後所有從前定章對于「佛山紙行及廣州市內紙行加工改造各色洋紙，如進口時係照印書新聞紙納稅者于轉運各地時，須照補稅每百斤銀五角，其餘照各紙納稅者，應予免稅」之規定，因與本章程對于「新聞報紙限報館印刷報紙用者每百斤征收大洋一元」之規定牴觸，應即廢止以維工業，而杜糾紛，

(十)本章程如有未盡事宜得隨時增修呈請核准公佈之

修正廣東全省船來糖類捐征收章程

(一)凡廣東省內土糖，不准抽捐，其船來糖類，依照本章程規定，征收船來糖類捐，由廣東財政廳飭令各區船來農產品雜項專稅局彙征之

(二)凡船來糖類依左列捐率分別抽收

種類	重量或價值	征收毫洋數	備考
和蘭標本色第十七號以下之糖	每百斤	二元四〇	
和蘭標本色第十七號以上之糖	每百斤	三六〇	
方糖塊糖	每百斤	二四〇	
洋蜜糖冰糖	每百斤	三〇〇	
均白糖	每百斤	二四〇	
洋桔水	每百斤	〇三〇	
糖漿	每值百元	二〇〇	
葡萄糖	每值百元	一五〇〇	
麥精糖	每值百元	一五〇〇	
楓樹糖	每值百元	一五〇〇	
糖精	每值百元	一五〇〇	

品名	計算	稅率		備考
糖霜	每值百元	一五	○○	
糖粉	每值百元	一五	○○	
在港澳所製造各種糖果餅餌洋來糖果餅餌	每值百元	八○	○○	
香口糖	每值百元	八○	○○	下列各糖果原係列入農品什項專稅稅率範圍征稅迨奉財政廳稅字第二四八六號令飭列入糖類捐征收不必再征農產品什項專稅
牛油糖	每值百元	八○	○○	
谷古糖	每值百元	八○	○○	
咖啡糖	每值百元	八○	○○	
珍珠糖	每值百元	八○	○○	
棉花糖	每值百元	八○	○○	
薄荷糖	每值百元	八○	○○	
朱古力糖	每值百元	八○	○○	
雜糖	每值百元	八○	○○	

蜂蜜	每值百元	八〇	〇〇

(三)凡船來糖類由糖業營運商依廣東糖業營運取締暫行規則規定將入口糖類貯入廣東省營產物經理處蔗糖部製發入口許可証所指定之公倉時卽須赴當地船來農產品雜項專稅局掛號携同存倉單據報明貨色重量價值件數照章繳納捐欵領取征收單方准運銷所墊捐欵俟銷售時向買客于價內取償

(四)凡船來糖類一經抽捐卽塡發征收單交執爲憑單內註明貨色重量價值件數年月日期以資査考如將糖類運銷時必須携同征收單報驗領取轉運証方得提運經過各局卡如單証與糖類相符立于單証上蓋戳放行若無單証同運或有單証而貨色重量價值件數不符者或私自塗改者以走私論

(五)凡緝獲瞞捐偸漏船來糖類除照章補納捐欵外按照貨價五折處罰如抗不遵罰或無貨主認領時准將扣留糖類存貯公倉交由蔗糖部變賣其給奬辦法依照廣東全省水陸緝私處緝私給奬章程辦理

(六)凡船來糖類如未領有蔗糖部製發入口許可証而私運入口時應由當地船來農產雜項專稅局將糖類扣留存貯公倉交由蔗糖部照章辦理

(七)本章程所用征收單由廣東財政廳印製頒用其轉運証由各區船來農產什項專稅局呈准之農產品轉運証加戳塡用之

(八)本章程如有未盡事宜由廣東財政廳隨時增修之

(九)本章程自公佈日施行

中華民國二十四年四月

征收廣東全省船來土敏土附加費章程

(一)凡外洋或外省輸入之船來士敏土，依本章程規定，征收附加中山大學經費，及擴充全省長途電話費，由各船來農產品什項專稅局兼征，將款分列專案呈解庫收，以憑分別撥付領用。

(二)凡本省士敏土廠產製之士敏土，依照省政府省務會議議決原案，免予抽費，以維土製，而塞漏卮。

(三)舶來士敏土附加費之征收率，分列如左：

(甲)凡國外洋輸入之舶來士敏土，每桶裝限三百斤，納附加大學經費大洋壹元八角，擴充長途電話費大洋四角五分，每包裝限二百斤，納附加大學經費大洋壹元二角擴充長途電話費大洋三角。

(乙)凡國外省輸入之舶來士敏土，每桶裝限三百斤，納附加大學經費大洋九角，擴充長途電話費大洋四角五分，每包裝限二百斤，納附加大學經費大洋六角，擴充長途電話費大洋三角。

右列桶裝包裝，如有加重，均照比例征收，至大洋補水，一律照加三計算，俾合毫洋繳納，以符定章。

(四)凡在廣東地域遇有華商運輸舶來士敏土，係在入口開始到達以後之時間，不貼完費証，或貼僞做完費証，及復用舊完費証，或復用貼証之舊桶舊包，一經發覺，即以瞞費走漏論，准按該土應納附費處罰，初犯十倍，再犯三十倍，三犯五十倍，如係再犯，幷將該貨沒收充公，或呈請查封店舖及將該商拘究，所收罰欵，照廣東全省緝私處緝私給獎章程辦理。

(五)各行商販運舶來士敏土入口時，應先報由各專稅局繳納附費，給予完費收單，及完費証粘貼，如轉運別處者，並應發給運照，於運照內應按照桶包斤數目分晰註明運往所在地點發沽，該貨起運時，飭由販商携同運照沿途經過該局卡報驗，一經驗明數目相符，即加蓋經驗圖記放行，不得留難阻滯。

(六)所有應用完費收單，由本廳印製填用，惟完費証暨運照等項暫准各專稅局自行刊用，仍將式樣呈繳備案。

(七)凡政府建造工程及修築道路，須用本省士敏土廠產製之土，如需用舶來士敏土，倘係完全出自省庫開支，或由「省政府」「財政廳」特許免費者，應由財政廳令行專稅局遵照免予抽收附費，若該工程及道路幷非完全由省庫開支，與未經「省政府」「財政廳」特許免費，祇係公共團體集欵興築，如各縣建築公路，及各種工程，均一律照章征收，倘有未奉「省政府」「財政廳」核准，強行運輸，不納附費時，應准專稅局將情形呈報財政廳分別函飭各公路處各縣長各公共團體機關等遵章照納。

(八)凡政府建築工程，需用舶來士敏士，已經核准免收附費者，應由財政廳將該工程之承建公司或承建人姓名，及嚜頭桶包庄數量等，行知專稅局，轉飭稽查及分卡知照，免至誤會，該承建公司或承建人，如有朦混多運，希圖作弊，經專稅局查覺屬實，准按照朦運數目，依據征收章程第四五兩條辦理，分別處罰，以維稅收

(九)本章程如有未盡事宜，得隨時增修，呈請核准公佈之，

廣東全省蜡類專稅征收章程

一 廣東全省蜡類專稅按照規定種類分別征收凡白蜡每百斤抽大洋四元五毫黃蜡每百斤抽大洋五元魚油蜡每百斤抽大洋弍元所有專欵包括在內以加三元水仲合毫洋繳納

一 凡進口蜡類如係由華人商店購買無論買自何人或何處洋行均應由買入之華人商店遵章報明價值繳納專稅領具征收稅單與貨隨行方能出倉返店不得藉口洋行送貨希圖免抽如違作走私論罰

一 凡已納專稅之蜡類如運往省內各處分銷應先向就地征收專稅辦事處先行銷號註明已銷若干轉運若干領取運照以憑轉運沿途經過征收分所一經驗明即蓋戳放行查驗人員不得收受銷號或手續等費及留難阻滯

一 貨商隱匿偷漏加罰三倍恃強闖越加罰五倍大起走私不服盤查幷追緝拒捕者扭解財政廳懲辦貨物充公至罰欵及私貨變價照廣東全省緝私總處緝獲走私貨物變價及罰欵充賞章程辦理

一 凡屬應征專稅之蜡類如係華人經理販運入口一經起卸及完納關稅後即應向蜡類專稅征收處報納專稅如有特別情形須先入倉續報或已納專稅而仍儲倉待沽者皆應先行報明理由方許通融辦理違作走私論

一 凡應征專稅之物品原儎原件轉駁不泊岸轉運別處者應先行報明分別完免稅欵倘確有持有海關轉運單應於未轉運時將關單繳驗免稅放行惟貨商不得過期延滯或分拆起卸或抽換頂替致干查究

廣東全省水陸緝私總處緝獲走私貨物變價及罰欵充賞章程

緝私總處遵照署廳充賞章程畧爲變通計分九項凡本處憑綫緝獲走私貨物判定充公變價及罰欵者除各項費用外其餘化爲百分照下列各項按數給與

計開

(一)解廳署百分之二十　凡充公變價及罰欵之私貨如屬國稅者繳署屬省稅者繳廳

(二)舉報人百分之四十五　此指綫人而言如無舉報人祇係職務上碰獲者給百分之二十五所餘百分之二十由本處收存留充綫費及其他費用

(三)經緝人百分之五　此指本處主辦緝私科股職員及稅警隊暨巡艦而言

(四)直接機關百分之十五　此指本處而言

(五)協緝人百分之五　此指必須軍警力量協助因而緝獲者而言如祇照例會警無須實力者該協緝人百分之五內會警方面應得五分之二所餘三分由本處收存留充綫費

(六)主管處據報轉達及署廳承辦科股百分之五　查前緝私局緝獲私貨變價及罰欵充賞辦法對於承辦案件之執法科及據報轉達之機關均各給獎百分之五茲本處因有電報及購綫費之支配故將該項併爲一欄署廳承辦科股及各處轉報各給以百分之二·五如非由各處轉報者所餘之二·五由本處收存留充綫費

(七)電報費及購綫費暨其他費用百分之五　此所指其他費用係綫人預支使用而言如不需預支者由本處收存留充綫費

(八)本章程如有未盡事宜得隨時呈請增訂修正

(九)本章程自公佈日施行

征收廣東省舶來皮革及廢爛膠輪稅章程

(一)凡廣東省進口舶來皮革，及廢爛膠輪，依本章程規定，征收舶來皮革及廢爛膠輪稅，由各舶來農產品什項專稅局兼征，將款解繳庫收，

(二)舶來皮革及廢爛膠輪稅及罰款，均以大洋爲本位，如以毫洋繳納照加三元水伸算，

(三)征收舶來皮革及廢爛膠輪稅，按照左列稅率，分級征收，

(甲)漆光小牛生熟皮，每担征收大洋一百六十元，其外商投資在滬設廠所製者，每担征收大洋六十元，

(乙)漆光小羊皮，漆光熟黃皮，每担征收大洋四十元，其外商投資在滬設廠所製者，每担征收大洋十五元，

(丙)熟羊皮，鞋底皮，皮箱皮，皮帶皮，每担征收大洋二十四元，其外商投資在滬設廠所製者，每担征收大洋六元

(丁)生水牛皮，生黃牛皮，每担征收大洋六元，

(戊)熟皮碎皮，生皮碎皮，每担征收大洋二元，

(己)凡用舶來皮革在省外地方製成貨品輸入行銷者，依照舶來皮革稅率比例征抽，(此項抽稅後，由各局查明製品種類，按照皮革稅率列明比例數目，呈廳核定稅率，以昭劃一，)如左表

廣東省徵收舶來皮革在省外地方製成貨品輸入行銷稅率表

貨品名稱	別量數	稅率大洋數	備考
漆牛皮男鞋	每對	八角	

漆牛皮女鞋	每對	五角
漆牛皮中童鞋	每對	六角
漆牛皮小童鞋	每對	四角
漆羊皮熟黃皮男鞋	每對	四角
漆羊皮熟黃皮女鞋	每對	二角
漆羊皮熟黃皮中童鞋	每對	二角
漆羊皮熟黃皮小童鞋	每對	一角
漆牛皮長靴	每對	一元五角
漆牛皮短靴	每對	一元
漆羊皮熟黃皮長靴	每對	六角
漆羊皮熟黃皮短靴	每對	四角
熟羊皮鞋	每對	四角

各種布鞋	每對	一角
布面膠底鞋	每對	五分
漆牛皮軍人皮桶	每對	一元
漆羊皮熟黃皮軍人皮桶	每對	四角
熟羊皮軍人皮桶	每對	三角
漆牛皮皮帶	每打	二元五角
皮帶皮皮帶	每打	四角
漆羊皮熟黃皮皮帶	每打	六角
漆牛皮軍人精神帶	每件	一元
皮帶皮軍人精神帶	每件	二角
漆羊皮熟黃皮軍人精神帶	每件	三角
漆牛皮公事皮夾	每件	一元六角

品名	單位	稅額	備考
漆羊皮 熟黃皮 公事皮夾	每件	四角	
漆牛皮鎗袋	每打	二元	
漆羊皮 熟黃皮 鎗袋	每打	六角	
漆牛皮銀包	每打	二元六角	查銀包有大中小三種現上列係屬中種惟大種比較中種約大三份之一其小種比較約小三份之一應照比例計抽
漆羊皮 熟黃皮 銀包	每打	六角	同上
七號天津籃球	每個	二角	
七號上海籃球	每個	一角	
四五六各號足球	每個	一角	
漆牛皮十八寸皮箱	每個	四元	皮箱大小不一重量各異應照每個重量比例征收現上列十八寸皮箱係每個重十三斤其餘類推
漆羊皮 熟黃皮 十八寸皮箱	每個	二元	同上
皮箱皮十八寸皮箱	每個	一元	同上
漆牛皮廿二寸皮喼	每個	五元	皮喼大小不一重量各異應照每個重量比例征收現上列廿二寸皮喼係每個重量五斤六兩其餘類推

漆羊皮熟黄皮廿二寸皮喼	每個	一元	同上
皮箱皮廿二寸皮喼	每個	八角	同上
漆牛皮大中小手提袋	每打	四元 三元 二元	
漆羊皮熟黄皮大中小手提袋	每打	一元 九角 八角	
皮箱皮駁殼槍皮袋	每打	五角	
皮帶皮子彈帶	每打	一元	
漆羊皮熟黄皮皮手套	每打	二元	
漆牛皮舊式加大手提袋	每打	五元	
皮箱皮西醫手提箱	每打	五角	

(庚)凡廢爛膠輪，每担征收大洋二元，

(四)凡進口舶來皮革及廢爛膠輪，如係由華人商店購買，無論買自何人或何處洋行，均應由買入之華人商店，遵章報明種類重量繳納專税，領取征收單與貨隨行，方能起運出倉返店，不得藉口洋行送貨，希圖免抽，否則作走私論罰，

(五)凡屬應征税之舶來皮革及廢爛膠輪，如係華人經理，販運進口，一經起卸及完納關税後，即應納税，倘有特別情形須先入倉

續報，或已納稅而仍儲倉待沽者，均應先行報明理由，查實許可，方准通融緩納，否則概作走私處罰，

(六)凡已納稅之舶來皮革及廢爛膠輪，如運往省內各處分銷，應先向就地征稅機關銷號，註明已銷若干，轉運若干，領取運照，以便經過沿途征稅處時報驗，一經驗明數目相符，蓋戳放行，惟查驗人員不得收受銷號或手續等費，及留難阻滯，

(七)凡存有舶來皮革廢爛膠輪之華人商店及運銷任何地方，征稅處得隨時會警檢查，如有走私瞞稅，按照情節輕重，施以相當處罰，其罰則如左：

(甲)凡不請領稅票繞越偷漏稅款者，除責令照章補稅外，處以稅額五倍以上十倍以下之罰金，再犯者，除將貨物沒收外，得按照情節之輕重，呈廳處以罰金，其抗納稅款者亦同，

(乙)塗改及複用舊稅票意圖瞞稅者，除責令照章補稅外，並處以應補稅額三倍以上六倍以下之罰金，再犯者，除將貨物沒收外，得按照情節之輕重，呈廳處以罰金，其偽造稅票意圖欺詐瞞稅者，除將貨物沒收外，得按照情節之輕重，呈廳處以罰金，並將人犯拘送法院治罪，

前項所定罰金及沒收貨物變價給獎分配各項，依照廣東全省水陸緝私處緝私給獎章程辦理，

(八)本章程如有未盡事宜，得隨時增修，呈請核准公佈之，

修正廣東省屠牛稅牛皮稅征收章程

第一章　總　則

第一條　凡在省內屠宰牛隻或將牛隻運出省外不在省內屠宰者均應依照本章程之規定分別繳納屠牛稅及牛皮稅由廣東財政廳征收之

第二條　凡鄰省出產之牛皮無論運銷本省或過境者均應依照本章程規定稅率納稅

第三條　本章程實施時所有從前屠牛捐牛皮捐生牛出口捐厘金府稅及地方附加或報効等費概不征收自後任何機關團體均不得另立名目附加各費

第二章 課稅標準及稅率

第四條 凡屠宰水牛黃牛無論大小每頭征收屠牛稅大洋三元六角同時征收牛皮稅每張大洋一元

第五條 由隣省運入本省之生牛皮每百斤征收大洋一元八角熟牛皮每百斤征收大洋四元六角

第三章 稽征方法

第六條 凡在省內屠宰牛隻應征之屠牛稅牛皮稅於屠牛時向物主一次征收分別發給稅票以憑查驗

隣省運入之牛皮由入境第一度征收機關征收稅欵發給稅票但不補征屠牛稅

前項由鄰省運入之牛皮除在入境第一度征收機關征收稅欵時驗票放行外其餘各地概不查驗

凡例准出口之牛隻運出省外時由起運出口地點征收機關依照本章程第四條之規定分別征收屠牛稅牛皮稅

凡屠牛場所牛欄商人醃製牛皮工廠販運牛隻出口商人均應向該管征收機關申報註册

經征機關因征稅上之必要派員調查前項各營業時該商人不得抗拒

第七條 征收屠牛稅牛皮稅之稅票由廣東財政廳分別製發經征機關塡用

第四章 罰則

第八條 凡不請領稅票繞越偸漏稅欵者除責令照章補稅外並處以稅額五倍以上十倍以下之罰金

前項再犯者除將貨物沒收外並處以五十元以上一百元以下之罰金

第九條 凡不遵照本章程之規定抗納稅欵者除將貨物沒收外並處以五十元以上一百元以下之罰金

前項再犯者除照前項處罰外並將人犯拘送法庭治罪

第十條 僞造稅票意圖欺詐瞞稅者除將貨物沒收外仍處以五十元以上一百元以下之罰金并將人犯拘送法庭治罪

第十一條 塗改及複用舊稅票意圖瞞稅者除責令照章補稅外並處以應補稅額三倍以上六倍以下之罰金

前項再犯者除將貨物沒收外仍處以三十元以上五十元以下之罰金

第十二條　凡違反本章程第六條第五項之規定者除責令照章遵辦外並處以五元以上十元以下之罰金

第十三條　凡違反本章程第六條第六項之規定者除仍強制執行檢查外並處以三十元以上五十元以下之罰金

第五章　附則

第十四條　本章程實施時所有以前屠牛捐牛皮捐生牛出口捐征收章程各屬征收附加或報効等費章程併前經財政廳令行之廣東省屠牛牛皮稅征收章程細則及以命令批准各案同時一律取銷

第十五條　本章程施行細則另定之

第十六條　本章程如有未盡事宜得隨時由財政廳呈請修正之

第十七條　本章程自公布日施行

中華民國　年　月　日　廣東財政廳訂

修正廣東省屠牛稅牛皮稅征收章程施行細則

第一條　本章程所稱之屠牛稅牛皮稅如在本省境內屠宰牛隻者該管經征機關應於其屠牛時就屠牛場所將屠牛稅牛皮稅同時向物主按隻征收并分別發給稅票以資憑証

如將牛隻運往省外不在本省屠宰者該管經征機關應就起運出口地點征收屠牛稅牛皮稅并發給稅票以資憑証

如由鄰省運入本省之牛皮不論生皮熟皮及是否在本省銷售或過境均由該管經征機關征收牛皮稅并發給稅票以資憑証

前項由鄰省入境之牛皮概免補征屠牛稅

凡屬本省出產之乾皮牛熟牛皮均不在本章程課稅範圍之內

第二條　經征機關應依照屠場屠牛時間派員前往查察并就地征收稅款

第三條　經征機關應於牛隻出口地點及鄰省牛皮入境地點設置稽征所征收稅款

第四條　屠牛場醃製生牛皮工廠牛欄商人販運牛隻出口商人應將各該營業商號名稱主管人姓名住址營業場所在地等逐一填明申報於該管經征機關如無一定營業店舖場所者准以其住所申報

前項屠場醃製工廠牛欄商人販運牛隻出口商人如遇停業歇業或轉讓時應即申報該管經征機關如係轉讓者應將承受人姓名一併申報

第五條　各屠牛場應於未屠宰牛隻之前將是日收到送宰牛隻數量物主姓名地址報請該管經征機關派員查驗向物主征收稅款分別發給稅票如屬鄉間僻遠地方臨時屠宰牛隻不能即日報領稅票者得於屠牛後翌日補報繳稅

凡未經納稅領有稅票者不得將濕牛皮販運售賣

凡收藏或運銷濕牛皮者如遇經征機關派員調查時應將稅票呈驗不得抗拒

第六條　商人出售濕牛皮時應將稅票隨貨交付買受人

第七條　醃製生牛皮工廠收買濕牛皮時應按張核對稅票如無稅票交付者不得收買

第八條　凡販運牛隻往省外者不論水運陸運應於未起運之前向該管征稅機關將牛隻數量起運地點經過本省該管征稅機關運往目的地逐項填明報請派員查驗征稅給票放行

前項販運商人經過本省該管征稅機關時應將所持稅票報請查驗

經征機關應根據納稅人申報之牛隻數量經過本省該管征稅機關運往目的地等項詳細填入稅票交納稅人收執

經過機關接到商人申報時應立即派員查驗不得故意遲延一經查驗相符應即發回憑証不得留難勒索

前項領得之稅票應由該販運人隨身携帶以備沿途經過口岸查驗憑証

第九條　凡由外省運入之牛皮不論生皮熟皮於運抵本省境內時應將牛皮種類數量產地出口地逐項列明檢同船儎紙或火車運單及

其他足以証明該牛皮數量之單據報告於該管經征機關聽候派員查驗征收稅欵

前項入境之牛皮申報納稅應照如左之規定

(一)凡由遵照海關章程指定停輪開艙起卸貨物地點之輪船及火車或郵包運入本省者應於起卸牛皮地點向該管經征機關申報納稅

(二)凡非由前欵規定之船車及郵包運入本省者無論用何種船車或用人畜搬運均應於入境時之該管經征機關所在地申報納稅

前項牛皮經征稅放行後由商人自由運銷無論任何稽征人員不得在沿途或到商店工場家屋等處執行檢查

第十條　該管經征機關除照章征收正稅外對於本細則所規定之申報及查驗等手續概不收費并不得藉口額外征收任何費用

第十一條　本細則如有未盡事宜得隨時修正之

第十二條　本細則自公佈日施行

中華民國十九年九月九日廣東財政廳訂

修正廣東全省香燭紙寶冥鏹捐及出口香粉香竹燭芯會紙錫箔捐暨汕頭出口紙鏹捐稽征章程

第一章　抽捐貨物範圍

第一條　凡香類無論大小脚香息香粗香塔香玉香而屬于焚化冥用者均照本章程所定抽捐其製香原料之香粉香竹如販運出口至港澳行銷者亦同但用硫磺或殺虫粉製成之避蚊香及在本省內地行銷之香粉香竹暨汕頭出口之香類不准抽捐

第二條　凡燭類無論燃點敬神禮佛祀祖冥用一切大小紅白蜡燭均照本章程所定抽捐其製燭原料之燭芯如販運出口至港澳行銷者亦同但牛油或洋蜡之大小紅白色代光燭及梅縣之結婚花燭人生慶壽壽燭重量在一斤以上燃點時非兼焚紙鏹者暨在本省內地行銷之燭芯均不准抽捐

第三條　凡紙寶冥鏹係以紙類製成品物供迷信焚化冥用者無論金銀錫紙製成寶樸元寶小寶江寶汀寶茶地北金還金紙錢溪錢各色紙衣符疏以及札作器物等項均應照本章所定抽捐其販運出口至港澳行銷之會紙或錫箔及由汕頭出口之紙鏹亦同但金花祭軸大光金銀錫紙瓦金紙黃白朗紙色綾紙會紙係未經製成焚化冥用物品不准抽捐

第四條　廣州市內廟堂販賣香燭紙寶冥鏹等貨物應准徵捐惟不得分等征收牌照費但外屬廟堂內所售香燭紙寶非廟內自製係由當地市上購來業經一度照章納捐者不得重征

第五條　前列條例所定抽收範圍如有與當地情形不同及未能概行包括者准由經征機關備具理由連同貨樣呈候核明分別飭遵倘未呈明擅行混抽一經商民告發查明屬實輕則處罰重則革究

第六條　征解捐欵均以毫銀爲本位

第二章　抽捐標準及捐率

第七條　前章所定各項香燭紙寶冥鏹抽收捐率均照貨價值百抽十其販運出口至港澳行銷之香粉香竹燭芯會紙錫箔等項亦同但左列各屬有特別規定者不在此限

汕頭出口紙鏹從量計捐除皮計算還紙每件一百八十斤金紙每件二百四十斤計算每百斤抽銀七錢五分

廣州市香捐　值百抽五

南海三江金利司　值百抽五

番禺沙茭司　值百抽九

三水開平兩縣　值百抽八

新　會　縣　值百抽五

第八條　燭類之抽捐以值百抽十爲原則但爲便利稽征起見得照左列各欵辦法抽捐

甲、夾製硬燭鑊每鑊一具月抽捐銀一百二十元

乙、手製硬燭鑊每鑊一具月抽捐銀二十元

丙、手製軟燭鑊每鑊一具月抽捐銀三十元

以上三項均以製造整月計算甲欵之硬製燭鑊每具每日製燭以一百六十斤爲度乙丙兩欵之燭鑊每日製燭以四十斤爲度倘加工或以其他方法製燭數超過本項所定限度時應先向經征機關報明增製之重量照值百抽十認定捐額領得許可證方能增製違者以瞞捐論

第九條　本捐各經征機關不得抽收在本省轄內已經照章納足捐欵過境之貨物但如非過境貨物而運抵該處起卸分散發沽者仍須報請該處經征機關查明照章抽捐方得起卸若由隣省經過者於經過第一道由該管經征機關查明如無鄰省完捐單或運票應照章值百抽十如有鄰省完捐單或運票但其捐率不及值百抽十者應令補繳至值百抽十爲止如該貨物係運銷本省各地及運抵銷售地時仍須報請當地經征機關查明照章抽捐方得起卸

第三章　抽捐方法

第十條　凡本省店舖自行製造香燭紙寶冥鏹須先將製成數目報請當地經征機關查明按照當地發行時價抽捐始准發沽如係大幫買入時亦將貨式重量價值件數報請查明繳捐發給收捐單方得起卸違則以瞞捐論

第十一條　前條屬于自行製造貨物對于錫紙一項應以搽色裝札完好方爲製成若僅錫紙相粘尚不能以製成論凡經製成之錫紙其形式合於裝配發沽而其數目又適於發沽時足爲計算價格件數之標準者即須報請經征機關查驗登記數目於發沽前完納捐欵倘

未納足捐欵不得將貨物遷移或搬運以杜瞞漏如經製成報驗未能即時發沽者仍須於查驗後十日內照章納捐

第十二條　凡香燭紙寶一經抽捐即發收捐單(不准另發完捐証)收執單內應註明貨式或重量件數價值年月日期該貨起運必須隨同捐單報驗如貨單相符即加蓋圖記於捐單上即准放行倘無捐單同運或有捐單與貨色重量件數不符者應照走私論按章處罰

第十三條　商販向別處購運香燭紙寶貨物如非同一經征機關所轄區域內之貨物於其貨物到達銷售地域入境時應將貨式重量件數及運往地點店號報由所轄征收機關查驗抽捐方得運入發售

第十四條　香燭紙寶貨物經向當地經征機關報納捐欵如復將原裝或分裝轉運出境者應將原收捐單報由該管經征機關查明給發運照隨貨放行不准重征如無運照雖有收捐單或有單照而所記載與貨物不符仍作瞞捐論照章處罰

第四章　稽　查

第十五條　新張商店欲製造或販賣香燭紙寶冥鏹須於未製造販賣之前五日將商店名號地址門牌司事姓名開列報明所轄經征機關查核方可開始製造販賣否則以瞞漏處罰論但經征機關對於此等商店不得發營業證或兼營牌照

第十六條　凡香燭紙寶冥鏹店舖須於該管經征機關開辦日起限三日內將購存或製存貨物分別已捐未捐(不准用貨物調查表)報請查明分別免捐納捐如所存之貨物經向舊經征機關納捐准新經征機關於已捐貨物加蓋印章藉資識別不准重征

第十七條　凡營業香燭紙寶冥鏹行商店舖該管經征機關得隨時派稽查員前往稽查并調取簿據查核以杜瞞漏惟稽查員執行職務入店檢查時均應由該管經征機關發給証章配帶以資識別并須知會當地警察會同辦理免滋誤會

第十八條　凡奸商走私不服檢查及不遵處罰准由當地征收機關就近報明該管縣市飭警將人貨扣留一面呈廳核辦

第五章　罰　則

第十九條　凡查獲瞞捐私貨除飭令補捐外處以該貨應納捐欵五倍之罰金其情節重大者應呈廳核明處以重罰或沒收其貨物并停止其營業以示懲儆

第二十條　凡根據本章判罰之案應先呈奉本廳核准方得執行所收罰欵其分配辦法以四成充賞線人二成歸經征機關二成繳訊辦之縣或市二成解廳但該案由經征機關直接緝獲者該充賞線人之四成罰欵歸該經征機關自行支配

第六章　附則

第二十一條　本章程如有未盡事宜由本廳隨時呈請　廣東省政府修正之

第二十二條　本章程自呈奉　廣東省政府核准後公佈施行

廣東全省屠捐征收章程

(一)征收辦法

(甲)凡屠猪一隻重量在六十斤以上者抽正餉及加二專欵共大洋七角式分其式拾斤以上未滿六十斤者抽正餉及加二專欵共大洋四角八分式拾斤以下者免抽均以司碼秤十六兩爲一斤不得增減所有捐欵如以毫洋繳納照加三元水伸算計繳其潮梅瓊崖各屬如以當地通用壁個大洋繳納照補一成元水以符通案征收加二專稅在維持紙幣期內并應照案照餉額加二征繳

(乙)所抽捐欵准各屠戶加在價內取償食戶

(丙)各屠戶應赴承商處報名領牌方准宰賣惟領牌毋須繳納牌費

(丁)凡屠戶宰猪須先赴就地承商報明納捐方得屠宰如有瞞匿私宰情弊一經查出有據應照原猪應納捐欵拾倍處罰

(戊)各屠戶如有宰賣死猪病猪及吹水等弊應由承商干涉制止以重衛生

(一)全省地方遼濶照章分批子商承辦所有各子商原承範圍內之屠戶如有宰猪往別商承辦範圍內銷售者須將經納捐欵單據持赴驗明行銷否則仍照前條甲項辦理以杜攙奪

(一)各屬屠捐如有附加地方警學慈善等費除經由本廳核准有案准照舊帶抽直接繳交地方機關應用外其餘概不准另立名目加抽捐項以免妨碍正餉

(一)如各屬有因障碍不能開辦或軍隊截留霸收暨地方土豪劣棍阻撓抗抽得隨時呈報本廳或該地方長官切實保護辦理以衛餉源

附記　凡各縣市祭祀嫁娶等屠宰猪隻無論自斋自宰自食如已樂繳當地警學費者應即照章繳納捐餉以杜瞞匿而息爭端

省河猪捐加二專款章程

(一)收繳捐款以大洋爲本位以毫洋加三伸計

(一)猪捐加二專款係照正餉加二抽收應照向章辦理不得增減

(一)所抽加二專款准各屠戶加在價內取償食戶

(一)征收界址東至燕塘東埔墟西至黃竹岐五眼橋南至大塘官山北至三元里上佛嶺市爲界凡屬界內各屠戶如有私宰情弊一經查出有據應照原猪應納加二專款十倍處罰

曲江縣連江口欽廉瓊崖生猪出口捐征收章程

第一章　總　則

第一條　凡北江欽廉瓊崖出口猪隻應依照本章程納捐

第二條　稽征機關曲江縣設在曲江縣連江口設在連江口欽廉設在北海市瓊崖設在海口市并因地方之情形得在該區其他之出口處酌設分卡

第二章　抽捐標準及捐率

第三條　本章程定每猪一隻六十觔以上者爲大猪六十觔以下者爲中猪不及二十觔者爲猪花免抽大猪中猪以每頭論大猪每頭征收毫洋四毫中猪每頭征收毫洋二毫均以毫洋計

第四條 各販商運生猪出口應先赴總征收機關或分卡報納捐餉領取運票方得販運生猪出境該運票必須携同報驗如數目相符即加蓋稽征機關之經驗關記放行不得留難

第三章 稽征方法

第五條 征收生猪出口捐之捐票由廣東財政廳分別印製發經征機關填用

第四章 罰則

第六條 凡瞞報走私生猪出口捐者依照左列各項分別罰辦

(甲)僞造稅票者將貨物沒收并將人犯解送當地法院依法懲辦

(乙)無運票販運繞越偷運者將貨物沒收并處以應輸稅額五倍以上二十倍以下之罰金

(丙)塗改或復用稅票者責令補稅并處以應輸稅額五倍以上二十倍以下之罰金

(丁)有運票而猪之隻數或斤數不符者責令補稅并處以五倍以上二十倍以下之罰金

(戊)緝獲乙丙丁等項犯案不遵處罰者應將人貨扣留交該管地方官署拘押呈候本廳核明飭遵

第七條 凡緝獲瞞報走私者所收罰欵其分配法以四成充賞綫人二成歸經征機關二成繳訊辦之縣府或市府二成解廳如由經征機關直接緝獲該充賞綫人之四成罰欵歸該經征機關自行支配

第五章 附則

第八條 本章程如有未盡事宜得由財政廳隨時修正佈告週知

第九條 本章程自公布日施行

廣東全省京果海味捐章程

(一)繳納捐欵以大洋爲本位如以毫洋繳納照加三元水伸算

(二)全省各屬京果海味捐無論土產洋來均在統承範圍一律照抽凡土產洋來京果海味于輪船輪渡帆船火車等載運入口時抽捐其京果海味在出產地方不准抽捐所有土產洋來京果海味捐照列舉種類征抽捐欵如未列入者不得濫抽其種類及捐率如左

種類別	每百斤	抽收捐率	種類別	每百斤	抽收捐率	種類別	每百斤	抽收捐率
大魚翅	每百斤	大洋一十元五角	中魚翅	每百斤	大洋七元六角五分	小魚翅	每百斤	大洋三元四角
海參	同	大洋三元	鮑魚	同	大洋八元五角	魷魚	同	大洋三元二角
鱷魚	同	大洋二元	鱆魚	同	大洋四元	蠔豉	同	大洋三元二角
大中蝦	同	大洋三元四角	蝦米	同	大洋一元七角	柴魚	同	大洋六角
海蜇	同	大洋六角	柱魚乾	同	大洋一元	白燒乾	同	太洋一元
班竹魚乾	同	大洋一元	淡春魚乾	同	大洋一元	淡口公魚乾	同	大洋一元
淡口帶魚乾	同	大洋一元	蜆乾	同	大洋一元	蟹肉乾	同	大洋一元
禾虫乾	同	大洋一元	江瑤柱	同	大洋四元二角五分	黄魚頭骨	同	大洋八元五角

原淨龍躉皮	同	大洋四元 六元	鮮龍腸	同	大洋八元五角	抱哥魚	同	大洋一元
大口魚	同	大洋一元	鱔肚	同	大洋六元	白花膠	同	大洋八元五角
黃花膠	同	大洋六元	帶子	同	大洋四元二角	淡菜	同	大洋一元四角
東洋大菜	同	大洋一元七角	秋魚根	同	大洋四元二角	地魚	同	大洋一元七角
鯊裙	同	大洋三元	蝦子	同	大洋一元七角	南澳三區江魚乾	同	大洋五角
南澳三區蝦仔乾	同	大洋五角	惠陽銀蝦乾	同	大洋五角一分	魚唇	同	大洋三元六角
熊掌	同	大洋八元五角	螺肉	同	大洋一元七角	羊根	同	大洋一元七角
天星魚	同	大洋一元四角	雪蛤	同	大洋四元二角	魚肚	同	大洋八元
鹿根	同	大洋一元七角	牛根	同	大洋一元六角	火腿	同	大洋二元一角
大中杏仁	同	大洋一元四角 一元	合桃	同	大洋四角	杏脯	同	大洋五角一分
杏梅	同	大洋五角一分	提子	同	大洋八角五分	南棗	同	大洋七角
柿餅	同	大洋四角	洋苡米	同	大洋一元	生苡米	同	大洋四角

栗乾	同	大洋五角一分	栗肉	同	大洋五角一分	紅棗	同	大洋五角一分
黑棗	同	大洋四角	洋西米	同	大洋四角	加應子	同	大洋五角一分
蓮子	同	大洋一元四角	西紅瓜子	同	大洋一元二角	信豐瓜子	同	大洋一元四角
烏石瓜子	同	大洋一元	連州瓜子	同	大洋六角	瓊州紅黑瓜子	同	大洋五角
茨實	同	大洋四角	白果	同	大洋四角	百合	同	大洋五角一分
欖仁	同	大洋一元四角	梨片	同	大洋六角	山渣片	同	大洋五角一分
京柿	同	大洋四角	香港入口木耳	同	大洋三元	西木耳	同	大洋一元五角
榆耳	同	大洋四元二角	雪耳	同	大洋四十元	石耳	同	大洋三元
竹笙	同	大洋二十八元	冬菰	同	大洋八元	草菰	同	大洋五元
蘑菰	同	大洋十四元	香信	同	大洋六元八角	龍口粉絲	同	大洋五角一分
烟台粉絲	同	大洋四角	河口絲	同	大洋四角	通心粉	同	大洋四角
桂花粉	同	大洋四角	筍絲	同	大洋七角	筍片	同	大洋七角

玉蘭筍	同	大洋六角	火筍	同	大洋六角	雲耳	同	大洋二元
河南麵	同	大洋四角	鰻麵	同	大洋四角	文筍	同	大洋七角
葛仙米	同	大洋三元	筍蝦	同	大洋六角	白菜乾	同	大洋四角
黃木耳	同	大洋七元	毛尾筍	同	大洋二元	桂花耳	同	大洋八元五角
圓肉	同	大洋一元	胡椒	同	大洋一元	金針菜	同	大洋六角
南澳縣產魷魚	同	大洋二元五角六分						

右列各京果海味等貨物，凡本省沿海各港漁船出口採取各種海產物，用帆船或肩挑運回當地海岸上陸者，均不得作爲入口海味抽捐，惟用輪船輪渡火車帆船等載運由有海關地方出口者，于到達有海關地方入口行銷時，始准抽捐，以符土產土銷不准抽捐之原旨，又由各處運入欽廉地方之貨，向因爲數無多，並不准設卡，以免糾紛，至河南麵一項，除准欽廉高雷等屬改抽鷄蛋麵外，其餘各屬市面銷售之綫麵，（即銀絲麵鷄蛋麵）寬條麵及各屬產銷之鹹魚，暨用礶頭裝載之京果海味等項，均經本廳核定不准抽捐，應仍照案辦理，至商販買賣京果海味，其貨物總數應納捐欵在大洋一元以上及重量在十斤以上者，方准抽捐。

（一）凡土產洋來京果海味販運入口時該京果海味商販須到當地收捐公司掛號報請查驗并列單報明貨色種類價值重量件數照章納捐領取征收單方准起卸該收捐公司不得征收掛號費

（一）凡已納足捐欵之京果海味如須轉運別處行銷時應向當地收捐公司申報在征收單內註明已銷若干轉運若干銷號放行不得重抽并

不得抽收銷號費

(一)凡已納足捐欵之京果海味如運銷別處時有經捐憑証運照繳驗相符者該當地收捐公司應即驗明放行不准重抽倘有途經港澳轉駁入口有海關証書及經捐運照憑証繳驗核明件數重量時間相符者亦同

(一)凡緝獲瞞捐偷漏貨物除補納捐欵外按照貨價五折處罰如抗不遵罰時准將貨物充公投變惟須先行呈廳核明飭遵不得擅行處分所有罰欵及變價照廣東全省水陸緝私處緝私給奬章程辦理

中華民國二十三年十一月　日廣東財政廳訂

廣州市水陸筵席捐及花捐附加費征收章程

第一條　征收廣州市水陸筵席捐及花捐附加工藝教育築路軍費依本章程所定分別辦理

第二條　征收廣州市水陸筵席捐區域以東至燕塘東浦墟西至黄竹歧五眼橋南至大塘官山墟北至三元里佛嶺市爲界其花捐附加各費照廣州市財政局所定花捐區域爲界

第三條　征收廣州市水陸筵席捐之定率及手續照左列各項辦理

(甲)筵席捐定率係按照筵席菜式價值加一五征收凡屬界内除下級飯店其菜式之價格在二毫以上者照率征收其價格爲二毫或二毫以下者准予免抽外所有水陸宴飲之筵席無論冠婚喪祭或普通應酬宴叙凡售自酒樓包辦西餐飯店席綖者(以下簡稱爲筵席菜式店綖)無論其營業數目多寡均應照章加一五征收捐欵如係商店住戶由原用厨夫自製欵客者則不征收但下級飯店其菜式不得用海鮮海味(如魚翅鮑魚魚肚及明蝦蟹蟠䱛魚水魚等)其傢私不得用酸枝椅桌及錫碗牙筷等器具其間格不得分廳房并須於門首易見之處懸掛下級苦力飯店等字樣之招牌以資辨别而杜取巧如此種下級飯店日後有擴充營業其營業情形與規定之下級飯店不符者仍應照章征收捐欵凡商店住戶由原用厨夫製菜欵客以原用器具爲限不得向酒樓包辦館及其他商店租借錫碗牙箸檯布等用具並須在原住商店或住戶内設席爲限不得租假俱

樂部祠堂大觀園及公共塲所等地方陳設筵席仍以四桌爲限如超過四桌之數須全數核計繳納筵席捐

凡廣州市內茶樓茶居茶室所售各種小食准予概照下級飯店辦理每款定價在二毫以下者免予抽捐若在二毫以上者均應照章抽捐其在每款定價二毫以下之小食仍應照章不得以海鮮海味配製至用碼配料之粉麵飯食等類每款不得超過五毫其原料與加碼配料并須合盛准免抽捐仍不得用另碗或碟分載以杜取巧但此種限制以有售賣各種小食者爲限如無售賣各種小食者所有加碼配料之粉麵飯食不在此限至茶樓茶居茶室售賣二毫以下菜式小食以燒鹵菜式爲限准免抽捐係以所售菜式爲納捐之標準如茶樓茶居茶室兼營售酒館所營售菜式即須照章納捐

（乙）凡屬花筵筵席菜式如花酒樓妓院花艇紫洞艇等類（以下簡稱爲筵席菜式店艇）均應按照筵席菜式一律加一五征收其別行兼營筵席菜式生意者（以下亦簡稱爲筵席菜式店艇）則筵席菜式之部份亦應加一五征收又全桌筵席其中雖有生果京果麵點粥飯等項應照全桌價格復比照加一五定率征收捐欵其散點菜式雖兼用生果京果麵點粥飯等項應照菜式價格復比照加一五定率征收捐欵其生果京果麵點粥飯等項不得抽捐

（丙）凡征收水陸筵席捐係按照各該筵席菜式店艇每日筵席菜式之生意統計每百元征收十五元每十元征收一元五毫多少類推至此項筵席菜式如係由筵席菜式店艇等送至商店或私家者一律征收

（丁）筵席捐欵概以本市通用銀毫收繳應由各該筵席菜式店艇向顧客帶收按日將進入生意之總數及應繳之加一五捐欵數目除在捐欵內提出十分之一爲各該筵席菜式店艇回籌以作酬勞外塡列日報表由征收辦事處派員向各該筵席菜式店艇核明收取塡給征收聯單爲憑每日一結如專營包辦館業務有客賬者仍應先向顧客收捐倘顧客有不能先繳者該包辦館應即塡明報賬單于次日送交征收辦事處查核但客賬之捐欵應由該包辦館負責于半個月內清繳以示體恤而廣限制至無商號與及私家等廚夫到征收辦事處報繳筵捐仍照給以佣金一成作爲酬勞費以資鼓勵

（戊）廚師承接包辦筵席應於定菜後辦菜前先將菜式價格開列到征收辦事處報明領取廚師接辦筵席証以資查考祇須照章抽捐毋庸另納証費

(己)所有廣州市內各筵席栄式店艇之記數聯單應由征收辦事處印備兩聯單釘裝成册編號發交各筵席栄式店艇塡用以杜瞞匿掛該項聯單不得收費各筵席栄式店艇于塡用時如有開列錯誤應將錯誤之單作廢保存另用次號之單但不得將錯誤之單撕毀亦不得將存根拆散遺失以便査考而昭覈實

第四條 征收廣州市花捐附加工藝教育築路軍費之定率如左

(甲)陳塘每妓大局收毫銀二元九毫每酒局每枱收毫銀一元四毫五仙多少照計

(乙)義和里每妓大局收毫銀二元二毫每酒局每枱收毫銀一元一毫多少照計

(丙)東提每妓大局收毫銀二元四毫每酒局每枱收毫銀一元二毫多少照計

(丁)南提每妓每局收毫銀七毫

(戊)塘魚欄每妓每局夜收毫銀一元一毫日收毫銀三毫大局作雙多少照計

(己)帶河基每妓月納毫銀二元四毫四仙每局收毫銀五毫八仙

(庚)米埠每妓大局收毫銀二元四毫每酒局每枱收毫銀一元二毫洋牌每妓月納毫銀二十一元三毫

(辛)東沙尾每局夜收毫銀八毫三仙日收毫銀一毫

陳塘塘魚欄帶河基東堤等處妓女出局証免予塡發應以各該寨妓女出局之總額塡給征費收據惟南堤米埠等處仍按名即時給用

第五條 征收辦事處得隨時遣派稽査人員前往各筵席栄式店艇檢査各項數簿及單據以杜瞞匿各該筵席栄式店艇不得違抗至稽査人員執行職務檢査簿據時應携帶稽査憑証并應將該項憑証式樣呈廳備査

第六條 各筵席栄式店艇如有瞞報隱匿情弊一經査確得因其情節輕重照所瞞捐欵數目處五倍以上二十倍以下之罰金其所得罰欵應照廣東全省水陸緝私處緝私給奬章程辦理各筵席栄式店艇如不遵用征收辦事處印備釘裝成册編號盖章之記數聯單者以瞞捐論訂仍査確抗塡捐欵數目照本條之規定處罰

第七條　該市內各營業筵席菜式店艇如有浮收捐欵或不應抽捐部分而混入抽收等情弊一經查確初犯者照浮收數目十倍以下處罰再犯者照浮收數目二十倍以下處罰三犯者除照浮收數目三十倍以下處罰外并即取銷商業牌照勒止營業以杜浮濫其所得罰欵仍照本章程第六條之規定分別支配

第八條　無論何人偵知各筵席菜式店艇有瞞匿或浮收捐欵情弊均可舉報一經查確即照本章程第六條及第七條分別處罰所有罰欵仍照本章程第六條之規定分別支配

第九條　征收花捐附加費由各妓女帶收繳由該管艇寨主按日彙交征收辦事處核收製給完費單交執如有延欠准征收辦事處隨時會警拘案勒追

第十條　凡各館艇如有瞞報隱匿情弊一經查獲准照應納附加費額處罰二十倍倘有抗繳准即會警拘案押追所有罰欵應照廣東全省水陸緝私處緝私給獎章程辦理

第十一條　筵席捐欵關係省庫收入無論何人均應照章繳納除政府公宴由本廳核准免征外其他一切公私宴會皆須照納捐欵倘有橫抗得會警追收或將詳情呈報本廳辦理

第十二條　征收辦事處應將筵席捐抽收範圍及定率摘錄張貼各營業筵席菜式店艇當目處俾衆週知仍將摘錄原文呈廳核明飭遵

第十三條　廣州市水陸筵席捐及花捐附加費現暫委員征收所有征存捐欵除關於花捐附加築路費應將實收捐數于月終撥付廣州市財政局核收取據繳抵外均須按旬報解庫收至遲不得逾期五天其每日經收罰欵仍須造報日計表送廳查核

第十四條　征收捐欵所用單據由本廳核發由各委員備價呈廳飭用其筵席菜式店艇所用記數聯單由征收辦事處製發填用所有各項紙價概在額定經費項下報銷

第十五條　征收辦事處所用關防由廳刊發領用仍將啓用日期報查

第十六條　征收捐欵均以銀毫爲本位但有特別規定者依照其規定辦理

第十七條　本章程自頒布日施行

中華民國二十四年九月　日　廣東財政廳印發

廣東省各縣市筵席捐章程

(一)此項筵席捐餉及按月餉款應以三分之一解廳撥充全省體育經費其餘三分之二內以三分之二解廳撥充中山大學經費餘三分之一除辦期末月扣抵按餉一個月免予撥縣外其餘各月均照案撥充地方教育經費仍將按月撥縣銀數取具印收繳廳查攷

(一)該公司所承區域各繁盛市鎮酒樓茶館飯店席筵屬於營業性質者不論顧客多少中西筵席均照顧客結數時所結筵席菜式銀數加一五征收由售賣之酒樓茶館飯店席筵等于結數時開入單內向顧客帶收其售自酒樓茶館飯店席筵等送至商店或私宅及厨伕上門包辦筵席者一律照收

(一)該屬等現在經已開設有娼寮妓館妓筵處所經由花筵捐承商抽有捐款者不再抽收外凡屬水陸宴飲之筵席無論冠婚喪祭或普通應酬但係售自酒樓茶館飯店席筵有數目可查者均照征收倘由商店或私宅之原用厨伕自製以欵客者及下級飯店所售菜式在二毫以下者均不得抽收以免騷擾但下級飯店其菜式不得用海鮮海味(如魚翅海參鮑魚明蝦蚧蟮鮓魚水魚等)其家私不得用酸枝椅桌及錫碗牙筷等器具其間格不得分廳房並須於下級飯店之門口懸掛下給苦力飯店等字樣之招牌以資辨別惟日後如有擴充營業其營業情形與規定之下級飯店不符者仍照章收捐

(一)各酒樓茶館飯店席筵等所帶收之捐欵應以九成繳交該商其餘一成撥歸各酒樓茶館飯店席筵爲酧勞費

(一)該商所承區域內之各酒樓茶館飯店席筵等每日夜售出菜式等數目得由該商隨時派員會警前往稽查如查確有瞞報匿捐情弊准照所瞞捐欵數目處四倍以上十倍以下之罰金其所得罰欵應以三成解廳三成賞給線人二成解縣其餘二成由該商自行支配

(一)各酒樓茶館飯店席筵帶收捐欵每日一結並得由該公司製定日報單發交依式填報以憑查攷仍應將報單式樣呈廳察核

(一)該公司稽查人等執行職務入店稽查時均應由該公司給發証章配帶並須知會地方警察以免誤會該商所發稽查証章須將式樣分呈本廳及該縣屬警署等察核備案以昭慎重

(一)該公司承辦區域所屬各市鎮有設立分公司之必要時得隨時設立以便稽征但須將設立地點分別呈報本廳及該管縣署以憑分別飭

行保護辦理

(一)此項筵席捐各屬無論何項籌欵不得再有附加及另立名目征收致碍正餉但由本廳或 廣東省政府通飭遵辦者不在此限

(一)該商所用一切契約單簿証照應遵照印花稅法規定分別貼用印花以符通案

(一)本章程如有未盡事宜准該商呈候核明飭遵辦理以臻完善

中華民國二十五年　月　日廣東財政廳訂

廣東全省各縣花捐附加費章程

(一)各區花捐附加各費其抽收標準照另表所定分別征抽毋得增減

開平縣	教育築路加二軍費	每妓每小局抽毫銀一元大局加倍其下乘折半計算
東江三關 汕頭 潮安 汕尾	築路費加二軍費	每妓每小局抽毫銀四毫六仙大局加倍下乘折半計算
新會江門	築路費軍費加二軍費	每妓每小局抽毫銀八毫四仙大局加倍下乘折半計算
台山	築路費軍費加二軍費	每妓每小局抽收毫銀一元二毫七仙大局加倍下乘折半計算
佛山	教育築路加二軍費	每妓每小局抽毫銀一元二毫五仙大局加倍下乘者抽銀三毫
高要 四會 三水 清遠 鬱南	築路費加二軍費	每妓每小局抽毫銀六毫大局加倍下乘者折半計算
東莞	築路軍費加二軍費	每妓每小局抽毫銀壹元大局加倍下乘者折半計算

順德	教育築路費加二軍費	每妓每小局抽毫銀七毫七仙大局加倍下乘折半計算
中山	築路費加二軍費	每妓每小局抽毫銀六毫大局加倍下乘折半計算
陽江陽春	築路費軍費加二軍費	每妓每小局抽毫銀一元大局加倍下乘折半計算
高雷欽廉	築路費加二軍費	每妓每小局抽毫銀四毫大局加倍下乘折半計算
南韶連	築路費加二軍費	每妓每小局抽毫銀四毫大局加倍下乘折半計算
惠州八屬	築路費加二軍費	每妓每小局抽毫銀八毫大局加倍下乘折半計算
番禺	築路費加二軍費	每妓每小局抽毫銀六毫大局加倍下乘折半計算
瓊崖	築路費加二軍費	凡明牌歌妓每枱大局收附加費毫洋陸毫小局收附加費毫洋叁毫至三枱爲止暗牌妓女依照所領每月牌照價額附加二成軍費及二成公路費合共附加四成征收
寶安	加二軍費	每妓每小局抽毫銀四毫大局加倍下乘折半計算
備考	查右列各區花捐附加各費種類範圍及抽收捐率均經向來征抽有案各須依照辦理毋得擅行增減以重成案	

(一)此項附加費由各妓女帶收繳由該館艇寨主按日彙交承商公司核收掣給完費單交執如有延欠准承商公司隨時會警拘案勒追

(一)凡各館艇如有瞞報隱匿情弊一經查獲准照應納附加費額處罰二十倍倘有抗繳准即會警拘案押追所有罰欵以三成提給線人以三成給承商公司以二成給協辦警隊以二成解廳核收

(一)此項附加費及罰欵均以毫洋爲本位

台山縣屬磚捐附加費章程

(一)抽收捐率應照章凡在台山縣屬窰戶燒出之磚暨由外屬運入台屬發售均每萬磚收銀壹元弍毫以毫洋爲本位

(一)承商所承區域之內如查有瞞報匿捐得按照所納捐欵數目十倍處罰惟須呈報本廳核明飭遵

台山縣屬灰捐附加費章程

(一)抽收捐率凡在台山全屬所出蠔灰蜆灰石灰等灰類均由該公司按照每灰一担抽捐銀弍分所有捐欵以毫銀爲本位

(一)承商所承區域之內如查有瞞報匿捐得按照所納捐欵數目拾倍處罰惟須呈報本廳核明飭遵

佛山戲院附加軍費章程

(一)此項附加軍費凡佛山市內戲院及茶室無論演男女班各影畫院開演電影藝術技擊等各種游藝均照入場劵價附加壹成其他演戲籌欵及地方演劇一律照劵價附加收足不得藉口慈善請免至于各戲院影院或茶室遇有特別事情如地方上變故及天災非人力所能抵抗者因而停演得由該院出具証明書呈由承商轉呈本廳核明辦理

(一)應由該公司派稽征員分赴各戲院茶室影畫塲監收倘有違抗阻撓妨碍收入情弊准該公司隨時指名呈請地方官廳拘案究辦

(一)該商承辦該捐附加軍費無論地方如何籌欵不得另立名目附加各費致累重征

廣東菸酒類牌照稅費征收規程（本規程在廣東菸酒類稅費征收規程摘錄）

（一）菸類牌照稅費征收規程

第一章　總則

第一條……關于菸類營業，另有菸牌照稅，牌照附加稅，

第三條　各項菸類稅費及罰款，均以大洋爲本位，（原以毫洋加二五伸算，現奉令改征加三）

第二章　稅率及課稅標準

第八條　製售菸絲牌照稅、販賣捲菸牌照稅分爲特等及一等至十等，幷小販營業，共十二級，照左列稅率賦課之

等別	稅率	說明
特等	每月三十二元	以單獨製菸每日刨菸一百六十排至二百八十排者或每月沽菸價三千二百元至三千六百元者如每日刨菸再多二十排及每月沽價再多四百元者遞加四元餘類推其用鍛用捲者均照等次征收
一等	每月二十八元	每日刨菸一百四十排以內者　每月沽菸價二千八百元以上者
二等	每月二十四元	每日刨菸一百二十排以內者　每月沽菸價二千四百元以上者
三等	每月二十元	每日刨菸一百排以內者　每月沽菸價二千元以上者
四等	每月十六元	每日刨菸八十排以內者　每月沽菸價一千六百元以上者

五等	每月十二元	每日刨菸六十排以內者 每月沽菸價一千二百元以上者
六等	每月八元	每日刨菸四十排以內者 每月沽菸價八百元以上者
七等	每月六元	每日刨菸三十排以內者 每月沽菸價六百元以上者
八等	每月四元	每日刨菸二十排以內者 每月沽菸價四百元以上者
九等	每月二元	每日刨菸十排以內者 每月沽菸價二百元以上者
十等	每月一元	每日刨菸五排以下者 每月沽菸價二百元以下者
小販	每月五角	小販擺賣或茶樓酒樓工人代售各種菸類每月沽菸價不及五十元者屬之

說明　捲菸營業，無論店肆攤販，均應與土菸業一律報領菸類營業牌照，方准營業，案經施行已久，十八年十一月廿九日，又奉財政部令，轉行各分局遵照，剴切勸諭販賣捲菸之商戶，務令遵章報納，以維國課，等因，案經通令各分局遵辦在案，

附記　廣東財政廳于廿四年二月廿三日稅字第九三二號令，查販賣捲烟牌照稅，係分等級征收，各販賣捲菸商戶，應按所沽菸價數量，分別報納，在現行廣東菸類稅費征收章程第八條，業已明白規定，自應照章辦理，從前案定捲菸營業牌照劃一辦法，係以各屬批商承辦，爲防範苛擾起見，所以另行訂定，現在各屬均皆委辦，照章稽征，所有前定辦法，自不適用，應仍照章辦理，以重庫收，

第三章　征收手續

第二條　製烟售菸店，應納牌照費，均須按月清繳，不得逾期，違者依牌照罰則辦理，

第四章　申報手續

第一條　凡新開製菸或售菸店，無論中外商人，均須于未開始營業前三日，到該管菸酒稽征分局或稽征所，報領牌照，如未領照營業，經該局催促，仍不報領者，得停止其營業，或照章罰辦。

第二條　凡請領牌照，必須照左列事項，塡具申請書，報請該管菸酒稽征分局或稽征所，核明給照，完納稅費，方得營業。(一)商號，(二)司理人姓名及年齡籍貫，(三)資本額，(四)商號所在地，(五)擬領牌照等級：(六)有無兼營他業。

第三條　菸酒稽征分局或稽征所，據商人報領牌照時，應卽派員查明其塡報等級各事項是否相符，分別辦理。

第四條　製菸或售菸店，因營業狀態之變遷，于每日創製菸數，如有加多或減少時，必須隨時向該管分局所報告，倘查出加多不報，卽照章分別追繳罰辦。

第五條　製菸店售菸店及小販，如係歇業或頂盤時，必須先期五日，向該管分局所報明，並繳銷牌照，如查出不依期報明，仍須照額繳納稅費。

第六條　製菸或售菸店，如有遷舖或改換商號名稱時，必須先期五日，向該管分局所報明，分別註册換照。

第五章　菸稅罰則

甲　牌照違法處分

第一條　凡設店經營菸類事業，或小販營業，無論中外商人，均一律領取牌照，繳納稅費，方准營業，違者照本罰則甲項第四條辦理。

第二條　凡菸店領得牌照，必須懸掛舖面易見之處，以便稽查，違者作未領牌照論，按其所領牌照等級，應納稅費數加倍處罰。

第三條　各菸店牌照稅費，均應按月清繳，不得過是月下旬，如有逾期，以滯納論，按所納牌費，每次處以十分之一罰欵。

第四條　凡無牌照而售菸絲菸葉者，以私販論，一經查出，除責令自營業之日起，補繳稅費，補領牌照外，并按照應納稅費數，處以五倍之罰金，如係小販營業，除飭繳納稅費，補領牌照外，幷罰銀五元。

第五條　凡查出有僞冒牌照，無論中外商人，除飭照查定等級領牌，並處以一百元以上二百元以下之罰金外，仍送法院照律究辦

第六條　凡菸店領得牌照，如查出有減等瞞稅者，除飭照查定等級領牌納費外，幷處以二十元以上，一百元以下之罰金。

第七條　菸店牌照，不得轉售讓與或貸用，違者除查照轉用期間應納稅費數，責令補繳外，幷處以二十元以上，一百元以下之罰金。

第八條　關于本章甲項第四五六七各條之規定，如係線人告發經查明執獲有據者，所有充賞，應按照罰欵充公規定支配辦法辦理。

第九條　凡菸店對于菸酒分局或稽征所派員到店稽查時，如用種種方法拒絕查驗者，處以五十元以上，二百元以下之罰金。

第十條　菸酒稽征分局或稽征所之稽查員，執行查驗時，如發覺菸店有犯本章程各條之規定者，該分局所得按照各條之規定，分別辦理，其觸犯刑律者，除照本章罰辦外，仍將人犯送交法庭，按律懲治。

第十一條　凡同一店舖開設兩家商號，同爲菸類之營業，或同一商號而在別號分設支店者，均應分別報領牌照，違者，按照甲項第四條之規定辦理。

第十二條　菸店牌照，如有遺失或損壞，不堪懸掛時，應即報明該管分局所核明補發，幷納手數料一元，如牌照係損壞者，仍須將原領牌照繳銷。

(二)酒類牌照稅費征收規程

第一章　總　則

第一條　…………關于酒類營業，其應領牌照，分爲土酒牌照稅，洋酒牌照稅，藥酒牌照稅，酒館飯店開瓶沽酒牌照稅，酒牌照附加稅各種，規定左列稅率賦課之。

第二章　稅率及課稅標準

第五條　**土酒牌照稅**，分爲左列各等級，按照稅率征收之。

等別	稅率	說明
特等		以每月沽酒一千埕以外者屬之每多一百埕加征十二元其餘類推
一等	每月一百二十元	沽一千埕以內者屬之
二等	每月九十元	沽七百五十埕以內者屬之
三等	每月六十元	沽五百埕以內者屬之
四等	每月三十元	沽二百五十埕以內者屬之
五等	每月十八元	沽一百五十埕以內者屬之
六等	每月十二元	沽一百埕以內者屬之
七等	每月六元	沽五十埕以內者屬之
八等	每月三元	沽二十五埕以內者屬之
九等	每月一元五角	沽十五埕以內者屬之
十等	每月七角五分	沽不及五埕者屬之

第六條　洋酒牌照稅，按月分兩等征稅，規定左列稅率征收之。

（如係土酒而兼沽做製洋酒者免領洋酒牌照）

等級	稅率	附記
甲等	十元	以發行洋酒之戶爲甲等
乙等	四元	以零沽洋酒之戶爲乙等

（如係洋酒而兼沽做製洋酒者仍領洋酒牌照）

第七條　藥酒牌照稅，分爲四等賦課，其稅率規定如左：

等別	稅率	說明
甲等	每月二十元	領用橧頭票數以沽藥酒四百五十斤以上至六百斤以下爲甲等每多一百五十斤加征五元其餘類推
乙等	每月十五元	領用橧頭票數以沽藥酒三百斤以上至四百五十斤以下爲乙等
丙等	每月十元	領用橧頭票數以沽藥酒一百五十斤以上至三百斤以下爲丙等
丁等	每月五元	領用橧頭票數以沽藥酒一百五十斤以下爲丁等

說明　前項橧頭票，均加以藥酒爲標識，免與普通酒票混淆，（如係藥酒而兼沽做製洋酒者，免領洋酒牌照，）

第八條　酒館飯店開瓶沽酒牌照稅，分五等賦課，另特別牌分三級，凡酒館飯店開始營業，必須先向該管烟酒稽征分局或稽征所報請發給牌照，并照稅額，先繳牌照稅一月，另一次過手續費二元，由該局所核發牌照後，方得沽酒營業。其牌照等級及稅率，規定如左：

等別	稅率	說明
甲等	每月大洋一百元	凡在繁盛地段廳房在二十間以上茶價由半毫至二毫以上者
乙等	每月大洋六十元	廳房在十間以上不滿廿間茶價由半毫起至二毫以上者
丙等	每月大洋三十元	廳房不及十間茶價由半毫起至一毫以上者
丁等	每月大洋二十元	不論繁僻地段祇有房座而無廳座茶價不滿一毫者
戊等	每月大洋三元	祇有粉麵佐飲並無茶式發售者
特別牌	每月大洋五元 八元 十二元	凡畫舫酒吧包辦館等按營業之大小請領特別牌照

說明　關于上列之酒館飯店，如有將廳房間數減少，意圖避稅者，仍得體察其營業情形，酌核辦理。

第五條　酒牌照附加費，除開瓶沽酒牌照不征附加稅外，其餘均照加二征收，由各局所于應征酒類稅費外，按牌照所收稅數，加二收繳。

（備考）按牌照加二征收辦法，係自民國十二年十月十二日由廣東省長核准，令行財政廳辦理，歷久相沿，故至今仍照征收

第二條　造酒沽酒店應納之牌照稅費，必須按月清繳，不得逾延，違者按照所領牌照等級，應納稅費數，每次科以滯納費十分之一。

第三章　征收手續

第三條　………沽酒牌照，并各項稅費之征收憑証，由烟酒事務局製定四聯票照，交由分局及稽征所，于征收稅費時填用，以一聯給納稅商人，以一聯繳烟酒事務局，以一聯繳財政部，以一聯存分局備查。

（備考）　查各項牌照及征收憑証，現由廣東財政廳製發領用，禁止收受費用。

第四章　申報手續

第一條　凡經營各種酒業，無論中外商人，均須領得牌照，遵章繳納稅費，方准營業。

第二條　凡商人請領沽酒牌照，須將左列事項，報告該管烟酒稽征分局或稽征所，聽候核明發給。

（一）商號，（二）司理人姓名年齡籍貫，（三）資本額，（四）商號所在地（五）開業時期，（六）請領某等牌照，（七）有無兼營他業。

第三條　各烟酒稽征分局或稽征所，如遇有商人報請發牌照時，應即派員查明列報事項，及等級是否相符，迅速分別辦理。

第六條　凡新設造酒兼沽酒店，須于未沽酒之前，預先三日，到該管烟酒稽征分局或稽征所，報請給領牌照，經該管局所核明等級，發給牌照後，方得沽酒，其報告事項如次：

（一）商店名號，（二）正舖或棧房所在地，（三）司事人姓名年齡籍貫，（四）資本額，（五）酒甑數若干，（六）存儲酒飯數若干，（七）造酒種類，（八）每日造酒數若干，（九）每日造酒約數若干，（十）每日沽酒約數若干，（十一）有無兼沽各種酒類及其他營業，（十二）附記。

第五章　酒稅罰則

甲　牌照違法處分

第一條　無牌照而賣酒者，以私販論，一經查出，責令自營業之日起，除補繳稅費，補領牌照外，並按照應納稅費數，處以五倍之罰金，如係小販營業，除飭補納稅費，補領牌照外，並罰銀五元。

第二條　同一店而兼營兩種酒類以上者，（如係土酒而兼營葯酒或洋酒）應分別請領牌照，若僅領一種牌照者，依照本章甲項第一條罰辦。

第三條　凡酒商請領牌照，如有瞞報次等，圖匿稅費，經查定沽酒實數，認爲有匿稅與牌照稅不符時，得按其短匿一月稅數，五倍處罰，仍飭升等，違者將原領牌照撤銷，並停止其營業。

第四條　各酒商如有歇業召頂時，限五日內，向該管局所，將牌照繳銷，如將原有牌照私相授受，除責令照章補繳稅費外，並科以十元以上，五十元以下之罰金。

第五條　牌照遺失或毀爛時，應報明該管烟酒稽征分局或稽征所，換領新牌照，舊照如係毀爛，即行繳銷，違者處以五元以上，十元以下之罰金。

第六條　凡肩挑酒担，沿途零賣，而不領牌者，處以一元以上，五元以下之罰金。

第七欵　凡己領牌納稅沽酒之酒樓餐館飯店，發覺有顧客自携未稅酒類到飲者，處以一元以上，十元以下之罰金，如在未經領牌沽酒之店，查有顧客携酒到飲者，該店與顧客，均加倍處罰。

第八條　凡酒商領得牌照……………應懸掛舖面易見之處，以便稽查，違者作未領牌照論，按其所領牌照等級，應納稅費數，加倍處罰。

附則

第一條　凡酒商被處罰而不遵繳，或被停止營業而不遵辦者，得由烟酒機關，報由當地軍警，拘解縣署，依法懲處，或送司法機關辦理之。

(三)酒餅牌照稅費征收規程

第一章　總　則

第二章　稅率及課稅標準

第五條　酒餅牌照稅，分爲甲乙兩等，凡製造酒餅每日八百斤，或餅丸一千五百斤以上者，爲甲等，每年一次過，征收牌照稅大洋六元，製造酒餅每日八百斤或餅丸一千五百斤以下者，爲乙等，每年一次過，征收牌照稅大洋四元。

第三章　申報手續

第七條　凡在本省境內，開設製造酒餅，或餅丸店，須于未開業前五日，向該管烟酒稽征分局或稽征所，報領牌照，方准開業。

第八條　酒餅店或餅丸店，如遇歇業時，須將牌照繳銷並清完稅費，倘係換商頂舖，或新添股東，變換字號者，均須預向該管烟酒稽征分局或稽征所，分別報明，繳銷換領，方得營業。

第九條　酒餅或餅丸店，如因生意淡銷，變更原報斤數，請減牌照稅費時，應先向該管烟酒稽征分局或稽征所報明，聽候派員查確核定。

第四章　罰　則

第十四條　凡已領牌之店，如違反本章第十一條之規定，每日所製酒餅酒餅丸酒餅精，不遵章塡報者，初犯由該管局所查明酌辦，再犯者按照是日所製數量，應納稅費，三倍處罰，三犯倍之。

第十五條　凡已領牌之店，每日塡報所製餅丸及酒餅精數量，如查有以多報少，瞞匿稅費，除照額補稅外，並按瞞稅額科罰，初犯罰十倍，再犯罰二十倍，三犯罰四十倍，並撤銷牌照，停止營業。

第十六條　凡未領牌之店，私製酒餅，酒餅丸，酒餅精，一經查獲，除將私製貨物，悉數沒收充公外，並照瞞稅額，及應納牌費，各處以十倍之罰金，如有違抗時，由該管局所呈報烟酒稽征局，飭縣查封拘追。

广东省典商营业税征收章程

广东省财政厅 编

民國二十五年四月一日

廣東省典商營業稅征收章程

廣東省財政廳編印

廣東省典商營業稅征收章程

（甲）總則

第一條　本章程依據部定各省徵收營業稅大綱所規定，將與營業稅性質相同之典稅，歸併營業稅。但各典商應遵守事項，仍一律暫照舊章辦理

第二條　各當按押繳納稅欵，一律發給營業証。其從前所發執照，如尚未滿期者，仍暫准有效，一俟俽期屆滿，即須納稅換領營業証。

第三條　各當按押年納稅欵，應就所在地營業稅征收機關按期繳納領証。如所在地現未設有征收營業稅機關者，仍准照舊直接來廳繳納領証。

（乙）申報

第四條　新開當按押，應預先一月呈報，以便辦理。

第五條　新開當按押，應覔具同業店舖一家保結，聲明「並非舊日未歇業之當按押店改設，又無欠餉匿照，改名復充，如查有前項情弊，按照正稅罰繳十倍。」等字樣；呈候查明，方准收稅給証。如偏僻縣屬，確無同業可具保者，准予不限同業，另覔相當店舖担保。

第六條　當按押既經納稅領証，即准予營業。如有土豪地棍藉端需索滋擾，准指名呈究。

（丙）納稅

第七條　當按押店依照原定左列稅額，每年分兩期征繳。其願一次繳足全年者，亦聽其自便。

繁盛地方年納稅額

店別	年納稅額
當店	二〇〇元
按店	四〇〇元
押店	六〇〇元

如廣州市汕頭市及南海縣屬之佛山番禺縣屬之河南順德縣屬之大良陳村容奇桂洲龍江龍山東莞縣屬之石龍新會縣屬之江門外海中山縣屬之石岐小欖台山縣屬之公益三水縣屬之西南蘆苞高要縣屬之廣利茂名縣屬之梅菉曲江縣屬之韶關瓊山縣屬之海口均屬繁盛區域

偏僻地方年納稅額

店別	年納稅額
當店	一五〇元
按店	三〇〇元
押店	四五〇元

除上表所列繁盛區域及特定貧瘠區外餘均屬偏僻區

特定貧瘠區年納稅額

等級	當店	按店	押店
上等	一五〇元	三〇〇元	四五〇元
中等		二〇〇元	三〇〇元
下等		一〇〇元	一五〇元
如合浦防城欽縣佛岡新豐等縣屬之			

第八條　除第七條規定大洋稅額外，另照原額帶征加二〇。如係新張，及改按，改押，均另繳首次申報手續費大洋五元。

（丁）領證

第九條　各當按押店每年換領營業証一次。每次換証手續費毫劵壹元。

第十條　各當按押領証一張，祇准開設一店，不准影射分設。

（戊）變更業況

第十一條　按押歇業，准以繳証之日，爲止稅之期。倘中途歇業，有繳長稅欵，概不發還。如拖欠稅欵在半年以內者，將所欠稅欵及息銀按日補繳，准其銷証。若在半年以外，仍照一年稅欵補足。若在一年以外，即照两年稅欵補足。惟息銀准予按照所欠時日計算。

第十二條　當店歇業，准以貨物贖清之日，爲止稅之期。但須先將止當候贖日期，呈報備案。在候贖期內，仍應納稅。俟貨物贖清之日，再行將証繳銷，呈請止稅。倘未歇業銷証，急欲轉頂他人，更易商名，須先補足三年稅欵，方予核准。又倘歇業旣不即行報明，事後日久，方行補報者，仍以呈報到日，爲正確歇業之期。所有應繳稅項，仍從報到歇業之日起，照章算至貨物贖清之日止。

第十三條　當店如嫌期限太長，應准改按，改押。惟押店不准改按，按店不准改當。以杜避重就輕。其繳長餉項，併准抵算。

第十四條　當按押店如改按，改押，及遷地，改名，等事項。應覔具同業店結証明「係照舊店東，並無另行招股，及暗中頂手情事。」呈奉核准，換証，方得營業。

(己)罰例

第十五條　當按押逾期罰息，每百元每月二元計算。

第十六條　當按押稅欵，均須上期繳納。倘繳一年稅欵者，其逾期在一月以內，繳半年稅欵者，其逾期在半月以內，均免罰息。如逾此限，難保非有意拖延，應照一年稅額按日補息。倘逾期至一年以外，則照兩年稅額按日補息。逾期至兩年三年以外，均照此類推。

第十七條　凡無証典業，一經查出，或被告發，應即拘案照稅額廿倍處罰。其由人民或同業舉報者，即以罰欵五成，提給首報之人充賞。

第十八條　當按押發出押本，如有私自折扣，准被折扣人扭赴該管警區訊實，照押本二十倍處罰。罰得之欵，一半歸警區，一半歸告發人。

（庚）營業限制

第十九條　當按押店斷贖期限，依左列表式定之。

當店	三年
按店	二年
押店	一年

第二十條　照上列斷贖期限，如過期不贖，准將所當貨物變賣歸本。但期滿如當物人愿清利轉票，亦應聽其自便，不得藉口掯阻。

第二十一條　當按押當入貨物，每當本十元，每月准其取息三毫，多少照此推算。但當店每年冬季減息三個月，按店歲底減息一月。減息期內均每當本十元，准其取息二毫。不得稍有增加。

第二十二條　當按押發出押本，應照票面十足交欵與當物人。無論何項貨物，一概不准折扣。

（辛）附則

第二十三條　下則小押征收章程另定之。

第二十四條　本章程如有未盡事宜，隨時修正呈請備案。

第二十五條　本章程呈准自民國二十五年四月一日起施行。

下則小押章程

（甲）總則

第一條　下則小押照原有南番兩縣屬內開設間數外，不准新開。嗣後歇業一間，即減少一間，以減盡爲止。

（乙）營業限制

第二條　下則小押斷贖期限，以六個月爲期。逾期准將所押物件變賣還本。但屆期滿如當物人淸利轉票，亦聽其便，不得揹阻。

第三條　下則小押發出押本，應照票面十足交欵。無論何項貨物，一概不准折扣

第四條　下則小押押入貨物，每押本十元，准其每月取息銀三毫。如押本在七毫以下，一個月內取贖者，月息每元二毫計算。不得增加。

第五條　下則小押營業時間，准至晚間入黑後一点半鐘爲限。不准延長。

（丙）納稅

第六條　下則小押年納稅額大洋八百元。每年分上下兩期征繳。其愿一次繳足一年者，亦聽其自便。

（丁）領証

第七條　下則小押每年換領營業証一張。每次換証手續費毫券壹元。

第八條　下則小押領証一張，祇准開設一店，不准影射分設。

（戊）變更業況

第九條　下則小押歇業，以銷照之日，爲止稅之期。銷照時如有繳長稅欵，概不發還。倘有欠稅，應照數補繳。

第十條　下則小押如在原定開設範圍內遷移地址，須覔具同業保結聲明「並無更易股東，及頂手情弊。」方准換証營業。

（己）罰則

第十一條　下則小押如欠稅在兩月以上，即勒令歇業。幷追繳所欠稅欵。

第十二條　下則小押如逾期納稅，照年納稅額每百元每月二元計息。

第十三條　無証小押，一經查出，或被告發，應即拘案照稅額廿倍處罰。其由人民或同業舉報者，即以罰欵五成提給首報之人。

第十四條　下則小押發出押本，如有私自折扣，准被折扣人扭赴該管警區訊實，照押本廿倍處罰。罰得之欵，以五成歸警區・五成歸告發人。

（庚）附則

第十五條　其他未盡事宜，參照當按押章程辦理。

第十六條　本章程自民國二十五年四月一日修正呈准施行。

广东省营业税征收章程及税率表

财政部 编

廣東省營業稅徵收章程及稅率表

二十六年一月財政部修正本（附暫行減征稅率）

廣東省營業稅征收章程（二十六年一月財政部修正本）

第一條 本章程，依據中央頒布之營業稅法，及財政部整理營業稅辦法規定之。

第二條 凡在廣東省境內，爲左列之營業者，應依照本章程之規定，分別征收營業稅。

（一）物品販賣業

（二）特許商辦業（包括電力電話鐵道業等）

（三）旅館業

（四）包作業（包括包工業）

（五）運送業

（六）浴室業

（七）理髮業

（八）介紹代理業（包括代理業廣告業經紀業報稅館業等）

（九）中西餐館業（包括酒菜館業）

（十）茶館業

（十一）莊口業

（十二）洋服業

（十三）物品租賃業

（十四）映相業

（十五）酒店業

（十六）倉庫業

（十七）碼頭業

（十八）市場業

（十九）屠宰場業

（二十）娛樂場業

（廿一）印刷出版業

（廿二）製造加工業

（廿三）信託業

（廿四）不動産買賣業

（廿五）銀號業

第三條　物品販賣業，係指設有一定之店舖或營業場所，繼續爲物品之批發或零售者而言。

凡開設店舖或營業場所，招待客商，其最高房租每日在三元以上者爲酒店業，不及三元者爲旅館業。

第四條 營業稅之課稅標準及稅率表，以附表規定之。

第五條 左列各項免征營業稅。

一、中央及地方政府所辦之公有營業，（但官商合辦之營業仍須征稅）

二、已征菸酒稅或牌照稅之菸酒業。

三、以公益爲目的之營業，經奉政府核准設立者。

四、新聞紙之印刷出版業。

五、中央征收收益稅之股份有限公司組織之銀行，及出廠稅之工廠。

六、中央或本省以法令規定或指定免稅之營業。

七、依營業總收入額課稅之營業，其全年營業總收入額不滿一千元者。

八、依營業資本額課稅之營業，其資本額不滿五百元者。

第六條 凡營業者，不論其營業之大小，應於本章程公布後十五天內，及此後每年一月十五日以前，依征收機關製發之申報單，塡明左列（一）至（四）之事項，申報該管征收機關，請領營業稅調查證，其新設之營業，於開始前申報之，調查證應載明左列各事項。

(一)營業種類，商店名稱及所在地。

(二)營業者姓名籍貫住址。

(三)全年營業總收入額。

(四)營業資本額。

(五)課稅標準及稅率。

(六)每年應納稅額。

(七)每期平均應納稅額。

前項營業稅調查證，每年換領一次，不取證費。

第七條　營業稅調查證，應懸掛於營業場所易見之處，以便稽查，如有遺失或損壞，應即呈請該管征收機關補領或換領，并繳工本費大洋五角，其換領者，并須將舊證繳銷。

第八條　營業者如有頂盤，讓賣，歇業，遷移，改組，加記，更換商號名稱，更改營業種類，加設他種營業情事，應於十日內，呈報該管征收機關，繳銷營業稅調查證、幷淸繳應納稅欵，除歇業者外，應從新申報領證。

第九條　營業者，依本章程第六條規定申報時，應依照左列各項分別計算之，其開業未及一年者，得以估計定之。

（一）營業資本額，以上一年年結之總資本爲準。

（二）營業總收入額，以上一年之總數爲準。

第十條　前條第一項規定之總資本金額，以左列各欵計算之。

（一）出資金額（如係股份有限公司以其已繳收之股份金額計算。）

（二）公積金與公積金性質相同之資產。

（三）附充金及借入金超過上列第一欵金額之部份。

第十一條　凡一戶而兼營數種營業者，應照本章程附表之規定，分別課稅，兼營各業，如係照資本額課稅，而資本又爲各業共通使用時，祇就其一種營業計算，但稅率不同時，則就其主要營業課稅，惟不能辨別何種營業爲主要時，則就稅率較高之營業計算之。

兼營各業，雖照資本額課稅，如資本劃分各別而非共通使用時，仍各分別計算之。

第十二條　同一營業，而有總店與支店時，其資本劃分各别者，應分别征課營業税，其未劃分者，應合其總數在總店征課之，其支店或總店不在本章程施行地者，其資本金以本章程施行地之營業上使用之固定資本，及運轉資本算出之，

第十三條　個人營業與個人經濟混而爲一時，其營業資本，以供營業上使用之固定資本及運轉資本算出之。

第十四條　前第十二第十三兩條之規定固定資本及運轉資本之計算法如左。

（一）固定資本，以直接供營業上使用之設備裝修船舶機器等資産時價算出之。

（二）運轉資本，以原料品之原價，製造品之原價，賒出貨物之價額，存欵現欵等項算出之。

第十五條　營業税照全年應征税額分四期征收之，自一月一日至三月底爲第一期，自四月一日至六月底爲第二期，自七月一日至九月底爲第三期，自十月一日至年底止爲第四期。

第十六條　本章程公布後，新開之營業，從開業之次期起，開始征收營業税。

第十七條　營業者歇業時，其營業税應征至歇業之納税期爲止。

第十八條　征收機關應逐年調查營業者之課稅標準，并依據其申報單，決定其應納稅額，塡載於營業稅調查證內，并於發證時，通知營業者。

前項稅額決定之後，於一年內不得加減。

第十九條　營業者，對於前條決定之稅額，如認爲過當時，應於接到納稅通知書後十日內，呈請該管征收機關修正之。

征收機關，對於前項之呈請，認爲不當時，應提交營業稅評議委員會審查之，營業稅評議委員會之組織及審查規則，另定之。

征收機關，對於營業者呈請修正之稅項，得斟酌評議委員會之審查報告，爲最後之決定。

第二十條　營業者，對於前條最後決定之稅額，應即照額納稅，如有不服時，得向該管征收機關提請復議，至終結時，其稅額認爲宜減輕者，其以前繳長之欵，應予發還或流抵之。

第二十一條　營業者，須照規定設備帳簿，記明左列各事項，并每年編造年結，以備考核。

一、出資金額。

二、現金出入細數及其事項。

三、進貨細數及其價額。
四、銷貨細數及其價額。
五、設備裝修器具機器等資產之價額。
六、營業上各項費用（即各項皮費）
前項帳簿及年結，應由征收機關編號蓋印，方得啓用。

第二十二條　征收機關於必要時，得派員檢查營業者所用之帳目簿據，但須會同當地商會或公安機關執行之。

第二十三條　征收機關對於各營業行會，或其他營業者之團體，咨詢關於營業者課稅標準事項時，該行會或團體，應即提出報告書。

第二十四條　營業者對於每期稅欵，應於該期第一個月內繳清，逾限一個月以內者加收滯納罰金十分之一，逾限二個月以內者，加收滯納罰金十分之二，逾限三個月以內者，加收滯納罰金十分之三，逾限三個月以上者，得停止其營業，仍追繳滯納罰金及稅欵。

第二十五條　營業者，不依照征收機關通知日期爲本章程第六條規定申報者，處以二元以上二十元以下之罰金，但經征收機關數次催促仍抗不申報者，得停止其營業。

第二十六條　營業者因逾限納稅，受停止營業之處分，經清繳稅欵罰欵後，准即復業，又因抗不申報受停止營業之處分，一經遵章繳納罰欵，并申報請領營業稅調查證，卽予復業。

第二十七條　如不遵定章設立帳簿或記載不實，希圖漏稅者，處以五元以上五十元以下之罰金。

第二十八條　營業者如有其他各種希圖漏稅之行爲，經征收機關發覺，査有確據，除責令補稅外，并處以所漏稅額三倍之罰金。

第二十九條　曾參與營業稅之調査或審査者，如將調査審査所知之事洩漏於他人者，處以三十元之罰金，并撤職査辦。

第三十條　本章程第二十五第二十七第二十八各條規定之罰金，應照財政廳向章以五成獎給舉發人，二成解廳，其餘三成獎給征收機關出力人員。

第三十一條　本章程規定之稅欵罰金及工本費，均照法幣計算。

第三十二條　征收機關征收稅欵罰金及工本費，應即塡發收據，交繳欵人收執。

第三十三條　營業稅調査證及營業稅收據，罰金收據，工本費收據，均由財政廳印發，并加盖征收機關之鈐記。

前項營業稅調查證及收據，均用三聯式，一聯給營業者，一聯彙繳財政廳，一聯存征收機關。

第三十四條　征收機關應將領證營業各戶，按照本章程第六條規定事項，分別地點，編造營業稅清册二份，一存征收機關，一繳財政廳，作爲收稅稽核之根據。

第三十五條　經收機關經征營業稅欵，應按期公告一次，財政廳應於每季編製全省營業稅收支報告表呈報財政部查核。

第三十六條　營業稅寔行後，本省原有之典商營業稅，及整理保險事業所收稅費，曁其他向來征收與營業稅相同之稅捐，得暫行照舊辦理。

第三十七條　本章程如有未盡事宜，得隨時修正，呈請省政府核轉財政部審核備案。

第三十八條　本章程經省政府咨請財政部審核呈奉　行政院核准備案後，公佈施行。

廣東省營業稅分類稅率表（二十六年一月財政部修正本）（附列暫行減征稅率）

課稅範圍	課稅標準	原定稅率	暫行減征稅率
物品販賣業	營業總收入額	千分之五至千分之十	千分之二至千分之八
特許商辦業	同右	千分之五	千分之三
旅館業	同右	千分之五	
包作業	同右	千分之五	千分之四
運送業	同右	千分之五	千分之三
浴室業	同右	千分之五	
理髮業	同右	千分之五	
介紹代理業	同右	千分之八	報酬金千分之壹百
莊口業	同右	千分之八	同右
茶館業	同右	千份之八	
中西餐館業	同右	千分之八	千分之六
洋服業	同右	千分之八	
物品租賃業	同右	千分之八	

映相業	同右	千分之八
酒店業	同右	千分之十
倉庫業	同右	千分之十
碼頭業	同右	千分之十
市場業	同右	千分之十
屠宰場業	同右	千分之十
娛樂場業	同右	千分之十
印刷出版業	資本額	千分之五
製造加工業	同右	千分之十
信託業	同右	千分之十
不動產買賣業	同右	千分之十
銀號業	同右	千分之十五

廣東省營業稅物品販賣業稅率表

（二十六年一月財政部修正本（附列暫行減征稅率））

級別	業名	原定稅率	暫行減征稅率
第一級	糧食業，柴炭業，油豆店業，花生肉業（歸入糧食業），麵業（歸入糧食業），機織土布業，棉花紗業，	千分之五	批發千分之二 零售千分之三
	絲綢業，書籍文具教育用品業，煤業，故衣業，鞋帽襪業，梳篦業，絲繡業，油類業（食油除外），扇業，草織品業，棕籐織品業，竹器業，杉木傢私業，衣箱業，蔴織品業，鮮菓業，乾鮮肉類業，家禽業，鮮鹹魚業，蛋類業，藥材業，餅食業，陶瓷業，鋼模業，種子業，印色業，茶葉業，肥田料業，旗幟業，度量衡業，雲石業，蚊香業，帳聯業，牙刷骨角業，乾蓮葉業，牛骨業，頭髮業，醬料業，鹹乾炒花生業，涼菓業（按照鮮菓業），磨牛骨粉業，恤衫業，木屐業，酒餅業，羅經業，火柴業，麵食粥品業，壽板壽衣業，磚瓦木石灰業，棉織品業，傘業，紙業，裝璜紙盒業，食物什貨店業，樹膠業，肥皂業，機器業，其他與此類相同之業，	同右	千分之四
第二級	汽水冰食業，電具業，顏料業，糖菓茶食業，礶頭業，糖類業，水泥業，鉛銅錫類業，花瓷業，美術品業，舖墊業，毡毯業，西藥業，漆器業，玻璃鏡屏業，飛禽業，海味雜貨業，潔具業，輪船什項業，翠毛業，化學寘石業，織襪機用針業，單衣脚綁糧袋水壺業，象牙玩具業，燒水壺業，眼鏡業，皮革業，鷄鵝毛業，骨鈕骨角業，其他與此類相同之業，	千分之八	千分之六
第三級	化裝品業，留聲機器業，紫檀紅木柚木什木傢俬業，香燭紙寶冥鏹傘花神紅炮竹業，首飾珠寶業，山珍海錯業，鐘錶業，顧繡品業，古玩字畫業，參茸玉桂業，呢絨業，皮毛業，金銀器用業，人造絲疋頭業，花布疋頭業，毛冷業，汽車及其機件業，神香粉業，戲劇服裝業，樂具業，西裝用品業，大理石業，味之素業，其他與此類相同之業，	千分之十	千分之八

附註　本表第一級內絲綢業內之綢緞業遵　院令暫征千分之二

广东现行赋税制度法规

中央陆军军官学校特别班　讲义

中華民國二十六年

廣東現行賦稅制度法規

中央陸軍軍官學校特別班講義

中央陸軍軍官學校特別班講義（財10）

廣東現行賦稅制度法規目錄

第七節 捐稅 各項征收章程附刊另本 宿

第一項 舶來農產品雜項專稅

第二項 進口洋布疋頭專稅

第三項 顏料專稅

第四項 洋紙專稅

第五項 舶來木料及橡膠類製成物品專稅

第六項 舶來糖類捐

第七項 舶來皮革稅

第八項 蜡類專稅

第九項 京果海味捐

第十項 屠捐

節十一項 屠牛牛皮稅生牛出口稅鄰省牛皮稅

第十二項 香燭紙寶捐

第十三項　筵席捐

第十四項　煤油販賣業營業税

廣東現行賦稅制度法規

禤熾而編述

第七節 捐稅

第一項 舶來農產品什項專稅

第一目 沿革

本省農村經濟，日趨崩潰，民國廿二年間，本廳擬辦廣東全省舶來農產品什項專稅，以資救濟，訂定征收章程，以大洋五十萬元爲底價，布告定期招投，嗣因迭次招投，無人過問，又奉 廣東省政府訓令，飭即開抽洋米稅，以救農村，遂于是年九月十六日設局稽征，將洋米洋穀兩項，併入廣東全省舶來農產品什項專稅範圍，先于廣州開辦，次于是年九月廿三日成立五邑局十月一日成立潮梅局十月八日成立瓊崖局十月廿九日成立欽廉局所有征收貨稅，悉照定章辦理，逮廿三年一月一日，續將舶來豆類花生，併入征稅，同月廿一日又奉 廣東省政府訓令，以據廣東粮食調節委員會呈擬征收進口生油，飭將由本省外運粵之花生油豆油一律征收，當卽遵照辦理，是年三月間，又將油豆兩類，改爲舶來及省外運入者，一律照收，廿五年春夏之間，米穀價昂，佈告將洋米穀稅減輕，繼復暫停兩月，期滿後由是年七月廿一日起改由海關征收，至油豆兩稅，因本廳停征加二維持紙幣專欵，亦于是年九月一日起，將原抽稅率，比減二成，惟各舶來農產品什項專稅局，因彼此峙立，不相聯絡，且採用委員制，事權不專，馴致積弊叢生，稅收梗阻，乃于是年十月一日改設廣東全省舶來農產品什項專稅局，綜綰其成，設置局長專任稽征，其

下分設五局及各稽征所，以利指揮，此本省征收舶來農產品什項專稅之經過情形也，

第二目　征收實數

年度	征收實數 洋穀米	征收實數 油荳什項	預算數 洋穀米	預算數 油荳什項	洋穀米比較 增	洋穀米比較 減	油荳什項比較 增	油荳什項比較 減
二十二年	九•〇七七•四八〇•三〇	一•八八二•五二九•三六	無	三〇〇•〇〇〇•〇〇			一•五八二•五二九•三六	
二十三年	一二•九三七•九九一•六三	九•七九七•〇七六•〇三	七•〇〇〇•〇〇〇•〇〇	一•六七三•五四〇•	五•九三七•九九一•六三		八•〇八三•五三二•〇三	
二十四年	四•七〇二•八八二•二八	一〇•一三七•一〇五•〇五	六•六〇〇•〇〇〇•〇〇	四•八〇〇•〇〇〇•〇〇		一•八九七•一一七•七二	五•三三七•一〇五•〇五	
二十五年上半年	四九四•一九六•四一	四•五七六•八四六•〇〇	無	二•七五〇•〇〇〇•〇〇			一•八二六•八四六•〇〇	

第三目　現行制度

（一）征收機關

現征廣東全省舶來農產品什項專稅，設立廣東全省舶來農產品什項專稅總局，置局長一人由本廳薦請廣東省政府委任秉承廣東財政廳之命，管理局務，並監督指揮所屬各分局所行使一切職務，其下設立五分局，計第一分局設廣州，由總局兼辦，第二分局設汕頭，第三分局設江門，第四分局設北海，第五分局設海口，此外凡屬舶來貨物進口地方或扼要地點分別設立稽征所，詳列如左

（甲）第一分局

（1）肇慶稽征所　附都城德慶南江口各分卡

（2）三水稽征所　附西南分卡

（3）陳村稽征所　附容奇陳村分卡

（4）九佛稽征所　附瀾石佛山分卡

（5）深圳稽征所　附大鵬南頭沙頭角分卡

（6）大剷稽征所

（7）太平稽征所　附東莞石龍分卡

（8）三門稽征所

（9）黃埔稽征所　附新造分卡

（10）伶仃稽征所

（11）韶關稽征所　附坪石樂昌英德南雄分卡

（乙）第二分局

（1）汕尾稽征所　附遮浪馬宮分卡

（2）東隴稽征所　附黃岡分卡

（3）甲子稽征所　附湖東碣石分卡

（丙）第三分局

(1)拱北稽征所

(2)北街征稽所

(3)前山稽征所

(4)潭洲稽征所

(5)廣海稽征所

(6)斗山稽征所

(7)石岐稽征所

(8)陽江稽征所

(9)單水口稽征所

(10)新昌稽征所

(丁)第四分局

(1)門頭稽征所　附蔴章分卡

(2)梅菉稽征所　附水東龍頭分卡

(3)雷州稽征所　附南興市分卡

(4)安舖稽征所　附志滿分卡

(5)廉江稽征所

(戊)第五分局

(1)舖前稽征所

(2)請瀾稽征所

(3)北鰲稽征所

(4)新盈稽征所

(5)抱虎港稽征所

(6)港北港稽征所

以上各局所之經費，每月共支毫劵三萬七千三百六十二元六毫均由省庫或所在地分金庫支付，其細數如左

(甲)總局經費每月毫劵一萬一千零二十三元由省庫支付

(乙)各分局及所屬各稽征所經費每月毫劵二萬六千三百三十九元六毫由省庫或所在地分庫支付

(子)第一分局所屬各稽征所經費每月毫劵一萬零五百八十六元四毫由省庫支付

(1)肇慶稽征所每月毛劵一千一百六十五元六毛

(2)三水稽征所每月毛劵七百六十五元六毛

(3)陳村稽征所每月毛劵一千零四十六元四毛

(4)九佛稽征所每月毛劵一千三百四十四元

(5)深圳稽征所每月毛劵一千三百二十五元六毛

(6)大剷稽征所每月毛劵七百四十七元二毛

(7)太平稽征所每月毛劵一千零六十元八毛

（8）三門稽征所每月毛劵五百一十二元
（9）黄埔稽征所每月毛劵七百九十五元二毛
（10）伶仃稽征所每月毛劵五百六十一元六毛
（11）韶關稽征所每月毛劵一千二百六十二元四毛
（丑）第二分局及所屬各稽征所經費每月毛劵四千二百元由汕頭分金庫支付
（1）第二分局經費每月毛劵二千六百五十六元
（2）汕尾稽征所每月毛劵五百四十二元四毛
（3）東隴稽征所每月毛劵四百五十九元二毛
（4）甲子稽征所每月毛劵五百四十二元四毛
（寅）第三分局及所屬各稽征所經費每月毛劵六千九百二十四元　由江門分金庫支付
（1）第三分局經費每月毛劵三千零五十九元二毛
（2）拱北稽征所每月毛劵四百八十三元二毛
（3）北街稽征所每月毫劵四百九十九元二毫
（4）斗山稽征所每月毫劵三百二十四元八毫
（5）前山稽征所每月毫劵五百八十元
（6）石岐稽征所每月毫劵三百六十九元六毫
（7）陽江稽征所每月毫劵二百九十九元二毫

(8)單水口稽征所每月毫劵二百九十九元二毫
(9)新昌稽征所每月毫劵二百九十九元二毫
(10)潭洲稽征所每月毫劵三百七十九元二毫
(11)廣海稽征所每月毫劵三百三十一元二毫
(卯)第四分局及所屬各稽征所經費每月毫劵二千零七十一元二毫　由北海分金庫支付
(一)第四分局經費每月毫劵一千二百三十五元二毫
(2)門頭稽征所每月毫劵二百零四元八毫
(3)梅菉稽征所每月毫劵一百八十四元
(4)雷州稽征所每月毫劵一百八十四元
(5)安舖稽征所每月毫劵一百六十八元
(6)廉江稽征所每月毫劵九十五元二毫
(辰)第五分局及所屬各稽征所經費每月毫劵二千五百五十八元　由海口分金庫支付
(一)第五分局經費每月毫劵一千二百八十四元
(2)舖前稽征所每月毫劵二百零四元
(3)清瀾稽征所每月毫劵二百零四元
(4)北鰲稽征所每月毫劵二百零四元
(5)新盈稽征所每月毫劵二百零四元

(6)抱虎港稽征所每月毫劵二百零四元

(7)港北港稽征所每月毫劵二百零四元

此外各局所內部之組織，在總局兼第一分局設秘書一人總務稅務會計三科各設課長一人另設視察員一人至二人其課員事務員僱員視事務之繁簡而定第二分局設總務稅務會計三股各設股長一人第三四五各分局設總務稅務二股各設股長一人另設會計主任一人其股員事務員僱員均視事務之繁簡而定所有各長員之委用及其職掌均分別規定于修正廣東省舶來農產品什項專稅局組織章程茲從畧焉

(二)征收標準稅率及計算方法

(甲)征收標準

本省舶來農產品什項專稅之課稅目的物，在現行征收章程，除洋米穀已停止征收外厥爲油豆及其他舶來各項農產品物，爲防濫抽起見，採用列舉種類抽收辦法，如章程所無者，不得抽收，其抽收之範圍，凡屬章程應抽專稅之舶來物品，于入口時，無論由輪船輪渡帆船火車運入或用散裝礶裝瓶裝均應照章抽收，若屬國產品物，除章程有特定者，如舶來及省外運粵之油豆，暨將舶來礶頭改裝混充國產物品書寫在「中國製造」字樣，而無註册商標者，均照征收外，其餘均免抽收，

(乙)征收稅率

各項貨物之征收稅率，大概按照價值抽稅，其最高稅率爲照貨價每值百元抽三十元其最低稅率爲照貨價每值百元抽二三元不等，至按貨物之重量抽稅，如油豆等類，均照辦理，其詳細均載定章，現亦從畧

(丙)計算方法

凡屬按照價值征稅者，以海關估價單爲標準，並以海關所伸算國幣爲限，至征繳專稅，概以國幣爲本位，如以省市毫劵繳納，依照現在定案，以加五折合計算。

(三)征收手續

本省舶來農產品什項專稅，係于商人販運貨物，經完納關稅後，照章抽稅，然查此項專稅之完稅責任，祇由買人之華商負担，不能逕向外商征收，凡華商運入舶來物品，如係由華人商店購買，無論買自何人或外人洋行，均于買入時向征稅局所將其種類重量申報，完納專稅，領取完稅單據，方能運囘轉賣，不得藉口洋行送貨，希圖免稅，如係由華商直接採辦者，于進口時卽須完納專稅，倘已完專稅後，如須轉運別處者，應向當地征稅局所申報，在稅率內註明已銷若干，轉運若干，銷號放行，不得重抽，亦不得征收銷號費，其遇有特別情形，須先入倉繳報，或儲倉待沽者，仍須先行報明理由，聽候查明准許，方能緩納，至應征稅之物品，如原佛原件轉駁別處，並不泊岸，持有海關轉口稅單者，准予繳驗明確，免稅放行，惟貨商逾期延滯，或分拆起卸，或抽換頂替均以瞞漏論斷分別罰辦，

(四) 其他

(甲)罰則

凡貨商販運應完專稅各貨物，如以多報少，或以貴報賤，或塗改稅票，或單貨不符影射走漏者，均按照稅欵加罰三倍，，恃強闖越加罰五倍，大起走私不服盤查追緝拒捕者，呈廳究辦充公，至若私運私藏私售私買舶來農產品及什項貨物，未經依照規定手續完納專稅者，一經緝獲訊明，除將私貨悉數沒收外，並照所獲私貨之價值五倍處罰，其匿藏接運之商店貨倉住宅輪船貨艇，均得標封投變沒收充公以維稅收，

凡緝獲走私貨物經判處充公者，在本市所屬機關，應呈本廳公開招商投變其在省外者，應先錄案呈廳核明，派員監投，方准執行，不得先變後報，所有緝獲私貨充公變價之欵，除扣回墊發各項什費外所餘欵項，化作百分，以百分之三十解庫，以百分之七十化作十成支配，(1)線人充賞四成，(2)出力緝獲者一成(3)協助軍警一成(4)緝獲機關一成(5)主管局所一成(6)解廳二成其罰金則全數分作十成，依照前法支配，毋庸提百分之三十解庫，如由各機關自行發覺，非憑線人舉者報，其線人充賞之四成，即併給發覺人員，若有特定辦法者，應照特定辦法辦理，

(乙)收解稅欵

凡征收舶來農產品什項專稅所用完稅單由各局呈請本廳核發領用，每屆月終列冊連同存根呈廳核銷所有收存稅欵，如有省庫或分金庫，地方應即報解各該分庫核收，取回收欵書報查聯呈由各局轉呈本廳核明，將回証印發備案，其無省庫或分金庫地方，應按旬將征存稅欵報解上級局所核明轉解庫收，不得逾延，以重庫帑，至報解欵項之程序，依照本廳核定之收支程序辦理，以歸劃一，

(五) 改革計劃

查舶來農產品什項專稅，爲本省所獨有，迭奉　部令飭即規定廢除步驟，切實奉行，經本廳先將涉及重征有碍國計民生之洋穀米稅及妨害國民經濟損及地方收入之舶來士敏土附加大學經費及長途電話費舶來廢爛膠輪稅舶來機器稅暨抵觸中央法令之煤炭稅一律裁撤，並將有關民食之農產品各項專稅項下油豆花生專稅核減二成征收，並擬將尚未廢除之捐稅一律減輕百分之二十，暫行保留，又就捐稅性質根據厘整原則四點，(一)征收手續簡單而收入切實者保留，(二)帶有保護性質可以補助關稅壁壘者保留，(三)稅率過重與平民生活有碍者保留，(四)妨害國民經濟及中

央稅收來源者裁撤，呈奉　財政部電復，以據陳擬定粵省苛捐什稅廢除步驟，第一步將賭餉及米穀稅等裁撤，業經令予備案，其各項專稅項下，油豆花生專稅核減二成，商民負担稍輕，該廳長實心辦事，至堪嘉慰，第二步擬將尙未廢除各項稅捐，一律減輕稅率百分之二十，已否定期施行，應將稅目暨實施期限報部備核，所擬釐整原則四項，尙屬妥洽，其決定暫時保留之稅捐，並應注意將稅目化零爲整，以便商民，第三步整理合法稅收，改善征收方法，緊縮支出以資抵補，自爲根本改進之圖，其原有各稅捐分別設局者應設法合併，使組織統一，以示與民更始之意，等因，業經遵照部令各點，以爲改革之計劃，陸續推行，復查所抽貨物，非僅以農產品物爲限，其他貨品，多列征稅範圍，亟宜改定名稱，以昭覈實，當經本廳詳加審核，擬連同與此稅捐相類之各項專稅，一律改稱爲廣東舶來物產專稅，釐訂章程，統一征收，所抽物品，以舶來進口者爲限除油豆兩項，因有特殊情形，且因收入較鉅，暫仍照舊征稅外，其餘國產物品，概不征收，至於此稅之抽收範圍，仍以簡單化合理化爲原則，即(1)收入無多過于零碎者剔出，(2)妨碍國內實業原料之發展源者剔除，(3)妨害貧民生計者剔除，(4)妨碍中央稅收者剔除，務期增益庫帑之中仍寓維護民生之意矣，

第二項　進口洋布疋頭專稅

第一目　沿革

查本省厘金在未裁撤以前，對於進口洋布疋頭抽收厘費，名爲進口洋布疋頭厘費，自二十年一月一日起裁撤厘金後，改辦織物類特種消費稅，隨於是年四月一併裁撤，逮廿一年六月間規復，改爲進口洋布疋頭專稅，批商認額承辦，迄二十三年七月間，因無商人投承，歸併本省舶來農產品雜項專稅局兼徵，現尙沿照辦理。

第二目　征收實數

年度	收入數		預算數		比較 增		比較 減		備考
二十年	三七五•〇〇〇	〇〇	三七五•〇〇〇	〇〇					
二十一年	四〇五•七三七	五〇	三七五•〇〇〇	〇〇	三〇•七三七	五〇			
二十二年	一六七•九七八	〇〇	三〇四•五〇〇	〇〇			一三六•五二二	〇〇	
二十三年	八四•七三三	〇〇	三三四•一〇〇	〇〇			二四九•三六七	〇〇	
二十四年	八一•二〇九	五六	一二〇•〇〇〇	〇〇			三八•七九〇	四四	
二十五年	一〇七•九八六	四八	九〇•〇〇〇		一七•九八六				本年度由廿五年七月至廿六年三月分止比較計算

第三目　現行制度

（一）　徵收機關

現由本省各舶來農產品雜項專稅局兼徵，其詳已載舶來農產品雜項專稅，不再贅述

（二）徵收標準稅率及計算方法

此項專稅，按照徵收章程規定種類，(1)本色棉布品類，(2)印花棉布品類，(3)雜項棉布品類，(4)棉製品類，(5)毛織品類，(6)絲及其他製品類，均在徵抽範圍，其貨物屬同一種類而未列名稱者，依照海關抽收種類爲據，惟所抽貨物，以舶來品爲限，如屬國產貨品，不得抽收，其已完統稅及規定免稅，暨章程所未列舉者，亦不得徵收，至應抽專稅之貨物，按照各貨之海關估價，每值百元抽國幣三元，以國幣爲本位，如以省市毫劵繳納，依照現在通案，所定比率折合繳納，此外入口少數貨疋，其度量不過五碼，或總額不過三件，均免報納專稅，倘逾此限度卽須一律報徵，不能藉口，希圖免納，致紕稅收。

(三) 徵收手續

(四) 其他

(五) 改革計劃

關於徵收手續及其他暨改革計劃，均與舶來農產品雜項專稅所定，大致相同，亦不複贅。

第三項 顏料專稅

第一目 沿革

查士洋顏料，在民國二十一年二月以前向由省城顏料行認繳坐厘台費，按照貨價每両抽銀一分，嗣因維護土產顏料，隨于是年二月十五日將省城顏料行坐厘台費取銷，改辦顏料專稅，專抽舶來顏料，批商認額承辦，旋因無商人賡續投承，至二十三年三月起歸併各舶來農產品雜項專稅局兼征，迄今均照辦理。

第二目 征收實數

年度	收入數	預算數	比較 增	比較 減
二十一年	二〇一·〇六二.五〇	二三七·五〇〇.〇〇		三六·四三七.五〇
二十二年	二四九·八一二.五〇	二九三·九〇〇.〇〇		四四·〇八七.五〇
二十三年	二三九·〇七五.七七	二〇〇·〇〇〇.〇〇	三九·〇七五.七七	
二十四年	二〇一·一二三.八四	一八五·〇〇〇.〇〇	一六·一二三.八四	

第三目　現行制度

（一）征收機關

此項專稅，由各舶來農產品雜項專稅局兼征，其詳已載第一項內，不再贅述

（二）征收標準稅率及計算方法

此項專稅，凡屬進口顏料，均照征收章程所定種類，按照海關估價，值百抽八，即每百元抽國幣八元，如以省市毫劵繳納須照通案所定比率折合解繳，惟章程所列各種顏料，須以舶來品爲限，如屬國貨產品，固不得征收，即章程所無者，亦不得濫征，但章程未列名各物，須依海關抽收種類爲據，用防取巧。

（三）征收手續

（四）其他

（五）改革計劃

右列三欵，均與舶來農產品雜項專稅相同，自可參照辦理，茲不贅述

第四項　洋紙專稅

第一目　沿革

我國土紙，向稱暢銷，詎年來洋紙輸入，日益增加，土紙銷路，一落千丈，本廳爲維持國貨，杜塞漏卮起見，乃於民國二十年十一月間舉辦廣東全省洋紙進口專稅，委派鍾寰爲征收專員，呈准　國民政府諭准照辦，逮二十一年一月十一日起，改批承商辦理，旋因承商大同公司欠餉潛逃，于廿三年四月起歸併各舶來農產品雜項專稅局征收，至今尚無更改

第二目　征收實數

年度	收入數	預算數	比較 增	比較 減	備考
二十年	三一・三三〇〇〇	無列			委員鍾寰征自二十年十一月二十日至廿一年一月十日止繳毫洋數
二十一年	二五二・五〇〇〇〇	二五二・五〇〇〇〇			承商和利公司認繳年餉毫洋數
二十二年	九四一・二〇〇〇〇	九四一・二〇〇〇〇			承商大同公司認繳年餉毫洋數

二十三年	八二〇•一三五	九四	五〇〇•〇〇〇	〇〇	三二〇•一三五	九四		各舶來農稅局征繳毫洋數
二十四年	五七七•一九七	九五	五〇〇•〇〇〇	〇〇	七七•一九七	九五		仝右

第三目　現行制度

（一）征收機關

現由各舶來農產品什項專稅局兼征，所有征收局所及經費，歸入舶來農產品什項專稅範圍，不再贅述。

（二）征收標準稅率及計算方法

征收洋紙專稅，純爲維持土紙，增益稅收而設，凡屬進口洋紙，均在征稅範圍，其稅率係按照重量計征，每百斤抽國幣弍元或四元不等，如以省市毫劵繳納，照法定比率折合計繳，至本國製紙廠所製紙料，運抵本省行銷時，如查明有第一或轉口關局所給單照者，准予免稅放行，倘僅有未經呈准之自刋運單，並無關局已照機貨完稅單照者，應仍照章征稅，所領關局給發已照機貨完稅單照，須將廠號貨品名稱，分別載明，如有含混失藏情弊，除對於單照載明廠號貨品免稅放行外，其餘別廠貨品未經載明者，仍照定章征稅，此外本省各報館所用新聞報紙，向來照章繳納半稅，每百斤國幣一元，惟近爲保護宣傳文化事業，由本年四月十一日起，概予免稅，不過各報館于購入報紙時，仍須先行照章報納半稅，俟銷售後，檢其銷售憑証連同完稅單，繳由各局核明轉廳，再將納過半稅退還，以維庫收，而防流弊耳。

（三）收手續

(四)其他

(五)改革計劃

右列三項，與舶來農產品什項專稅，大概相同，茲不再述

第五項　舶來木料及橡膠類製成物品專稅

第一目　沿革

查舶來木料，年來輸入甚鉅，凡屬建築及普通製品，利其貶價傾銷，咸相購用，其舶來橡膠類製成物品，亦復盡量傾銷，充斥市面，以致土產木料及土製膠類物品之銷場，均被攙奪幾盡，爲維持農村經濟，扶助工商事業，遂由本廳分別擬抽專稅，先後呈奉廣東省政府核准照辦，旋於廿五年六月十五日起，分飭各舶來農產品什項專稅局稽征，

第二目　征收實數

年度	舶來木料專稅			橡膠類製成物品專稅		
	實收數	預算數	增收數	實收數	預算數	增收數
廿五年六月十五日至廿六年二月底	一三八·五六二 七八	六二·五〇〇 〇〇	七六·〇六二 [illegible]	五九·六五一 一四	三一·八〇〇 〇〇	二四·四七六 一四

第三目　現行制度

征收此兩項專稅之機關及手續，暨其他改革計劃，均照舶來農產品什項專稅征收章程辦理，惟征收標準稅率及計算方法，因其貨物差異，自有不同，分述如次，

(一)舶來木料專稅，　征收此項專稅，依照稅率表所列各種木料，以關單所載價值爲準，從價值百抽十，以國幣爲本位，如無國幣，以省市毫劵，照法定比率，折合解繳，惟特種列名木料，按每立方尺價值之高下，分別征收，均以專抽舶來者爲限，不過木片木梗兩種，因屬製造火柴用品，劃出免抽，用以扶植本省土製火柴之事業耳，

(二)橡膠類製成物品專稅，　凡屬舶來橡膠類製成物品，如汽車用品，單車手車用品，醫料用品，靴鞋，防水橡膠布，體育用品，暫通日用品，兒童玩具，其他用品，一律抽收，如屬國產貨品，不准抽收，惟國產貨品運抵本省行銷時，如查明有第一或轉口關局所給單照者，准予免稅放行，倘僅有未經呈准之自刊運單，並無關局已照機貨完稅單照者，應仍照章征稅，至所領關局給發已照機貨完稅單照者，務將廠號貨品名稱，分別載明，如有含混夾藏情弊，除對于單照載明廠號貨品免稅放行外，其餘別廠貨品未經載明者，仍照定章征稅，至此項專稅抽率，按其重量或價值，分別列明抽收，以國幣爲本位，如無國幣，以省市毫劵，照法定比率，折合解繳

第六項　舶來糖類捐

第一目　沿革

查本省糖類捐，自民國十三年間，爲籌濟國庫補應軍需起見，由大本營財政部擬定征收章程，提交財政委員會，議決通過，呈奉

大元帥核准施行，隨派委員於是年六月十二日起，設局開征，旋於是年八月廿一日起，改由本廳接管，嗣後批商承辦，凡屬土產洋來糖類，一律抽捐，逮本省施行糖業統制後，乃於民國廿三年五月十一起，取銷抽收土產糖類捐，專抽舶來糖類捐，改由各舶來農產品什項專稅局兼征解庫，本年糖業統制辦法變更，併將章程所定和蘭糖類，記由

省營產物經理處或其分處，於征收工業建設費時，一併帶征，如無省營產物經理處或其分處地方，仍由各舶來農產品什項專稅局抽收。

第二目　征收實數

年度	收入數		預算數	比較 增	比較 減	備考
十三年	一〇八·四五九	〇〇				
十四年	七九·〇九七	〇〇				
十五年	四二一·三九〇	〇〇				
十六年	四八八·五六三	〇〇				
十七年	四九五·五九五	〇〇				
十八年	四七一·四四二	〇〇				
十九年	一·〇三六·一六二	〇〇				

二十年	四七五・九四六	〇〇	一・〇〇一・〇〇〇	〇〇			五二五・〇五四	〇〇	
廿一年	一・〇〇一・〇〇〇	〇〇	一・〇〇一・〇〇〇	〇〇					
廿二年	一・一七三・〇〇〇	〇〇	八六〇・〇〇〇	〇〇	三一三・〇〇	〇〇			
廿三年	三〇・〇九六	〇〇			三〇・〇九六	〇〇			
廿四年	八・五七〇	〇〇	三六・〇〇〇	〇〇			二七・四三〇	〇〇	
廿五年上半年	九・七八二	〇〇	一八・〇〇〇	〇〇			八・二一八	〇〇	全年預算爲三六・〇〇〇元半年度比較如上數

第三目　現行制度

(一)征收機關

由各舶來農產品什項專税稽征，惟屬於和蘭糖類，託由廣東省營產物經理處或其分處帶征。

(二)征收標準税率及計算方法

凡舶來糖類，分別種類，按其重量及價值抽收，以國幣爲本位，如無國幣以省市毫劵，照法定比率折合解繳。

(三)征收手續

在修正廣東糖業統制辦法未施行以前，凡舶來糖類，照糖業營運取締暫行規則規定，將入口糖類貯入廣東省營產物經理處蔗糖部覺發入口許可証所指定之公倉時，即須赴當地舶來農產品什項專稅局掛號，携同存倉單據，報明貨色重量價值件數，照章繳納捐欵，領取征收單，方准運銷，至運銷時，必須携同征收單報驗，領取轉運証，方得提運，經過各局卡，如單証與糖類相符，立於單証上蓋戳放行，若無單証同運或有單証而貨色重量價值件數不符，或私自塗改者，均以走私論，其未領有蔗糖部覺發入口許可証而私運入口時，應由當地舶來農產品什項專稅局，將糖類扣留，存貯公倉，交由蔗糖部照章辦理。

現在修正改善廣東糖業統制辦法，自去年十一月十五日，奉　廣東省政府公佈施行後，對於征收糖類捐之手續，亦隨而變更，凡關糖類捐征收章程所定和蘭標本色第十七號以下之糖及第十八號以上之糖暨洋桔水等項，改由廣東省營產物經理處或其分處，於征收工業建設費時，一併帶征糖類捐，如未有廣東省營產物經理處或其分處時，則由各舶來農產品什項專稅局於糖類入口時，分別抽捐，以減少商販納稅銷號之手續，業由本廳布告自本年二月一日起實行矣。

（四）其他

凡瞞捐偸運之糖類，一經緝獲，除照章補納捐欵外，按照貨價五折處罰，如抗不遵罰，或無貨主認領時，將扣留糖類解交廣東省營產物經理處照章變賣，但在無省營產物經理處或其分處時，由各舶來農產品什項專稅局呈奉本廳核准，方得投變，以符協助本省糖業統制之原旨。

（五）改革計劃

關于舶來糖類捐之改革計劃，固與舶來農產品什項專稅相同，然與本省糖業統制辦法，有相聯關係，故其改革計劃，當以糖業統制辦法之進行爲標準也。

第七項　舶來皮革稅

第一目　沿革

民國十九年間，廣東省屠牛稅牛皮稅征收章程，祇抽本省牛皮及鄰省牛皮稅，對于舶來皮革，並未抽收，隨由廣東省稅制整理委員會，議定征收舶來皮革稅，稅率，以期保護土製牛皮，抵制舶來皮革，函送本廳核明，呈奉廣東省政府令准照辦，併由各屬屠牛牛皮稅承商兼征，逮廿三年七月十六日起，改由各舶來農產品什項專稅局征收，並將舶來皮革在省外地方製成貨品輸入行銷者，亦照舶來皮革稅率，比例征抽，以符原旨。

第二目　征收實數

年度	收入數		備考
廿三年	四〇、一六五	九四	預算數與屠牛牛皮稅併列
廿四年	三三、〇一五	三三	
廿五年上半年	二三、二八九	七五	

第三目　現行制度

（一）征收機關

此項舶來皮革稅，由各舶來農產品什項專稅局兼征。

（二）征收標準稅率及計算方法

凡屬進口舶來皮革，分別種類，按其重量征收，其外商投資在滬設廠所製皮革亦同，至用舶來皮革在省外地方製成貨品輸入行銷者，併照舶來皮革稅率，分別列表，比例抽收，均以國幣爲本位，如以省市毫劵繳納，照法定比率，伸合計繳。

（三）征收手續

此項征收手續，依照征收章程所定，與舶來農產品什項專稅，大致相同，玆不複述。

（四）其他

凡緝獲走私隱稅之舶來皮革，按照情節輕重，施以相當之處罰，即不請領稅票繞越偷漏稅欵者，除責令照章補稅外，處以稅額五倍以上十倍以下之罰金，再犯者，除將貨物沒收外，得按情節之輕重，呈廳處罰，其抗納稅欵者，亦同，至塗改及複用舊稅票意圖瞞稅者，除責令照章補稅外，並處以應補稅額三倍以上六倍以下之罰金，再犯者，除將貨物沒收外，得按照情節之輕重，呈廳處以罰金，如有僞造稅票意圖欺詐瞞稅者，除將貨物沒收外，得按照情節之輕重，呈廳處以罰金，並將人犯拘送法院治罪，所有罰金及沒收貨物變價給獎分配各項，照修正緝獲走私貨物變價及罰欵充賞章程辦理。

（五）改革計劃

關於該稅之改革計劃，與舶來農產品什項專稅相同，亦從畧。

第八項　蜡類專稅

第一目　沿革

查蜡類在未裁厘以前，原由省河補抽厘局抽收蜡類厘金，逮裁厘後，由民國廿一年一月十六日起，改辦蜡類專稅，派員征收，翌年批商投承，至今未改。

第二目　征收實數

年度	收入數		預算數		比較 增		比較 減		備考
廿一年	四一六·八〇六	三	四一五·〇〇〇	〇〇	一·八〇六	三			
廿二年	三六九·二四八	五二	四一九·二五〇	〇〇			五〇·〇〇一	四八	
廿三年	三〇三·一〇一	七四	三〇一·六〇〇	〇〇			一·五〇一	七四	
廿四年	三一九·六九五	八六	三〇五·一一〇	〇〇			一四·五八五	八六	
廿五年上半年	二〇五·九二六	五五	一六九·七一五	〇〇	三六·二一一	五五			全年預算爲三三九·四三〇·元半年度比較如上數

第三目　征收制度

（一）征收機關

現由承商認餉投承辦理，包征包繳。

（二）征收標準稅率及計算方法

凡屬舶來蜡類，如白蜡黃蜡魚油蜡等項，均按其重量，分別抽稅，以國幣爲本位，如以省市毫劵繳納，照法定比率，伸算計繳。

（三）征收手續

此項專稅之征收手續，與舶來農產品什項專稅相同。

（四）其他

凡緝獲瞞稅蜡類，如屬貨商偸漏，加罰三倍，恃強闖越，加罰五倍，大起走私，不服盤查，並追緝拒捕者，扭解財政廳懲辦，貨物充公，所有罰金及私貨變價，照緝獲走私貨物變價及罰欵充賞章程辦理。

（五）改革計劃

此項專稅之根本改革計劃，與舶來農產品什項專稅相同，惟現在批商承辦，係屬權宜辦法，仍須併由各舶來農產品什項專稅局稽征，以除苛擾，業經呈奉省府議決照辦，一俟現商承期屆滿，當即實施矣。

第九項 京果海味捐

第一目 沿革

本省京果海味捐，在民國廿一年以前，原屬省城京果海味行厘費及南北經紀行厘費，因行商與承商，發生批承糾紛，乃將此項厘費裁撤，改爲全省京果海味捐，統征全省分區抽收，呈奉 廣東省政府令准照辦，隨即劃分爲廣州五邑汕頭高雷欽廉瓊崖中山等區招商投承，翌年又將各區合併招商統承，至今未改。

第二目 征收實數

年度	實收數		預算數		比較 增		比較 減		備考
二十一年度	五〇七•六八九	〇〇	無列						
二十二年度	四四一•三五四	〇〇	四二三•一二五	〇〇	一八•二二九	〇〇			
二十三年度	四〇三•一七一	〇〇	四二三•一二五	〇〇			二〇•九五四	〇〇	
二十四年度	五四四•〇三九	〇〇	三八七•一四〇	〇〇	一五六•八九九	〇〇			
二十五年上半年度	四四二•七八四	〇〇	三二八•〇五五	〇〇	一一四•七二九	〇〇			全年度預算爲六五六、一一〇元、半年度比較如上數

第三目　現行制度

（一）徵收機關

現由本廳批准商人大榮公司認繳年餉國幣三十六萬八千五百元承，本年十一月底期滿，包徵包繳。

（二）徵收標準稅率及計算方法

此捐開征時，原爲按照貨值，分別征收，嗣由總商統承，改爲按照貨量，規定征收，凡屬京果海味，無論土產洋來，用輪船輪渡帆船火車等載運出有海關設立地方出口者，於到達有海關設立地方入口行銷時，即照抽捐，其在出產地方，不准抽捐，所有應抽捐款貨物，照章程所列舉種類抽收，如未列入者，不得濫抽，至本省沿海各港漁船出口，採取各種海產物品，用帆船或肩挑運回當地海岸上陸者，不得作爲入口海味抽捐，又各屬市面銷售之綫麵寬條麵及各屬產銷之鹹魚暨用罐頭裝儲之京果海味等項，均不准抽捐，若屬應抽捐欵之貨物，須其總數應納捐欵在國幣一元以上及重量在十斤以上者，方准抽收，所抽捐欵，均以國幣爲本位，如以省市毫劵繳納，照法定比率折合計算。

（三）征收手續

凡販運京果海味入口時，由商販到征收機關掛號，報請查驗，并列單報明貨色種類價値重量件數，照章納捐，領取征收單，方准起卸，如轉運別處行銷時，其價値在五元以上者，須向征收機關申報，在征收單內注明已銷若干轉運若干，銷號放行，不得重抽，其掛號銷號，概不准收費，至運銷別處之貨物，有經捐憑証運照繳驗相符者，該當地征收機關即須驗明放行，不准重抽，如有途經港澳轉駁入口，有海關証書及經捐運照憑証繳驗核明件數重量時間相符者亦同。

（四）其他

凡屬緝獲瞞捐偷漏貨物，除補納罰欵外，按照貨價五折處罰，如不遵罰時，准將貨物充公報案，惟須先行呈廳核明飭遵，不得擅行處分，所有罰欵及變價，照修正本省緝私給奬章程辦理。

（五）改革計劃

此項捐欵之存廢標準，大概與舶來農產品什項專稅相同，本廳去年爲減除人民負担，決將該捐抽收種類之貨物，如魚乾菜乾蠔豉等十二種，剔出免征，每年預計短收毫劵拾餘萬元，已於廿五年十二月一日實行，現屆承商大榮公司期滿，爲袪除捐商苛擾積弊起見，又決定由廳收回，交由各舶來農產品雜項專稅局征收，以恤民困。業經呈奉省府議决照辦，在案。

第十項　屠捐

第一目　沿革

本省屠捐，當前光緒廿八年間，門始抽收，在省城河南等處祗辦猪捐，買賣兼抽，其餘各屬，或抽買賣，或抽出口猪隻，逮粵省光復後，省城河南仍舊抽收猪捐，賣主買客，負担各半，其餘全省各屬，抽收屠捐，逮民國十四年起，省河猪捐，由廣州市政府辦理，各屬屠捐，由本廳批商承辦，相沿至今，未有變更。

第二目　征收實數

年度	實收數		預算數		比較 增		比較 減		備考
二十一年	一•四五五•八三〇	〇〇	一•四六〇•〇〇〇	〇〇			四•一七〇	〇〇	
二十二年	二•〇〇一•六五一	〇〇	二•〇〇九•二八〇	〇〇			七•六二九	〇〇	
二十三年	一•八六四•九八〇	〇〇	一•八〇〇•〇〇〇	〇〇	六四•九八〇	〇〇			
二十四年	一•八五八•四八〇	〇〇	一•八二六•一二〇	〇〇	三二•三六〇	〇〇			
二十五年上半年	一•〇二四•二七二	〇〇	一•一五〇•〇〇〇	〇〇			一二五•七二八	〇〇	全年度預算爲二•三〇〇•〇〇〇元•半年度比較如上數

第三目　現行制度

(一)征收機關

現由廣東全省屠捐商人全信公司認繳年餉及加二專欵共國幣一百七十一萬六千一百二十元，包征包繳，本年十月十日期滿。

(二)征收標準稅率及計算方法

凡屠猪一隻，重量在六十斤以上者，抽正餉及加二專欵七角二分，其二十斤以上，未滿六十斤者，抽正餉及加二專欵共國幣四角八分，二十斤以下者免抽，均以司碼秤十六両爲一斤，不得增減，如以省市毫劵繳納，照法定比率伸算計繳，所有捐欵，准各屠戶加在價內，取償食戶，至各縣市酬神賽會嫁娶所宰猪隻，均須照章納捐，若祭祀所宰猪隻，無論自畜自宰自食，如已樂繳當地警學費者，亦應照章納捐，惟各商原承範圍內之屠戶，如有宰猪往別商承辦範圍內銷售者，須將經納捐欵單據，持赴驗明行銷，否則亦照抽捐。

(三)征收手續

凡各屠戶應赴征收機關報名領牌，方准宰賣，其屠宰猪隻，又須先赴征收機關報明納捐，方得屠宰，惟實際上，多由征收機關派員按戶抽收。

(四)其他

凡查有瞞匿私宰情弊，一經查出有據，照原猪應納捐欵，十倍處罰，各屠戶如有宰賣死猪病猪及吹水等弊，准由征收機關干涉制止，以重衛生。

(五)改革計劃

查本省屠捐，係按照屠宰猪隻抽收，自屬於屠宰稅範圍，自應積極整理，以裕庫收，所以本省屠捐，現由總商統承，實則分區，徒飽私囊，無裨庫帑，業經決俟現商期滿，由廳分區招投，並照現在行政督察專員管轄區域，爲各分區屠捐征收之標準，以期管理稽征，均能兼顧並經呈奉　省府令復，提經委員會議決照辦，在案。

第十一項　屠牛稅牛皮稅生牛出口稅鄰省牛皮稅

第一目　沿革

查本省屠牛稅牛皮稅生牛出口稅在民國十九年以前，原爲屠牛捐牛皮捐生牛出口捐，由本廳分別批商辦理，其經各縣自行批辦者，同時由廳收回，將所得捐款，除照案撥付各縣地方警學費外，餘均由庫核收，逮十八年間，因征收章則，發生糾紛，乃由本廳搜集各縣市向來抽章及慣例，函送廣東省稅制整理委員會審議，結果，擬定廣東省屠牛稅牛皮稅生牛出口稅鄰省進口牛皮稅征收章程及施行細則，函復過廳，呈奉　廣東省政府暨　財政部核準備案，由廳依照章則，核定底價，分別招投，並由各商接辦時起，將從前對牛征收之厘金府稅屠牛捐牛皮捐生牛出口捐等項及各縣附加，一概取銷，其各縣應有警學等費，由廳查明分別照案撥回，嗣後相沿辦理，至今未改。

第二目　征收實數

年度	實解庫收數	預算數	比較		備考
			增	減	
二十一年	五一七·八八八〇〇	五八三·一二六〇〇		六五·二三八〇〇	

二十二年	四〇〇・五六〇	〇〇	三六九・九〇九	〇〇			四〇・六五一	〇〇
二十三年	三三〇・七四八	〇〇	二〇七・五〇〇	〇〇	一二三・二四八	〇〇		
二十四年	三六五・八〇一	〇〇	三一六・五七三	〇〇	四九・二二八	〇〇		〇〇
二十五年上半年	一六五・八〇三	〇〇	一六一・七〇〇	〇〇	一〇四・一〇三	〇〇	全年度預算爲三二三・四〇〇元・半闗度比較如上數	

第三目　現行制度

（一）征收機關

現在征收本省屠牛稅牛皮稅等項，由廳劃分區域，招商投承，包征包繳，計分南三，番順東寶惠州，，清花佛，增從龍，南韶，梅州，陽山，瓊崖，潮州，欽廉，新開恩，兩陽，台山，會寧羅雲鬱德封開高新，鶴山，高要，高雷，中山等區，分別由各商認額辦理，合共年額國幣八十餘萬元，係連撥付各縣警學教數併計，現在各區征收區域，過于零碎，經本廳決定另照各行政督察專員管轄區域，分別招投，以示大公，而裕庫帑。

（二）征收標準稅率及計算方法

凡屠宰水牛黃牛，無論大小，每頭征收屠牛稅國幣三元六角，牛皮稅國幣一元，其例准出口之牛隻運出省外時，每頭征稅國幣四元六角，若由鄰省運入本省之生牛皮，每百斤征收國幣一元八角，熟牛皮每百斤征收國幣四元六角，如以省市毫劵繳納，照法定比率伸算計繳，惟查各屬地方，依照定章征收者固多，而沿照慣例辦理者，亦屬不彪，如高雷欽廉兩陽瓊崖等區，均屬收買皮張，給價抵稅，廣肇羅各區，又均殺欄宰牛，專利營售，以保持其投承餉額之稅源，本廳在各商販不生異議時，多未飭令改正耳。

（三）征收手續

凡屠牛稅牛皮稅，均由征收機關就屠場於屠宰牛隻時，一併征收，其生牛出口稅，則由征收機關就起運出口地方征稅給票，若鄰省牛皮稅，則以廣州地方爲第一度征收機關，其各區未有投承此稅者，均不得于通過時抽稅，所以征收鄰省牛皮稅，如屬湘桂運入者，均由廣東省舶來農產品什項專稅局第一分局辦理，以示限制。

（四）其他

凡有查獲瞞漏稅欵者，依照修正廣東省屠牛牛皮稅征收章程第四章所定各條罰則，分別處辦。

（五）改革計劃

查屠牛稅係對于屠宰牛隻征稅，自屬屠宰稅範圍，當認眞整頓，以裕庫收，惟牛皮稅生牛出口稅鄰省牛皮稅，均屬對物賦稅且含有通過稅性質，自當依照本廳擬定裁廢稅捐各項原則，分別改善，以除秕政，至本省屠牛牛皮稅，從前對于廣州市地方者，因向來限定廣州市屠牛牛皮稅以城廂十里爲範圍，故在城廂十里以外之地方，雖已劃入市區界址者，亦由本廳批商征繳，對於省市稅捐之界綫，究涉含混，現經由本年七月，各商期滿翌日起，將隸屬廣州市界址以内者，一律歸由廣州市政府財政局稽征，以淸欵目矣。

第十二項　香燭紙寶捐　出口香粉香竹燭芯會紙錫箔捐汕頭出口紙鏹捐附

第一目　沿革

查香燭紙寶物品均屬導人迷信爲寓禁於征起見乃由本廳于民國十六年間核定各屬香燭紙寶冥鏹捐招商試辦章程招商承辦所得捐欵以五成撥回各縣市充支黨學費以五成解庫核收自是各縣市香燭紙寶捐遂先後舉辦其廣州方面亦於是年四月派員辦理隨又改爲商辦至十八年間始將廣東全省香燭紙寶捐批商統一承辦其油頭出口紙鏹捐歸併辦理嗣因黨費由省庫支給將向撥二成五黨充支黨費者提回庫收祇將二成五撥學費分別撥付迨廿二年九月間本廳將省佛陳龍南香粉厘費裁撤對于製香原料之香粉香竹製燭原料之燭芯及會紙錫箔等販運出口至港澳行銷者改抽出口捐併由香燭紙寶捐承商統辦至今無異

第二目　征收實數

年度	征收實數	預算數	比較 增	比較 減	備攷
廿一年	六〇〇•二二五 八八	五八〇•〇〇〇 〇〇	二〇•二二六 八八		
廿二年	五八七•〇八九 〇〇	五九一•四六四 〇〇		四•三七五 〇〇	
廿三年	五六〇•八五一 九八	五五〇•〇〇〇 〇〇	一〇•八五一 九八		
廿四年	五六〇•四七二 三	五五三•四六四 〇〇	七•〇〇八 三		
廿五年上半年	三一一•三六一 三	二八一•〇八二 〇〇	三〇•二七九 三		全年預算爲五六二•一六四元半年度比較如上數

第三目　現行制度

(一)征收機關

查本省香燭紙寶冥鏹捐及香粉香竹燭芯會紙錫箔出口捐油頭出口紙鏹捐現由商人泰益公司認繳年餉毫劵七十萬零二千元投承辦理本年十月十日期滿除照案年撥各縣市地方費毫劵一十一萬五千零三十五元九毫六仙外其餘悉解庫收不扣經費

(二)徵收標準稅率及計算方法

凡香類(無論大小脚香息香粗香塔香玉香而屬於焚化冥用者)燭類(無論燃點敬神禮佛祀祖冥用一切大小紅白蜡燭)及紙寶冥鏹(以紙類製成品物供迷信焚化冥用者無論金銀錫紙製成寶樸元寶小寶江寶汀寶茶地北金暹金紙錢溪錢各色紙衣符疏以及札作器物等項)均照貨價值百抽十以毫劵爲本位但廣州市香捐值百抽五南海三江金利司值百抽五番禺沙茭司值百抽九三水開平兩縣值百抽八新會縣值百抽五油頭出口紙鏹每百斤抽油頭大洋劵七錢五分另加一欵其用硫磺或殺虫粉製成之避蚊香牛油或洋蜡之大小紅白代光燭梅縣之結婚花燭人生慶壽燭重量在一斤以上燃點時非兼焚紙鏹者金花祭軸大光金銀錫紙瓦金紙黃白朗紙色綫紙會紙係未製成焚化冥用物品均不准抽捐至製香原料之香粉香竹製燭原料之燭芯會紙錫箔在本省內地行銷不准抽捐如販運出口至本省境外或外國各埠者均照貨價值百抽十以毫劵爲本位所有貨價以當地發行時價爲準此外在廣州市廟堂販賣香燭紙寶冥鏹等貨物准照章抽捐但不得分等徵收牌照費其外屬廟堂所售香燭紙寶非廟內自製係由當地市上購來業經一度照章納捐者不得重征其燭類抽捐爲利便稽征起見得將火製硬燭鏈手製硬燭鏈手製軟燭鏈按具按月分別抽捐凡在本轄內已經照章納足捐欵過境之貨物本捐各經機關不得抽收若非過境貨物而運抵該處起卸分散發沽者仍須報請該處經征機關查明照章抽捐方得起卸倘由鄰省經過者於經過

第一道由該管經機關查明如無鄰省完捐單或運票應照值百抽十如有鄰省完捐單或運票但其捐率不及值百抽十者應令補至值百抽十爲止如該貨物係運銷本省各地及運抵銷售地時仍須報請當地經征機關查明照章抽捐方得起卸

（三）征收手續

凡本省營業香燭紙寶冥鏹行商店舖自行製造香燭紙寶冥鏹須先將製成數目報請當地經征機關查明按照當地發行時價抽捐始准發沽如係大瀰買入時亦將貨式重量價值件數報請查明繳捐發給收捐單方得起卸其自行製造錫紙應以揉色裝扎完好方爲製成若僅錫紙相粘尚不能以製成論凡經製成之錫紙其形式合於裝配發沽而其數目又適於發沽時足爲計算價格件數之標準者即須報請經征機關查驗登記數目於發沽前完納捐欵倘未納足捐欵不得將貨物遷移或搬運如經製成報驗未能即時發沽者仍須於查驗後十日內照章納捐所有香燭紙寶貨物一經抽捐即發收捐單交執單內註明貨色重量件數價值年月日期等項如將該貨起運必須隨同捐單報驗若貨單相符即加蓋圖記於捐單上准予放行倘無捐單同運或有捐單與貨色重件數不符者以走私論其將經捐貨物原裝或分裝轉運出境者應將原收捐單繳請查明給發運照隨貨放行不得重征如無運照雖有收捐單或有單照而所記載與貨物不符者亦以瞞捐論至商販向別處購運貨物如非同一經征機關所轄區域內之貨物于其貨物到達銷售地域入境時應將貨色重量件數及運往地點店號報由所轄征收機關查驗抽捐方得運入發售其在同一經征機關所轄區域內之貨物運回銷售者毋庸報驗抽捐

（四）其他

凡營業香燭紙寶冥鏹行商店舖於該管經征機關開辦日起限三日內將購存或製存貨物分別已捐未捐報請查明分別免捐納捐如所存之貨物經向舊經征機關納捐准新經征機關于已捐貨物加蓋印章以資識別，不准重征其新張商店欲製造或販賣者須于未製造販賣之前五日將商店名號地址門牌司事姓名列報查核方可開始製販賣但對于此等商店不得發營業証或兼營牌照如發覺有瞞匿時得派稽查員會同當地警察前往稽查並調取簿據查核凡查獲瞞捐私貨除仿補捐外處以該貨應納捐款五倍之罰金其情節重大者呈廳核明處以重罰或沒收其貨物並停止營業惟未經呈奉本廳核准不得執行倘奸商走私不服檢查又不遵罰時准予就近報明該管縣市飭警將人貨扣留一面呈廳核辦至罰得款項以四成充賞綫人二成解經征機關二成繳訊辦之縣市二成解廳但案由經征機關直接緝獲者充賞綫人之四成罰款由經征機關自行支配

（五）改革計劃

香燭紙寶捐之抽率按照貨價值百抽十故因時價之高下每生抽收之糾紛而各縣市地方按值抽收恒滋爭議改照營業狀況定額征抽又成慣例均宜體察情形酌予改善以息爭端至本省香燭紙寶捐現由總商統承實則分區批辦利歸承商怨叢政府尤宜改革以裕捐收業經本廳決定俟現屆承商期滿按照本省行政督察專員管轄區域分區招投呈報廣東省政府察核備案　並奉提付委員會議決照辦一俟現商期滿當即照案執行也

第十三項　筵席捐

第一目　沿革

查民國十二年間，積欠廣州中上七校月薪及留學省外學生公費，由廳舉辦省河筵席捐，指定永遠撥充教育經費，批商承辦，其省外各屬筵席捐，則由民國十三年起開征，以所征捐款三分之二爲國立中山大學經費，以三分之一撥爲各縣教育經費，逮民國十七年間，奉前廣州政治會議決，加征五成爲全省體育經費，迄今相沿辦理，惟廣州市筵席捐，前因無人報承，由廳設處派員稽征，嗣于廿五年八月起，又歸併廣州市營業稅局稽征，而省外各屬筵席捐，則定于本年七月份起，悉數撥由各縣征收，充支地方經費矣。

第二目　征收實數

年度	實收數		預算數		比較 增		比較 減		備考
二十一年	八六九・七九〇	〇〇	八四四・三二八	〇〇	二五・四六二	〇〇			
二十二年	五八七・九八〇	〇〇	八八七・七六六	〇〇			三〇〇・六三七	〇〇	
二十三年	五六〇・五八二	〇〇	七二六・九九〇	〇〇			一六六・一三八	〇〇	
廿四年	五六〇・四七二	〇〇	六六四・四八九	〇〇			一〇四・〇一七	〇〇	
二十五年上半年	三二一・三四一	〇〇	三三五・〇〇〇	〇〇			一三・六五九	〇〇	全年度預算爲六七〇・〇〇〇元，半年度比較如上數

第三目　現行制度

（一）征收機關

在廣州市筵席捐，前由本廳設處派員征收，自廿五年八月一日起，改由廣州市營業稅局兼征，並就市內繁盛地方，分別設立第一二三四各征收處，派員專司征解事務，每月所需經費，併由該局原領經費項下勻支，至各縣市筵席捐，除南海佛山斗鼎主薄司山廣惠區營業稅局兼征，及鶴山鬱南防城合浦各縣由各縣政府代收，均提扣一成辦公費外，其餘南海江浦，三水，潮安，台山，新會開平，清遠，順德，東莞　陽江，高要，中山石岐，等處，均由本廳批商承辦，不支經費，惟查本廳近以各縣市筵席捐，除照案以三分二之三分一撥回各縣市地方教育經費外，所解庫收，年約十五萬餘元，業已決定悉數撥由各縣辦理，以維政費，並呈報廣東省政府察核備案矣。

（二）征收標準稅率及計算方法

（甲）廣州市筵席捐　分爲左列各種

（子）凡酒樓包辦館西餐飯店席筵，（簡稱筵席菜式店筵）所售筵席菜式，不論冠婚喪祭或普通應酬宴敍，無論營業數目多寡，均按照顧客所用筵席菜式價值，加一五抽捐，其送至商店或私宅者亦同，惟商店住戶由原用厨夫自製菜式欵客，係用原用器具且在原居商店住戶內陳設不過四席者，不准抽捐，倘向酒樓包辦館及其他商店租用錫碗牙筷枱布或在俱樂部祠堂大艇公共塲所等陳設而在四席以上者，仍照征收，至花酒樓妓院花艇紫洞艇等類所用花筵筵席菜式，應照筵席菜式一律加一五征收，其別行兼營筵席菜式生意者，在筵席菜式之部份，亦同，又凡屬全桌筵席，其中雖有生果京果麪點粥飯等項，應照全桌價格，比照加一五定率征捐，若屬散點菜式，雖兼用生果京果麪點粥飯等項，祇照菜式價格，比照加一五定率征捐，不得抽及生果京果麪點粥飯，以示限制。

（丑）凡下級飯店之菜式，價格在二毫以上者照章抽捐，若爲二毫或二毫以下者，免抽，惟須受下列之限制，（1）菜式不得用海鮮海味（如魚翅鮑魚海參魚肚明蝦蟹鱔鯧魚水魚等）（2）傢私不得用酸枝椅桌錫碗牙筷等器具，限用光身或塗明油之毛竹或杉木枱椅，仍不得安設梳背，其碗筷限用白身粗磁碗碟及紅油白身方頭圓身竹或烏枚筷子，（3）間格准用通堂大廳不得有間格任何廳房，（4）門首易見之處，須懸掛下級苦力飯店等字樣之招牌，長度三英尺，濶度十六英寸，白地，油紅綠相間宋體字之「奉准免捐下級苦力飯店」字樣，（5）枱面不得加用枱布，及接辦原桌酒席，如有違反上列限制，及其日後有擴充營業之情形，

與限制不符者，仍照章抽捐，

（寅）茶樓茶居茶室所售各種小食，以燒鹵菜式每欵定價在二毫以下者爲限，免捐，若爲二毫以上及售賣酒館所營菜式，又以海鮮海味配製雖在二毫以下者，仍照抽捐，至加碼配料之粉麵飯食等類，限于有售賣各種小食者，准每欵不超過五毫，且將原料與加碼配料合盛，不用另碗或碟分載，免予抽捐，若無售賣各種小食者所售加碼配料之粉麵飯食仍照抽捐。

（乙）各縣市筵席捐，凡各縣市之繁盛市鎮有酒樓菜館飯店席艇開設屬於營業性質者，所售筵席菜式，不論顧客多少，中西筵席，抑冠婚喪祭普通應酬，均照顧客結數時所結筵席菜式銀數，加一五征收，於結數時，開入單內，向顧客帶收，其送至商店或私宅及厨夫上門包辦者，一律照收，至已開設有娼寮妓館妓艇處所，經由花筵席捐承商抽有捐欵者，不再抽收，倘由商店或私宅之原用厨夫自製欵客及下級飯店所售菜式在二毫以下者，均不得抽收，但下級飯店免捐之限制，與廣州市大概相同，其詳亦載定章不再贅叙。

（三）征收手續

（甲）廣州市筵席捐

凡各筵席菜式店艇，向顧客帶收筵席捐按日將進入生意之總數及應繳之加一五捐欵，除提出一成爲回籌以作酬勞費外，填列日報表，由經征機關派員前向核明收取，給發征收聯單爲憑，每日一結，如專營包辦館業務有客賬者，仍應先向顧客收捐，倘顧客有不能先繳者，由該包辦館填明報賬單，于次日送交經征機關查核，但該捐欵仍由包辦館負責於半個月内清繳，至無商號及私家等厨夫，自到經征機關繳捐者，仍照提給回籌佣金一成爲酬勞費，但廚師承接包辦筵席，應于定菜後辦菜前，先將菜式價格向經征機關列報，領取廚師接辦筵席証，照章納捐，所有市內筵席菜式店艇，由經征機關向本廳領具印備兩聯記數聯單，發交塡用，如塡用有錯誤時，應將錯誤之單作廢保存，另用次號之單，不得將錯誤之單撕毀，亦不得將存根拆散遺失，否則須登報聲明，呈報核銷，至征收捐欵所用單據，由本廳印發領用，每屆一旬，應將捐欵解庫，並將截存聯根，列表報核。

(乙)各縣市筵席捐　凡各酒樓菜館飯店席艇等，將帶收捐欵，每日一結，照各征收機關所發日報單塡明，除扣一成酬勞費外，其餘九成繳交經征機關核收，給據爲憑，每屆月終，照章報解。

(四)其他

凡筵席捐欵，關係庫收，無論何人，均應照章繳納，除政府公宴由本廳核准免征外，其他一切公私宴會，均須報納，倘有横抗，得會警追收，或呈本廳辦理，其各筵席菜式店艇有瞞報隱匿情弊，一經查確，依照定章，因其情節輕重，分別處罰，在廣州市方面，照所瞞捐欵處以五倍以上二十倍以下之罰金，再犯或三犯者，分別加重，如不遵用聯單者，以瞞捐論，其各店艇有浮收捐欵或不應抽捐部份而混入抽捐等情弊，一經查確或由人舉報，亦分別處罰，此外各縣筵席捐，如有瞞報匿捐者，准照所瞞捐數，處四倍以上十倍以下之罰金，所有罰欵，均照章支配，至經征機關派員赴各店稽查時，須知會當地警察辦理，以免誤會。

(五)改革計劃

現在廣州市筵席捐，年收毫劵約五十萬元，已列省庫入收，自應照舊辦理，惟各縣市筵席捐，因解庫無多，稽征不便，業已決由各縣市稽征，將欵撥交應用，以充政費，並定本年七月份起分別施行矣。

第十四項　煤油販賣業營業稅

第一目　沿革

廣東省內煤油在民國十七年間曾由財政部設處征收特稅但係對物征稅而現在之煤油販賣業營業稅則屬于行爲稅性質彼此各異益當民國二十年本省開辦營業稅時在營業稅征收章程無煤油販賣業之特別規定惟包括于物品販賣業內之油類業無論煤油或其他油類之批發店及零售店均按其資本額征收千分之五至千分之二十營業稅然在近年事實表現凡向煤油公司之總代理販油轉賣者多係分代理或雖非分代理而與總代理有較長銀期之訂約故無需鉅額資本而營業額則爲數極鉅比較其他物品販賣業之營業額與資本額成正比例者大有不同課以同一稅制殊欠平允且舶來煤油產額極多成本最平倘任其利用輕稅盡量推銷則土製煤油業勢必被其摧殘殆盡況民國廿一年三月後本廳遵奉　財部令飭，將雜品商店兼營零售煤油者，仍征營業稅外，凡煤汽油公司及批發商店，均應免征營業稅，所以營業稅局，對于販賣煤油之商店，凡招牌廣告有代理批發字樣而無雜品陳列又確無開箱零售者，即認爲批發商店，免予課稅，事勢所趨，遂使全省所用煤油，祇有開箱零售者，乃納營業稅，其整箱賣與用戶者皆藉部令批發二字爲護符而避免課稅馴至營業稅收大受影嚮乃于民國二十二年六月間由廳另訂廣東煤油販賣業營業稅征收章程呈奉　廣東省政府議決通過由廳附設廣東全省煤油販賣業營業稅總處督辦全省煤油販賣業營業稅征收報解事宜于是年十月一日組織成立所屬機關以次設置廣州五邑兩分處于是月十六日開征海口分處于是月廿八日開征汕頭高雷三水于十一月一日開征逮廿五年八月後將各分處卡分別裁併祇就廣州汕頭設立征收分處其江門深圳拱北三水汕尾海口北海雷州蘇章等處設置稽征卡以節糜費矣

第二目　征收實數

年度	實收數		預算數		比較 增		減		備攷
二十二年	四•三八四•一〇八	九五	八〇〇•〇〇〇	〇〇	三•五八四•一〇八	九五			
二十三年	一〇•五六二•三六六	六九	二•二〇〇•〇〇〇	〇〇	八•三六二•三六六	六九			
二十四年	七•四一六•六八六	八五	四•三二〇•〇〇〇	〇〇	三•〇九六•六八六	八五			
二十五年（至廿六年四月止）	二•九三三•二〇八	六六	三•一六六•六六六	六七			二三三•四五八	六七	全年度預算爲三•八〇〇•〇〇〇元十個月比較如上數

第三目　現行制度

（一）征收機關

現設廣東省煤油販賣業營業税總處督辦全省煤油販賣業營業税征收報解事宜每月支經費毫劵四千零六十六元其下設廣州征收分處月支經費毫劵二千六百九十六元廣州檢查所月支經費一千一百五十四元汕頭征收分處月支經費毫劵八百六十二元江門拱北三水深圳汕尾海口北海雷州蔴章各稽征卡月各支經費毫劵三百二十七元統共月支經費毫劵一萬一千八百一十一元均由廿五年八月十九日核定施行

（二）征收標準税率及計算方法

凡油商（包括華商、洋商、土油廠、煤油公司、或營運柴油商在內）運入製造煤油原料之柴油，在華氏寒暑表六十度時，係米力在二十五度以上者，一律於入口領照時，每噸按五十八罐標準數算稅。其運入罐裝或桶裝散裝之煤油，均以每十加侖(即一箱或兩罐)計報納營業稅國幣三元。惟由廿五年九月十一日起，改爲每十加侖征稅國幣一元。至國外貿易委員會廣東特種柴油登記處向征之柴油入口許可證費每噸國幣六元，均由各煤油販賣業營業稅處征收。如以省市毫劵繳納，照法定比率折合計繳。

(三)征收手續

凡油商於購運原料柴油或煤油入口前，先向當地煤油販賣業營業稅總處或分處請領運照。俟柴油或煤油入口時，將運照交稅關驗明後，即將稅關完稅單連同運照向當地煤油營業稅總處或分處報明購運數量，依率一次過完納稅欵。倘各稅關查無煤油營業稅總處或分處所發運單，而報運原料柴油或煤油進口者，以走私論辦。至詳細辦法，均載定章，茲從略焉。

(四)其他

凡屬違背現行章程之規定者，依照定章分別罰究，詳載章則，亦不冗叙。

(五)改革計劃

查現行征收章則所定征稅辦法，因與外商發生互相關係，自宜暫照向章辦理，分別整頓，以裕庫收，而維土製。惟此項稅欵，係于煤油進口時征收，與舶來農產品什項專稅相同，業經擬議併入舶來物產專稅章程範圍，以昭劃一。故征收此稅之機關，併可將現設處所裁撤，歸併舶來物產專稅局辦理，以節經費，業經呈奉　省府核定。一俟令行下廳，當即照案實行。

廣東省政府財政廳各項税捐征收章程目錄

（一）廣東全省舶來農産品雜項專税征收章程
（二）廣東全省進口洋布疋頭專税征收章程
（三）廣東全省顔料專税征收章程
（四）廣東全省洋紙專税征收章程
（五）修正廣東全省舶來糖類捐征收章程
（六）廣東省舶來皮革税征收章程
（七）征收隣省牛皮税章程
（八）修正廣東省屠牛税牛皮税征收章程及施行細則附
（九）廣東省橡膠類製成品物專税征收章程
（十）修正廣東省舶來木料專税征收章程
（十一）廣東省水陸緝私總處緝獲走私貨物變價及罰款充賞章程
（十二）修正廣東省舶來農産品什項專税局組織章程
（十三）廣東全省臘類專税征收章程
（十四）廣東省京果海味捐征收章程
（十五）廣東省屠捐征收章程

(十六)修正廣東省香燭紙寶捐稽征章程
(十七)廣州市水陸筵席捐征收章程
(十八)廣東省各縣市筵席捐章程
(十九)廣東全省燭油販賣業營業税征税處組織章程
(二十)修正廣東省煤油販賣業營業税征收章程
(廿一)廣東財政廳佈告改善煤油販賣業營業税征收手續案及其辦法
(廿二)改善煤油販賣業營業税征收手續辦法之簡章
(廿三)廣東省煤油販賣業營業税總處訓令遵奉減征税章程
(廿四)廣東省煤油販賣業營業税總處取締免税外銷煤油暫行辦法

廣東全省舶來農產品雜項專稅征收章程

一、此項舶來農產品雜項專稅，係統征全省，分局抽收，凡屬舶來物品，於入口時，無論由輪船輪渡帆船火車運入，如程章規定，應完納專稅者，一律照章抽收，國產免抽。

二、此項專稅，係列舉種類抽收，如章程所無者，不得濫征。

三、表內之舶來品物，如係由華人商店購買，無論買自何人，或外人洋行，應由買入之華商負完稅責任，於買入時，向征稅局所申報種類或重量，完納專稅，領具完稅單據，方能運回轉賣，不得藉口洋行送貨，希圖免稅，如係由華商直接採辦者，於進口時即須完納專稅，至未開征前已買入之貨，現尚儲存待沽者，應由貨主報明登記，不抽登記費，及不追征稅欵。

四、凡此項舶來物品，已完專稅，如須轉運別處者，各貨商應向當地征稅局所申報，在稅單內註明已銷若干，轉運若干，銷號放行，不得重抽，及不得征收銷號費。

五、凡估價完稅，應依照海關估價為標準，並以海關所伸算國幣者為限。

六、完納專稅以國幣為本位。

七、凡應征專稅之物品，如係華人經理，遇有特別情形，須先入倉繳報，或已完專稅，而仍儲倉待估者，皆應先行報明理由，方能緩納，違者作私論。

八、貨商販運應完專稅各貨物，或以多報少，或以貴報賤，或塗改稅票，或貨車不符，影射走漏者，均按照稅欵加罰三倍，恃強闖越加罰五倍，大起走私，不服盤查，追緝拒捕者，呈廳究辦，充公，其有私運私藏私售私買舶來農產品及什項貨物，未經依照規定手續完納專稅者，一經緝獲訊明，除將私貨悉數沒收外，並照所獲私貨之價值五倍處罰，所有窩藏接運之商店，貨倉住宅輪船貨艇，得予標封投變，沒收充公，至罰款及私貨變價，照廣東財政特派員公署及財政廳修正緝獲走私貨物變價及罰款充賞章程辦理。

九、凡應征專稅之物品，原儎原件，轉駁不泊岸，轉運別處者，應先行報明，分別完免稅款，倘確持有海關轉口稅單，應于未轉運時將關單繳驗免稅放行，惟貨商不得過期延滯，或分拆起卸，或抽換頂替，致干查究。

十、此項專稅所有征存稅款，按旬報解金庫核收，至遲不得逾期五天，外屬道遠，得半月報解一次，仍不得過期。

十一、此項專稅，應用聯單，由財政廳核發，各局呈廳領用。

十二、此項章程由頒布日施行

（附註）洋穀米類稅經奉准財政廳稅字第七一二號指令停征

廣東全省船來農產品雜品專稅稅率表

類別名稱	重量或價值	征收國幣數	備考
雜糧類餅乾	每值百元	九元六〇	廿四年五月三日奉財政廳稅字第二四八六號訓令規定甜餅乾照修正糖類捐征收章程所定按照（在港澳製造或洋來糖果餅餌）抽收每值百元抽收國幣八十元不再抽農產什項專稅其鹹餅乾仍照農產什項專稅章程所定抽收
雜糧粉	每值百元	六〇〇	麥粉免抽

生粉	每值百元	六〇〇	
茨粉	每值百元	六〇〇	
茨米粉	每值百元	六〇〇	
粢粉	每值百元	六〇〇	
米粉	每值百元	六〇〇	
薏仁米	每值百元	六〇〇	1.除納京果海味捐外實抽國幣四元二角 2.廿三年六月十一日財政廳匯字第二四七號訓令核定營口薏米照征
山薯	每值百元	六〇〇	
咖喱薯仔	每值百元	六〇〇	
洋葱	每值百元	六〇〇	
粢膠	每值百元	六〇〇	
粢片	每值百元	六〇〇	

類別	貨名	單位	稅額		備考
	東京粉	每值百元	六	○○	
	番茄	每值百元	三○	○○	廿四年稅字第七一一五號布告加征爲上數如屬礶頭仍依值百抽三十元計算
	豆類	每百斤	一	五○	(一)舶來及省外運粵屬之(二)所有黃豆、綠豆、白豆、紅豆、青豆、白扁豆、蠶豆、瓜仁豆、均照征、(三)奉財政廳稅字第一二○一號訓令減征爲上數佳日郵電由廿五年九月十一日起實行
	花生仁	每百斤	一	五○	(一)舶來及省外運粵均屬之(二)奉財政廳稅字第一二○一號訓令減征九月十一日起實行
	黑白芝蔴	每百斤	一	五○	同上
	黑白瓜仁	每百斤	一	五○	同上
	売花生	每百斤	一	二五	同上
	茶子	每百斤	一	五○	(一)舶來及省外運粵均屬之(二)廿五年七月十四日稅字第三八五八號指令加征稅字第一二零一號訓令及佳電由九月十一日起減征爲上數
	玉蜀黍	每百斤		六○	舶來及省外運粵均屬之
肉品類	臘腸	每值百元	一八	○○	
	鹹猪肉	每值百元	一三	○○	

類別	貨品	單位	稅率		備考
	洋火腿	每值百元	一二	○○	罐隻以布包裹或無布包裹者抽十二元倘以罐或瓶傳或以別種裝傳者抽六元
	鹹牛肉	每值百元	九	六○	如屬罐頭依照罐頭肉類征收
	牛肉片	每值百元	九	六○	同上
	羊肉	每百值元	九	六○	同上
	肉汁	每值百元	六	○○	
	牛肉汁	每值百元	六	○○	
	牛尾湯	每值百元	六	○○	
	乾肉	每值百元	三	六○	如屬罐頭依照罐頭肉類征收
	猪肉皮	每值百元	三	六○	
果品類	洋蜜棗	每值百元	一四	四○	
	蘋果	每值百元	三○	○○	奉財政廳廿四年總字第五二一五號及稅字第七一一五號訓令加征為上數

橘子	每值百元	三〇	〇〇	同上
金山橙	每值百元	三〇	〇〇	同上
檸檬	每值百元	三〇	〇〇	同上
提子	每值百元	三〇	〇〇	同上
呂宋芒果	每值百元	三〇	〇〇	同上
暹柚	每值百元	三〇	〇〇	同上
椰子	每值百元	三〇	〇〇	同上（廿三年六月一日財廳厘字第一〇六四號訓令核定椰乾免抽）
檳榔	每值百元	三〇	〇〇	同上
未列名鮮果	每值百元	三〇	〇〇	同上
西梅乾	每值百元	三〇	〇〇	同上
蘋果乾	每值百元	三〇	〇〇	同上

椰絲肉	每值百元	三〇	〇〇	同　上
花旗松子	每值百元	三〇	〇〇	同　上
毛花果	每值百元	三〇	〇〇	同　上
黃枝乾	每值百元	三〇	〇〇	同　上
西枝乾	每值百元	三〇	〇〇	同　上
杏梅乾	每值百元	三〇	〇〇	同　上
栗肉乾	每值百元	三〇	〇〇	同（另納京果海味捐大洋二元四角准照扣除）上
大提子	每值百元	三〇	〇〇	同（另納京果海味捐大洋弍元四角准照扣除）上
杏仁	每值百元	三〇	〇〇	同（另納京果海味捐大洋弍元四角准照扣除）上
未列名乾果	每值百元	三〇	〇〇	同　上
小葡萄乾	每值百元	三〇	〇〇	（即小提子乾）同　上

類別	貨名	稅則	稅率		備考
	加倫子	每值百元	三〇	〇〇	（與小提子同）同上
	果皮及製餅果料	每值百元	六	〇〇	
飲料類	果子露	每值百元	一八	〇〇	
	果汁凍	每值百元	一八	〇〇	
	果子汁	每值百元	一八	〇〇	
	茶葉	每值百元	一八	〇〇	不分色素
	大小保士担茶	每值百元	一八	〇〇	
	查古律	每值百元	一四	四〇	即朱古力不分片或粉或粒
	可可	每值百元	一四	四〇	即哥古
	咖啡	每值百元	一四	四〇	不分粉或精或豆
	麥精	每值百元	一四	四〇	

阿華田	每值百元	一四	四〇	
毛花果汁	每值百元	一四	四〇	
檸檬汁	每值百元	一四	四〇	
橙汁	每值百元	一四	四〇	
提子汁	每值百元	一四	四〇	
蘋果汁	每值百元	一四	四〇	
煉乳	每值百元	六	〇〇	
淡奶皮	每值百元	三	六〇	
淡牛奶	每值百元	三	六〇	
牛奶粉	每值百元	三	六〇	乾乳，勒吐精，格那克索，等
奶粉糖	每值百元	三	六〇	即奶粉餅

礶頭類			
大小礶頭水欖	每值百元	一二	〇〇
礶頭雜果	每值百元	一二	〇〇
礶頭台果	每值百元	一二	〇〇
礶頭沙甸魚	每值百元	一二	〇〇
礶頭希苓魚	每值百元	一二	〇〇
礶頭三文魚	每值百元	一二	〇〇
礶頭鮑魚	每值百元	一二	〇〇
礶頭明蝦	每值百元	一二	〇〇
其他魚介海產品礶頭	每值百元	一二	〇〇
礶頭雀肉	每值百元	一二	〇〇
礶頭牛脷	每值百元	一二	〇〇

品名	單位		
罐頭牛肉	每值百元	一二	〇〇
其他肉類罐頭	每值百元	一二	〇〇
罐頭蘆筍	每值百元	七	八〇
罐頭菜蔬	每值百元	七	八〇
罐頭粟米	每值百元	七	八〇
罐頭青豆	每值百元	七	八〇
罐頭瓜仁豆	每值百元	七	八〇
罐頭肉豆	每值百元	七	八〇
罐頭粟米豆	每百元值	七	八〇
酸果	每值百元	七	八〇
甜酸果	每值百元	七	八〇

類別	品名	單位	稅率		備考
	礶頭糖菠蘿	每值百元	七	八〇	
	礶頭糖洋葱頭	每值百元	七	八〇	
油類	椰油	每值百元	一八	〇〇	奉財廳稅字第四二八五號令照果子油核定征稅如上數
	猪油	每值百元	一二	〇〇	
	牛油	每值百元	一二	〇〇	
	橄欖油	每值百元	六	〇〇	
	假奶油	每值百元	六	〇〇	
	假猪油	每值百元	六	〇〇	
	假牛油	每值百元	六	〇〇	
	生菜油	每百斤	四	五〇	
	菜油	每百斤	四	五〇	(一)舶來及省外運粵均屬之(二)奉財廳廿五年七月十四日稅字第三八五八號指令改從量抽收又奉稅字一二零一號訓令及佳電由九月十一日起減征爲上數

類別	品名	單位	稅率（元）	（角分）	備考
	茶油	每百斤	四	五〇	同上
	棉子油	每百斤	四	五〇	同上（奉財廳廿五年三月四日稅字第一二七四號號指令由三月六日起照生油稅率抽收）
	生油	每百斤	四	五〇	(一)舶來及省外運粵均屬之 (二)奉財廳稅字第一二零一號訓令及佳電由九月十一日起減征爲上數
	生餅	每百斤		三四	(一)(二)同上 (三)出油重量五斤以上未滿十斤
		每百斤		九〇	(一)(二)同上 (三)出油重量十斤以上至二十斤
		每百斤	一	三五	(一)(二)同上 (三)出油重量二十斤以上至三十斤
		每百斤	一	八〇	(一)(二)同上 (三)出油重量三十斤以上至四十斤
	豆油	每百斤	四	五〇	(一)舶來及省外運粵均屬之 (二)奉財廳稅字第一二零一號訓令減征如上數
	蔴油	每百斤	四	五〇	同上
	臭牛油	每百斤	一	〇〇	廿三年九月十九日奉財廳捐字第二一三三號訓令核定每担征收一元
調味類	魚子醬	每值百元	一八	〇〇	

奶酥	每值百元	一八	○○	
奶油	每值百元	一八	○○	
果醬	每值百元	一八	○○	
醬油	每值百元	一八	○○	
沙士	每值百元	一八	○○	
洋醋	每值百元	一八	○○	
茄汁	每值百元	一八	○○	
茄醬	每值百元	一八	○○	
油咖喱	每值百元	一八	○○	
芥茉	每值百元	一八	○○	
結汁	每值百元	一八	○○	卽喼汁

咖啡油	每值百元	一八	〇〇
大小湯汁	每值百元	一八	〇〇
雜肉醬	每值百元	一八	〇〇
果子油	每值百元	一八	〇〇
香料粉	每值百元	一八	〇〇
香精油	每值百元	一八	〇〇
菠蘿油	每值百元	一八	〇〇
味之素	每值百元	一八	〇〇
魚露	每值百元	一八	〇〇
鹹魚水	每值百元	一八	〇〇
紅辣椒	每值百元	七	八〇

品名	征收標準	稅額	備註
胡椒	每值百元	七 八〇	不分黑白
茄湯	每值百元	六 〇〇	即茄水
八角	每值百元	二 四〇	
茴香	每值百元	二 四〇	
良薑	每值百元	一 八〇	
雜類			
遮厘片	每值百元	一四 四〇	
發酵粉	每值百元	九 六〇	即泡打粉，撻打粉（如屬蘇打粉免征）
香菌	每值百元	八 四〇	
白菌	每值百元	八 四〇	
洋冬菇	每值百元	八 四〇	
洋香信	每值百元	八 四〇	

洋磨菇	每值百元	八	四〇	
洋石耳	每值百元	八	四〇	
蛋黃汁	每值百元	七	八〇	
笋尖	每值百元	七	八〇	
蘆笋	每值百元	六	〇〇	
野鳥蛋	每值百元	三	六〇	
家禽蛋	每值百元	三	六〇	
白燕窩	每斤	一二	〇〇	
毛燕窩	每斤	三	〇〇	
燕窩排	每斤		六〇	廿三年一月廿五日財廳壓字第一六五號訓令核定每斤收大洋五角又遵照廳字第一零五零號訓令增加二成應征如上數

一，上列各物品無論散裝罐裝瓶裝均須一律抽收，國產除特定外，餘均免征，倘若船來罐頭改裝混充國貨，書寫「在中國製造」字樣，而無註册商標者，照章征收，以杜取巧。

一、上列各物品奉財政廳稅字第八六三號訓令，由二十五年九月一日起，取銷加二專欵。

廣東全省進口洋布疋頭專稅征收章程

(一)全省洋布疋頭專稅，應按照規定種類遵照抽收。

(一)凡章程規定各項物品，一經進口，由華商購入，均應按各貨之海關估價，值百抽三，即每百元抽國幣三元。

(一)凡前項進口貨物，如由華人商店購買，無論買自何人，或何處洋行，均應由買入之華人或商店，負完稅責任，買入時，赴專稅局之征收辦事處，遵章報明種類及估本價值，繳納專稅，領具完稅聯單，與貨隨行，方能起運出倉囘店，不得藉口洋行送貨，圖免稅欵，違作走私論。

(一)凡屬應征專稅之貨物，如係華人經理販運入口，一經起卸，及完納關稅後，即應到專稅局報納專稅，如有特別情形，須先入倉續報，或已完專稅，而仍儲倉待沽者，皆應先行報明理由，查實許可，方能緩納，否則亦作走私論。

(一)凡洋布疋頭原儎原件，轉駁不泊岸，轉運別處者，應先行報明，分別完免稅欵，倘確係持有海關攤涉(transit)(轉口稅單)應於未轉運時，將關單繳驗免稅放行，惟貨商不得過期延滯，或分拆起卸，或抽換頂替，至干究罰。

(一)商人販運，態完專稅布疋，或以多報少，或以貴報賤，或塗改印票，有意隱瞞，或單貨不符，影射走漏者，均應照稅欵加罰三倍，恃強闖越，加罰五倍，大起走私，不服盤查，追緝拒捕者，呈廳罰辦充公，其有私運私藏私售私買，未經依照規定手續，完納專稅者，一經緝獲訊明，除將私貨，悉數沒收外，並照所獲私貨之價值五倍處罰，所有窩藏接運私貨之商店貨倉住宅輪船貨艇，得予標封投變，沒收充公，至罰欵及私貨變價，照全省緝私總處財政特派員公署及財政廳修正緝獲走私貨物變價及罰款充賞章程辦理。

（一）凡已納專稅之洋布疋頭，如轉運別處，不得重征，貨商須向就近征稅處所報明，已銷若干，轉運若干，銷號放行，征稅處所不得留難阻滯，及索取銷號費。

（一）凡有入口少數貨疋，其度量不過五碼，或總額不過三件，均免抽專稅，若逾此度數，一律報征，不能藉口，希圖免納。

廣東全省進口洋布疋頭專稅稅率表

種類	品物	按貨價每值百元征收國幣數	備考
凡本色市布，粗布，細布，寬不過四十英寸長不過四十一碼	（甲）重七磅及以下 （乙）重過七磅不過九磅 （丙）重過九磅不過十一磅	三元〇〇	
本色市布粗布，細布，寬不過四十英寸長不過四十一碼每英方寸不過一百十綫	（甲）重過十一磅不過十二磅半 （乙）重過十二磅半不過十五磅半 （丙）重過十五磅半	三〇〇	
本色市布，粗布，細布寬不過四十英寸長不過四十一碼每英方寸不過一百十綫	（甲）重過十一磅不過十五磅半 （乙）重過十五磅半	三〇〇	
本色粗細斜紋布（係三綫或四綫組）寬不過三十一英寸長不過三十一碼		三〇〇	
本色粗細斜紋布（係三綫或四綫組）寬不過三十一英寸長不過四十一碼	（甲）重十二磅零四分之三及以下 （乙）重過十二磅零四分之三	三〇〇	

本色洋標布寬不過三十四英寸長不過二十五碼	(甲)重七磅及以下 (乙)重過七磅	三	〇〇	
本色洋標布寬過三十四英寸不過三十七英寸長不過二十五碼		三	〇〇	
本色綿帆布雙線布		三	〇〇	
未列名本色棉布		三	〇〇	
漂市布(通稱漂布)粗布細布	(甲)寬不過三十七英寸長不過四十二碼 (乙)寬不過四十一英寸	三	〇〇	以下漂白或染色棉布品
漂竹布寬不過三十七英寸長不過四十二碼		三	〇〇	
漂粗細斜紋布(僅三綫或四綫組)寬不過三十一英寸長不過三十一碼 漂粗細斜紋布(僅三綫或四綫組)寬不過三十一英寸長不過四十二碼		三	〇〇	
漂洋標布	(甲)寬不過三十二英寸長不過三十五碼 (乙)寬不過卅二英寸長過廿五碼不過四十一碼	三	〇〇	
漂白織花洋紗灯心布，水浪布，織花膠市，灯芯蓆法布寬不過三十英寸長不過三十碼		三	〇〇	

漂白或染色素或織花，細洋紗，軟洋紗，稀洋紗，厚稀紗，細稀紗，輕軟稀紗維多利亞格子紗，瑞士格子紗拉白（譯音）紗布洋綾，提花洋紗（單紗綫）及條子，點子，灯芯織花市布	（甲）寬不過三十英寸長不過三十一碼 （乙）寬過三十英寸不過卅七英寸長不過四十二碼 （丙）寬過卅七英寸	三〇〇
漂白或染色洋羅寬不過三十一英寸長不過卅碼		三〇〇
染色，素，市布，粗布，細布，洋素綢 漂白或染色提花（鏤空洋紗）	（甲）寬不過三十英寸長不過三十三碼 （乙）寬不過三十英寸長過三十三碼不過四十三碼 （丙）寬不過三十六英寸長不過二十一碼 （丁）寬不過三十六英寸長過二十一碼不過三十三碼 （戊）寬不過三十六英寸長過三十三碼不過四十三碼	三〇〇
染色，素，粗細斜紋布（僅三綫或四綫組）	（甲）寬不過三十一英寸長不過三十三碼 （乙）寬不過三十一英寸長過三十三碼不過四十三碼	三〇〇
染色洋漂布拷花甯綢素甯綢假洋紅布 寬不過三十二英寸長不過二十五碼	（甲）重三磅零四分之一及以下 （乙）重過三磅零四分之一不過五磅零四分之一 （丙）重過五磅零四分之一	三〇〇
漂白，染色，印花，素或織花縐地絲光洋紗寬不過三十二英寸長不過三十二碼		三〇〇
漂白或染色素或織花縐紋呢寬不過三十三英寸長不過二十三碼		三〇〇

本色，漂白，染色，染紗織綿布（綿紋呢不在內）	（甲）寬不過十五英寸 （乙）寬過十五英寸不過三十英寸	三	〇〇
白或染色，素或織花羽綾羽緞羽綢冲西緞泰西綾綢，斜彩綢橫工布十字紋細嗶嘰立吧次布粗條子布（羅緞不在內）蔴法布水雲緞，寬不過三十三英寸長不過三十三碼	（甲）織花羽綾羽綢 （乙）其他	三	〇〇
白或染色素或織花羽繭（五線組）經面羽緞（不過五線組）條子羽綢寬不過三十三英寸長不過三十三碼		三	〇〇
白或染色，織花羅緞（波紋緞在內）泰西緞，寬不過三十三英寸長不過三十三碼		三	〇〇
白或染色，素羅緞（波紋緞在內）泰西緞，寬不過三十三英寸長不過三十三碼		三	〇〇
手織，斜紋，絨布，棉法絨	（甲）漂白染色，印花染紗織（雙面印花不在內） （一）寬不過二十五英寸長不過十五碼 （二）寬過二十五英寸不過三十英寸長不過十五碼 （三）寬過二十五英寸不過三十英寸長不過二十一碼 （四）寬過三十英寸不過三十六英寸長不過十五碼 （五）寬過三十英寸不過三十六英寸長不過三十一碼 （乙）雙面印花寬不過三十英寸	三	〇〇
染色冲毛呢	（甲）寬不過卅二英寸長寸不過廿碼 （乙）寬過三十二英寸不過六十四英寸長不過二十碼	三	〇〇

染色素尺六絨尺九絨寬不過二十六英寸		三	〇〇
印花織花拷花尺六絨尺九絨及灯芯絨厚燈芯絨摹絲錦布芝蔴絨		三	〇〇
漂白或染色棉帆布雙絲布		三	〇〇
未列名漂白或染色棉布		三	〇〇
(二)印花棉布品類			
印花細洋紗，印花軟洋紗，印花稀洋紗，印花市布，印花粗布，細布，印花洋標布(灰印花，標在內)印花粗斜紋布，印花細斜紋布，印花横工布，印花嗶嘰，印花羽布，印花蓆法布(無光印花蓆法布不在內)	(甲)寬不過二十英寸 (乙)寬過二十英寸不過四十六英寸長不過十二碼 (丙)寬過二十英寸不過三十二英寸長不過三十碼 (丁)寬過三十二英寸不過四十二英寸長不過三十碼	三	〇〇
印花絨地呢絨地花布寬不過三十二英寸長不過三十碼		三	〇〇
印花絨布	(甲)寬不過十五英寸 (乙)寬過十五英寸不過三十英寸	三	〇〇
印花羽緞，緞布，印提花洋紗(印花條子格子在內)印花羽綢，印花格布，印花泰西緞，印花羽綾，印花斜羽綢，印色粗條子布，印花羅緞，印花水雲緞寬不過三十二英寸長不過三十碼		三	〇〇

印花洋羅寬不過三十一英寸長不過三十碼		三	〇〇
一色印雙面印花標寬不過三十二英寸長不過三十碼		三	〇〇
未列名印花棉布(各種雙面印花布)		三	〇〇
(三)雜類棉布品類			
未列名染紗織棉布		三	〇〇
橡皮雨衣布		三	〇〇
未列名棉布		三	〇〇
(四)棉製品類			
棉質假金線棉質假銀線		三	〇〇
棉纜索繩		三	〇〇
燭芯		三	〇〇

花邊，衣飾，繡貨，其他裝飾用品，及全部用上列各物製成之貨品		三	〇〇
蚊帳紗		三	〇〇
製襪衫用及針織錦衣	(甲)起毛者 (乙)不起毛者	三	〇〇
起毛針織衞生衣類		三	〇〇
未起毛汗衫褲短襪長襪	(甲)兩面均未起毛者(一)無毛無絲光線製(二)光絲光線製 (乙)其他	三	〇〇
寬緊帶		三	〇〇
未裝飾或裝飾褪帶		三	〇〇
燈芯		三	〇〇
圈絨毛巾		三	〇〇
無花毯，印花毯，老虎毯，及毯布，		三	〇〇
手帕		三	〇〇

新布袋		三	○○	
未列名衣服又衣着零件		三	○○	
未列名棉貨		三	○○	
(五)毛織製品類				
毛花邊，衣飾，繡貨，其他裝飾用品及全部用上列各物製成之貨品		三	○○	
針織呢絨		三	○○	
旗紗布寬不過十八英寸長不過四十碼		三	○○	
羽毛寬不過三十一英寸長不過六十二碼		三	○○	
素，織花，縐紋，毛羽綾，寬不過三十一英寸長不過三十二碼		三	○○	
粗嗶嘰寬不過三十一英寸長不過二十五碼		三	○○	
小呢寬不過六十四英寸		三	○○	

毛毧		三	〇〇	
橡皮雨衣布		三	〇〇	
未列名呢絨（攙什他種纖維者在內但攙什絲者不在內）	（甲）每方碼重不過六英兩 （一）經線全爲棉紗 （二）其他 （乙）每方碼重過六英兩不過十二英兩 （一）經線全爲棉紗 （二）其他 （丙）每方碼重過十二英兩	三	〇〇	
氈呢氈套		三	〇〇	
毛毯地毯及其他地衣類		三	〇〇	
呢冠帽	（甲）不用獺絨或毛髮製成者每打價值不過二六〇二五金單位 （乙）其他	三	〇〇	
未列名衣服及衣着零件		三	〇〇	
未列名毛貨（攙什他種纖維者在內但攙什絲者不在內）	（甲）帽坯 （乙）其他	三	〇〇	

六　絲及製品類

貨品	細目	稅率	
人造細絲，粗絲		三	○○
未列名絲及廢絲		三	○○
絲質假金銀線（攙什他種纖維者在內）		三	○○
未列名紗，線		三	○○
花邊，衣飾，繡貨，其他裝飾用品及全部用上列各物製成之貨品		三	○○
針織綢緞		三	○○
寬緊帶		三	○○
羅衣絲絨		三	○○
白，染色，染紗織，蠶絲棉緞	（甲）素 （乙）織花 （丙）染紗織	三	○○
未列名綢緞（攙什他種纖維者在內）	（甲）蠶絲（指舶來而言國產免抽） （乙）人造絲 （丙）蠶絲夾人造絲 （丁）蠶絲夾毛或夾毛及植物纖維 （戊）人造絲夾毛或夾毛及植物纖維 （己）蠶絲夾植物纖維 （庚）人造絲夾植物纖維	三	○○

未列名衣服及衣着零件	三〇
未列名絲貨（攙什他種纖維者在內）	三〇

廣東全省顏料專税征收章程

一、凡廣東全省進口顏料，均歸顏料專稅征收範圍，按照規定種類，照海關估價值百抽八，即每百元抽國幣八元。

一、凡進口舶來顏料，如係由華人商店購買，無論買自何人，或何處洋行，均應由買入之華人商店，遵章報明價值，繳納專稅，領具征收稅單與貨隨行，方能出倉返店不得藉口洋行送貨，希圖免抽如違作走私論罰。

一、凡已納專稅之顏料，如運往省內各處分銷，應先向就地征收專稅辦事處，先行銷號註明已銷若干，轉運若干，領取運照，以憑轉運　沿途經過征收分所，一經驗明即蓋截放行　查驗人員不得收受銷號或手續等費，及留難阻滯。

一、貨商隱匿偷漏，加罰三倍，恃強闖越，加罰五倍，大起走私，不服盤查，幷追緝拒捕者，扭解財政廳懲辦，貨物充公，其有私運私藏私售私買，未經依照規定手續完納專稅者，一經緝獲訊明，除將私貨悉數沒收外，並照所獲私貨之價值五倍處罰所有窩藏接運私貨之商店貨倉住宅輪船貨艇，得予標封投變，沒收充公，至罰款及私貨變價，照廣東財政特派員公署及財政廳修正，緝獲走私貨物變價及罰款充賞章程辦理。

一、凡屬應征專稅之顏料，如係華人經理，販運入口，經起卸及完納關稅後，即應向顏料專稅征收處報納專稅，如有特別情形，須先入倉續報已納專稅，而仍儲倉待沽者，皆應先行報明理由，方許通融辦理，違作走私論。

廣東全省顏料專稅稅率表

品名	重量或價值	征收國幣數	備考
未列名安尼林染料及其他煤膏染料（人造染料）	每值百元	八元〇〇	
栲皮	每值百元	八〇〇	
梅樹皮	每值百元	八〇〇	
黄柏皮（染料用）	每值百元	八〇〇	
洋藍	每值百元	八〇〇	
銅金粉	每值百元	八〇〇	
炭精（墨烟）	每值百元	八〇〇	
鉻黄（泥色金）	每值百元	八〇〇	
硃砂	每值百元	八〇〇	

品名	單位			備考
養化鉻（青漆）	每值百元	八	○○	
呀囒色	每值百元	八	○○	
薯莨	每值百元	八	○○	
兒茶（皮膠或檳榔膏）	每值百元	八	○○	
藤黃	每值百元	八	○○	
漆綠	每值百元	八	○○	
石黃	每值百元	八	○○	
人造靛	每值百元	八	○○	
天然乾靛	每值百元	八	○○	
天然水靛	每值百元	八	○○	
降香	每值百元	八	○○	奉財廳稅字第三三二六號指令不征木料專稅仍征顏料稅

蘇木	每值百元	八	〇〇	奉財廳稅字第三三二六號指令不征木料專稅仍征釀料稅
紅丹鉛粉黃丹	每值百元	八	〇〇	
蘇木精	每值百元	八	〇〇	
五倍子	每值百元	八	〇〇	
赭色	每值百元	八	〇〇	
紅花	每值百元	八	〇〇	
藤黃	每值百元	八	〇〇	
大靑或碗靑	每值百元	八	〇〇	
佛頭靑或雲靑	每值百元	八	〇〇	
銀硃	每值百元	八	〇〇	
人造銀硃	每值百元	八	八〇	

鋅白	每值百元	八〇〇
未列名染料顏色皮料硝皮料油漆料	每值百元	八〇〇
未列名油漆凡立永擦光料油墨	每值百元	八〇〇

以上各種以舶來品爲限，國貨產品，不得征收，其未列名各物，悉依海關抽收種類爲據，又章程所無者，不得濫征。

廣東全省洋紙專稅征收章程

一、凡廣東全省進口洋紙，依本章程規定，征收專稅，由廣東財政廳辦理，將欵解繳庫收。

二、洋紙專稅及罰欵均以國幣爲本位。

三、征收洋紙專稅之種類及標準稅率以表列之。

四、征收洋紙專稅，係爲維持土紙增益稅收起見，凡有本國製紙廠所製紙料，運抵本省行銷時，如查明有第一或轉口關局所給單照者，准予免稅放行，倘僅有未經呈准之自刊運單，並無關局已照機貨完稅單照者，應仍照章征稅，至所領關局給發已照機貨完稅單照，務將廠號貨品名稱，分別載明，如有含混夾藏情弊，除對於單照載明廠號貨品免稅放行外，其餘別廠貨品，未經載明者，仍照定章征稅。

五、凡進口洋紙，如係由華人商店購買，無論買自何人，或何處洋行，均應由買入之華人商店，須到征稅處遵章報明種類及重量，繳納專稅，領收征收單與貨隨行，方能起運出倉返店，不得藉口洋行送貨，希圖免抽，否則作走私論罰。

六、凡屬應征專稅之洋紙，如係華人經理販運進口，一經起卸及完納關稅後，即應向征稅處報納專稅，如有特別情形，須先入倉積報，或已納專稅，而仍儲倉待沽者，皆應先行報明理由，查實許可，方准通融緩納，否則概作走私處罰。

七、凡已納專稅之洋紙，如運往省內各處分銷，應先向就地征收專稅機關，先行銷號，註明已銷若干，轉運若干，領取運照，以便經過沿途征稅處時報驗，經驗明數目相符，蓋戳放行，惟查驗人員，不得收受銷號，或手續等費，及留難阻滯。

八、凡存有洋紙華人商店及運銷任何地方，征稅處得隨時會警檢查，如有走私瞞稅，應按照情節輕重，施以相當處罰，貨商隱匿偷漏照稅款，加罰三倍，持強闖越加罰五倍，大起走私不服盤查，追緝拒捕者，呈廳罰辦充公，其有私運私藏私售私買未經依照規定手續完納專稅者，一經緝獲訊明，除將私貨悉數沒收外，並照所獲私貨之價值五倍處罰，所有窩藏接運私貨之商店貨倉住宅輪船貨艇，得予標封投變，沒收充公，至罰款及私貨變價給獎分配各項，依照廣東財政特派員公署及財政廳修正緝私給獎章程辦理。

九、本章程施行後，所有從前定章，對於　佛山紙行及廣州市內紙行，加工改造各色洋紙，如進口時，係照印書新聞紙納稅者，于轉運省埠時須照補稅每百斤銀五角，其餘照各紙納稅者，應予免稅　之規定，因與本章程對于新聞報紙限報館印刷報紙用者每百斤征收國幣一元　之規定牴觸，應即廢止，以維工業，而杜糾紛。

十、本章程如有未盡事宜，得隨時增修，呈請核准公佈之。

廣東全省洋紙專稅稅率表

品別	重量	征收國幣	備考
簿洋文報紙雜誌	每百斤	二元〇〇	奉財廳指字第一八一四號訓令自廿五年十月一日起減征為上數
新聞報紙	每百斤	二〇〇	報館印刷報紙用每百斤征收國幣壹元　奉廳指字第一二〇一號令核准退稅
油光紙	每百斤	二〇〇	
包皮紙	每百斤	二〇〇	雞皮紙洋表石紙油紙及他類防水紙在內
紙板	每百斤	二〇〇	
火柴紙	每百斤	二〇〇	
書簿皮紙	每百斤	二〇〇	
紙烟紙	每百斤	二〇〇	

羊皮紙	每百斤	二〇〇	
百加明紙	每百斤	二〇〇	
格拉新紙	每百斤	二〇〇	
防油紙	每百斤	二〇〇	與臘紙同
冲砂紙	每百斤	二〇〇	與沙紙同
拍紙簿	每百斤	二〇〇	
單面臘簿紙	每百斤	二〇〇	
滑質書紙	每百斤	二〇〇	
粗夫士噫紙	每百斤	二〇〇	以上各種無論白色或染色有無隱紋均同
印成之日歷通書及各項商品招紙標語紙	每百斤	二〇〇	查招紙及告白書籍以書紙或上等洋紙印成者照四元計算征稅(見奉　財廳稅字第九八三號指令准備案)
印圖紙	每百斤	四〇〇	

印書紙	每百斤	四〇〇	三十一磅至七十五磅
臘光紙	每百斤	四〇〇	
雪光紙	每百斤	四〇〇	
印花色紙	每百斤	四〇〇	
簿面花紋紙	每百斤	四〇〇	
幼夫士嗯紙	每百斤	四〇〇	
印水紙	每百斤	四〇〇	
一號色書紙	每百斤	四〇〇	
蔴紙	每百斤	四〇〇	
卜架紙	每百斤	四〇〇	
厚印書紙	每百斤	四〇〇	七十五磅以上

圖畫紙	每百斤	四〇〇	
薄砂紙	每百觔	四〇〇	
偽紙	每百觔	四〇〇	
揮把紙	每百觔	四〇〇	電器物料
錫紙	每百斤	四〇〇	
粉紙	每百觔	四〇〇	
解手紙	每百觔	四〇〇	
名片紙	每百觔	四〇〇	
白粉咭紙	每百觔	四〇〇	
通咭紙	每百觔	四〇〇	
映相用紙	每百觔	四〇〇	

蜡油紙	每百觔	四〇〇
玻璃紙	每百觔	四〇〇
明紙	每百觔	四〇〇
石棉紙	每百觔	四〇〇
羅紋紙	每百觔	四〇〇
元甲紙	每百觔	四〇〇
縐紙	每百觔	四〇〇
布紋紙	每百觔	四〇〇
千層紙	每百觔	四〇〇
擦器砂紙	每百觔	四〇〇
五彩色各行商標	每百觔	四〇〇

月份牌	每百觔	四〇〇
洋紙盒	每百觔	四〇〇
其他未列名特種洋紙及用洋紙製成貨品	每百觔	四〇〇
「附註」奉財政廳廿五年十月十四日指字第二二〇一號訓令轉奉財政部令土紙准免領運銷執照。		

修正廣東全省舶來糖類捐征收章程

一、凡廣東省內土糖，不准抽捐，其舶來糖類，依照本章程規定，征收舶來糖類捐，由廣東財政廳飭令各舶來農產品雜項專稅局兼征之。

二、凡舶來糖類依表列捐率，分別抽收。

三、凡舶來糖類，業由糖類營運商，依廣東糖業營運取締暫行規則規定，將入口糖類，貯入廣東省營產物經理處蔗糖部，舉發入口許可證所指定之公倉時，即須赴當地舶來農產品什項專稅局掛號，携同存倉單據，報明貨色重量價值件數，照章繳納捐款，領取征收單，方准運銷，所繳捐款，俟銷售時，向買客于價內取償。

四、凡舶來糖類，一經抽捐，即塡發征收單交執爲憑，單內註明貨色重量價值件數年月日期，以資考查，如將糖類運銷時，必須携同征收單報驗，領取轉運証，方得提運，經過各局卡，如單証與糖類相符，立于單証上蓋戳放行，若無單証同運，或有單証而貨色重量價值件數不符者，或私自塗改者，以走私論。

五、凡緝獲瞞捐偷漏舶來糖類，除照章補納捐欵外，按照貨價五折處罰，如抗不遵罰，或無貨主認領時，准將扣留糖類存貯公倉，交由蔗糖部變賣，其給奬辦法，依照財政特派員公署及財政廳修正緝私給奬章程辦理。

六、凡舶來糖類，如未領有蔗糖部製發入口許可証，而私運入口時，應由當地舶來農產雜項專稅局，將糖類扣留存貼公倉，交由蔗糖部照章辦理。

七、本章程所用征收單，由廣東財政廳印製頒用，其轉運証，由各舶來農產什項專稅局呈准之農產品轉運証加戳填用之。

八、本章程如有未盡事宜，由廣東會財政廳隨時增修之。

九、本章程自公佈日施行。

廣東全省舶來糖類捐專率表

種類	重量或價值	征收國幣數	備考
和蘭標本色第十七號以下之糖	每百觔	〇元六〇	奉廳捐字第三四三號令減征由廿六年二月一日起由省營產物經理處及分處帶征其無省營產物經理處及分處地方仍由各農什稅局征收
和蘭標本色第十七號以上之糖	每百觔	〇六〇	

方糖塊糖	每百觔	一	六〇	奉廳廿六年六月九日捐字第七四七號令飭照和蘭糖及洋桔水冰糖征捐者法由省營產物經理處或其分處帶征
冰糖	每百斤	二	〇〇	
均白糖	每百觔	一	六〇	
洋桔水	每百觔	〇	二〇	
糖漿	每值百元	二	〇〇	以上均照捐字第七四七號辦理
葡萄糖	每值百元	一五	〇〇	
麥精糖	每值百元	一五	〇〇	
洋蜜糖	每值百元	二	〇〇	
楓樹糖	每值百元	一五	〇〇	
糖精	每值百元	一五	〇〇	照捐字第七四七號令辦理
糖霜	每值百元	一五	〇〇	

糖粉	每值百元	一五	〇〇	以上均同
在港澳製糖果餅餌 洋來糖果餅餌	每值百元	八〇	〇〇	以上各糖果餅餌原係列入農品什項專稅範圍迨奉財政廳稅字第二四八六號令飭列入糖類捐征收不必再征農品什項專稅
香口糖	每值百元	八〇	〇〇	
牛油糖	每值百元	八〇	〇〇	
谷古糖	每值百元	八〇	〇〇	
咖啡糖	每值百元	八〇	〇〇	
珍珠糖	每值百元	八〇	〇〇	
棉花糖	每值百元	八〇	〇〇	
薄荷糖	每值百元	八〇	〇〇	
朱古力糖	每值百元	八〇	〇〇	
雜糖	每值百元	八〇	〇〇	

蜂	糖
每值百元	八〇	〇〇

征收廣東省舶來皮革稅章程

一、凡廣東省進口舶來皮革依本章程規定，征收舶來皮革稅，由各舶來農產品什項專稅局兼征，將欵解繳庫收。

二、舶來皮革稅及罰欵，均以國幣爲本位。

三、征收舶來皮革稅，按照表列稅率，分級征收。

(甲)漆光小牛生熟皮，每担征收國幣一百六十元，其外商投資在滬設廠所製者，每担征收國幣六十元。

(乙)漆光小牛皮，漆光熟黃皮，每担征收國幣四十元，其外商投資在滬設廠所製者，每担征收國幣十五元。

(丙)熟羊皮鞋底皮皮箱皮皮帶皮每担征收國幣二十四元，其外商投資在滬設廠所製者，每担征收國幣六元。

(丁)生水牛皮，生黃牛皮，每担征收國幣六元。

(戊)熟皮碎皮，生皮碎皮，每担征收國幣二元。

(己)凡用舶來皮革在省外地方製成貨品，輸入行銷者，依照舶來皮革稅率比例征抽，(此項抽稅後，由各局查明製品種類，按照皮革稅率列明比例數目，呈廳核定稅率，以昭劃一，)

四、凡進口舶來皮革，如係由華人商店購買，無論買自何人，或何處洋行，均應由買入之華人商店遵章報明種類重量，繳納專稅，領取征收單，與貨隨行，方能起運出倉返店，不得藉口洋行送貨，希圖免抽，否則作走私論罰。

五、凡屬應徵稅之舶來皮革，如係華人經理販運進口，一經起卸，及完納關稅後，卽應納稅，倘有特別情形，須先入倉續報，或已納稅而仍儲倉待沽者，均應先行報明理由，查實許可，方准通融緩納，否則作走私處罰。

六、已納稅之舶來皮革，如運往省內各處分銷，應先向就地徵稅機關銷號，註明已銷若干，轉運若干，領取運照，以便經過沿途徵稅處時報驗，一經驗明數目相符，蓋戳放行，惟查驗人員，不得收受銷號或手續等費，及留難阻滯。

七、凡存有舶來皮革之華人商店，及運銷任何地方徵稅處，得隨時會警檢查外，如有走私瞞稅，按照情節輕重，施以相當處罰，其罰則如左：

甲、凡不請領稅票繞越偸漏稅欵者，除責令照章補稅外，處以稅額五倍以上，十倍以下之罰金，再犯者，除將貨物沒收外，得按照情節之輕重呈廳，處以罰金，其抗納稅欵者亦同。

乙、塗改及複用舊稅票，意圖瞞稅者，除責令照章補稅外，並處以應補稅額三倍以上六倍以下之罰金，再犯者除將貨物沒收外，得按照情節之輕重呈廳，處以罰金，其僞造稅票，意圖欺詐瞞稅者，除將貨物沒收外，得按照情節之輕重，呈廳處以罰金，並將人犯拘送法院法罪。

前項所定罰金及沒收貨物變價給獎分配各項，依照廣東財政特派員公署及財政廳修正緝私給獎章程辦理，

八、本章程如有未盡事宜，得隨時增修，呈請核准公佈之。

廣東省征收舶來皮革及洋商在省外地方製成貨品輸入行銷稅率表

貨品名稱別	量數	稅率國幣數	備考
漆牛皮男鞋	每對	八角	
漆牛皮女鞋	每對	五角	
漆牛皮中童鞋	每對	六角	
漆牛皮小童鞋	每對	四角	
漆羊皮熟黃皮女鞋	每對	四角	
漆羊皮熟黃皮中童鞋	每對	二角	
漆羊皮熟黃皮小童鞋	每對	一角	
漆牛皮長靴	每對	一元五角	

漆牛皮短靴	每對	一元
漆羊皮熟黃皮長靴	每對	六角
漆羊皮熟黃皮短靴	每對	四角
熟羊皮鞋	每對	四角
各種布鞋	每對	一角
布面膠底鞋	每對	五分
漆牛皮軍人皮桶	每對	一元
漆羊皮熟黃皮軍人皮桶	每對	四角
熟羊皮軍人皮桶	每對	三角
漆牛皮皮帶	每打	四角
皮帶皮皮帶	每打	四角

漆羊皮熟黃皮皮帶	每打	六角	
漆牛皮軍人精神帶	每件	一元	
皮帶皮軍人精神帶	每件	二角	
漆羊皮熟黃皮軍人精神帶	每件	三角	
漆牛皮公事皮夾	每件	一元六角	
漆羊皮熟黃皮公事皮夾	每件	四角	
漆牛皮鎗袋	每打	二元	
漆羊皮熟黃皮鎗袋	每打	六角	
漆牛皮銀包	每打	二元六角	查銀包有大中小三種，現上列係屬中種，惟大種比較中種約大三分之一，其少種比較約小三分之一，應照比例計抽，
漆羊皮熟黃皮銀包	每打	六角	仝上
七號天津籃球	每個	二角	

品名	單位	稅率	備考
七號上海鹽球	每個	一角	
壘球	每個	一角	奉財政廳稅字第一二一九號指令，准照七號上海鹽球稅率，每個征稅爲上數。
四五六各號足球	每個	一角	
漆牛皮十八寸皮箱	每個	四元	皮箱大小不一，重量各異，應照每個重量比例征收，現上列十八寸皮箱，係每個重十三斤其餘類推。
漆羊皮熟黃皮十八寸皮箱	每個	二元	仝上
皮箱皮十八寸皮箱	每個	一元	仝上
漆牛皮廿二寸皮喼	每個	五元	皮喼大小不一，重量各異，應照每個重量比例征收，現上列廿二寸皮喼，係每個重量五斤六兩，其餘類推。
漆羊皮熟黃皮廿二寸皮喼	每個	一元	仝上
皮箱皮廿二寸皮喼	每個	八角	仝上
漆牛皮大中小手提袋	每打	四、三、二元	
漆羊皮熟黃皮大中小手提袋	每打	一元、九角、八角	

皮箱皮駁殼槍皮袋	每打	五角	
皮帶皮子彈帶	每打	一元	
漆羊皮熟黃皮皮手套	每打	二元	
漆牛皮舊式加大手提袋	每打	五元	
皮箱皮西醫手提箱	每打	五角	
皮狗帶鞭	每打	二元四角	一、奉財廳廿五年六月廿五日稅字第三四九〇號指令准抽稅爲上數 二、上列係以中種計其上下兩種應比例計抽
皮狗領	每打	一元二角	同上
皮狗笠	每打	六角	同上

「附註」奉財政廳稅字第七一九零號指令，凡華商在津滬設廠所製皮革運粵行銷，應照隣省熟牛皮抽稅，不再抽船來皮革專稅。

征收隣省牛皮稅章程

一、本章程係遵照修正廣東省屠牛稅牛皮稅征收章程第一章第二條之規定征收隣省牛皮稅。

二、由隣省運入本省之生牛皮，每百斤征收國幣一元八角，熟牛皮每百斤征收國幣四元六角（奉財廳廿四年十二月七日稅字第七一九〇號指令，華商在津滬設廠所製皮革，均照鄰省運入之熟牛皮，每百斤征稅國幣四元六角）

三、征收隣省牛皮稅，係參照修正廣東省屠牛稅牛皮稅章程及細則內之有關係部份行之，茲附錄廣東屠牛稅牛皮稅章程及施行細則如左。

修正廣東省屠牛稅牛皮稅征收章程

第一章　總則

第一條　凡在省內屠宰牛隻或將牛隻運出省外，不在省內屠宰者，均應依照本章程之規定，分別繳納屠牛皮稅及牛皮稅，由廣東財政廳征收之。

第二條　凡隣省出產之牛皮，無論運銷本省或過境者，均應依照本章程規定稅率納稅。

第三條　本章程實施時，所有從前屠牛捐生牛出口捐厘金府稅及地方附加或報効等費，概不征收，自後任何機關團體，均不得另立名目附加各費。

第二章　課稅標準及稅率

第四條　凡屠宰水牛黄牛，無論大小，每頭征收屠牛税國幣三元六角，同時征收牛皮税每張國幣一元。

第五條　由鄰省運入本省之生牛皮，每百斤征收國幣一元八角，熟牛皮每百觔征收國幣四元六角。

第三章　稽征方法

第六條　凡在省内屠宰牛隻，應征之屠牛税牛皮税，於屠牛時，向物主一次征收，分别發給税票，以憑查驗。鄰省運入之牛皮，由入境第一度征收機關征收税欵，發給税票，但不補征屠牛皮税。前項由鄰省運入之牛皮，除在第一度征收機關征收税欵時，驗票放行外，其餘各地，概不查驗。凡例准出口之牛隻運出省外時，由起運出口地點征收機關，依照本章程第四條之規定，分别征收屠牛税牛皮税，凡屠牛塲所牛欄商人醃製生皮工廠，販運牛隻出口商人，均應向該管征收機關申報註册。經征機關，因征税上之必要，派員調查前項各營業時，該商人不得抗拒。

第七條　征收屠牛税牛皮税之税票，由廣東財政廳分别製發經征機關塡用。

第四章　罰則

第八條　凡不請領税票，繞越偷漏税欵者，除責令照章補税外，並處以税額五倍以上，十倍以下之罰金。前項再犯者，除將貨物沒收外，並處以五十元以上，一百元以下之罰金。

第九條　凡不遵照本章程之規定抗納税欵者，除將貨物沒收外，並處以五十以上一百元以下之罰金。前項再犯者，除照前項處罰外，並將人犯拘送法庭治罪。

第十條　僞造稅票，意圖欺詐瞞稅者，除將貨物沒收外，仍處以五十元以上一百元以下之罰金，並將人犯拘送法庭治罪。

第十一條　塗改及複用舊稅票，意圖瞞稅者，除責令照章補稅外，並處以應補稅額三倍以上六倍以下之罰金。

前項再犯者，除將貨物沒收外，仍處以三十元以上，五十元以下之罰金。

第十二條　凡違反本章程第六條第五項之規定者，除責令照章遵辦外，並處以五元以上十元以下之罰金。

第十三條　凡違反本章程第六條第六項之規定者，除仍強制執行檢查外，並處以三十元以上五十元以下之罰金。

第五章　附則

第十四條　本章程實施時，所有以前屠牛捐生牛出口捐牛皮捐征收章程，各屬征收附加或報效等類章程，併前經財政廳令行之廣東省屠牛牛皮稅征收章程細則，及以命令批准各案，同時一律取銷。

第十五條　本章程施行細則另定之

第十六條　本章程如有未盡事宜，得隨時由財廳呈請修正之。

第十七條　本章程自公佈日施行。

修正廣東省屠牛稅牛皮稅征收章程施行細則

第一條　本章程所稱之屠牛稅牛皮稅，如在本省境內屠宰牛隻者，該管經征機關，應於其屠牛時，就屠牛塲所，將屠牛稅牛皮稅同時向物主按隻征收，并分別發給稅票，以資憑證。

如將牛隻運往省外，不在本省屠宰者，該管經征機關，應就起運出口地點征收屠牛稅牛皮稅，并發給稅票，以資憑證，如由隣省運入本省之牛皮，不論生皮熟皮，及是否在本省銷售或過境，均由該管經征機關徵收牛皮稅，并發給稅票以資憑證。

前項由隣省入境之牛皮概免補征屠牛稅。

凡屬本省出產之乾牛皮熟牛皮均不在本章程課稅範圍之內。

第二條　經征機關，應依照屠場屠牛時間，派員前往查察，并就地征收稅欵。

第三條　經徵機關應於牛隻出口地點及隣省牛皮入境地點，設置稽徵所，徵收稅欵。

第四條　屠牛場，醃製牛皮工廠牛欄商人，販運牛隻出口商人，應將各該營業商號名稱，主管人姓名住址，營業場所在地等，逐一塡明申報於該管經徵機關，如無一定營業店舖場所者，准以其住所申報。

前項屠場醃製工廠牛欄商人販運牛隻出口商人，如遇停業歇業，或轉讓時，應即申報該管經徵機關，如係轉讓者，應將承受人姓名，一併申報。

第五條　各屠牛場應於未屠宰牛隻之前，將是日收到送宰牛隻數量物主姓名地址，報請該管經徵機關，派員查驗，向物主徵收稅欵分別發給稅票，如屬鄉間僻遠地方，臨時屠宰牛隻，不能即日報領稅票者，得於屠牛後，翌日，補報繳稅。

凡未經納稅領有稅票者，不得將濕牛皮販運售賣，凡收藏或運銷濕牛皮者，如遇經征機關派員調查時，應將稅票呈驗，不得抗拒。

第六條　商人出售濕牛皮時，應將稅票，隨貨交付買受人。

第七條　醃製生牛皮工廠收買濕牛皮時，應按張核對稅票，如無稅票交付者，不得收買。

第八條　凡販運牛隻往省外者，不論水運陸運，應於未起運之前，向該管征稅機關，將牛隻數量起運地點，經過本省該管征稅機關運往目的地，逐項塡明，報請派員查驗征稅，給票放行。

前項販運商人，經過本省該管征稅機關時，應將所持稅票，報請查驗。

經征機關應根據納稅人申報之牛隻數量，經過本省該管征稅機關，運往目的地等項，詳細塡入稅票，交納稅人收執。

經征機關接到商人申報時，應立即派員查驗，不得故意遲延，一經查驗相符，應即發回憑証，不得留難勒索。

前項領得之稅票，應由該販運人隨身携帶，以備沿途經過口岸，查驗憑証。

第九條　凡由外省運入之牛皮，不論生皮熟皮，於運抵本省境內時，應將牛皮種類數量產地出口地，逐項列明，檢同船儎紙，火車運單，及其他足以証明該牛皮數量之單據，報告於該管經征機關，聽候派員查驗，征收稅欵。

前項入境之牛皮申報納稅，應照如左之規定。

(一)凡由遵照海關章程，指定停輪開艙起卸貨物地點之輪船及火車或郵包運入本省者，應於起卸牛皮地點，向該管機關，申報納稅。

(二)凡非由前欵規定之船車及郵包運入本省者，無論用何種船車或用人畜搬運，均應於入境時之該管經征機關所在地，申報納稅。

前項牛皮，經征稅放行後，由商人自由運銷，無論任何稽征人員，不得沿途或到商店工場家屋等處，執行檢查。

第十條　該管經征機關，除照章征收正稅外，對于本細則所規定之申報及查驗等手續，概不收費，並不得藉口額外征收任何費用。

第十一條　本細則如有未盡事宜，得隨時修正之。

第十二條　本細則自公布日施行。

［附註］橡膠類製成品物專稅奉　財政廳廿五年六月九日稅字第三一二九號訓令定本年六月十六日開征。

橡膠類製成品物專稅稅率表

膠製品種類別	品名	課征稅率		備考
		重量或價值	征收國幣數	
汽車用品	貨車外膠輪	每值百元	五元	
	貨車內膠輪	每值百元	五元	

	客車外膠輪	每值百元	五元	
	客車內膠輪	每值百元	五元	
	其他	每值百元	五元	凡屬於汽車用膠製品屬之
單手車用品	外膠輪	每值百元	五元	
	內膠輪	每值百元	五元	
	兒童車胎	每值百元	五元	
醫科用品	紅洗鼻膠泵	每值百元	五元	
	一節黑膠耳盤筒	每值百元	五元	
	二節黑膠耳盤筒	每值百元	五元	
	三節黑膠耳盤筒	每值百元	五元	
	紅膠喉泵	每值百元	五元	

大號膠洗症袋	每值百元	五元	
二號膠洗症袋	每值百元	五元	
三號膠洗症袋	每值百元	五元	
紅膠喉聽症筒	每值百元	五元	
膠耳泵	每值百元	五元	
大號紅膠喉	每值百元	五元	
二號紅膠喉	每值百元	五元	
三號紅膠喉	每值百元	五元	
細號紅膠喉	每值百元	五元	
大號膠烟袋	每個	二角五分	
二號膠烟袋	每個	一角八分	

三號膠烟袋	每個	一角二分	
細號膠烟袋	每個	九分	
膠手套	每對	二角五分	
膠粒洗身擦	每打	一元二角	
方形膠泡	每個	一角三分	
膠咀	每打	三角五分	
大號膠牛奶咀	每打	八角五分	
二號膠牛奶咀	每打	四角	
細號膠牛奶咀	每打	三角	
大號擦字膠	每打	五角	改照其他膠製品稅率每值百元征稅五元 廿六年五月十五日廳令核准
二號擦字膠	每打	三角五分	仝上

	細號擦字膠	每打	二角	仝上
	膠手巾袋	每打	七角	
	膠頸肩	每打	七角	
	男用膠大便袋	每值百元	五元	
	女用膠大便袋	每值百元	五元	
	紅膠洗大便節	每值百元	五元	
	粉紅膠洗大便節	每值百元	五元	
	男用黑膠大便管節	每值百元	五元	
靴鞋	大號膠套	每對	八分	
	二號膠套	每對	六分	
	細號膠套	每對	五分	

類別	品名	單位	稅額	備考
	膠靴	每對	二角五分	
防水橡膠布	膠雨衣	每件	二元五角	查膠雨衣價值不一，視貨質而定，約在毫洋十五元至三十五元左右，上列係按中等價值，仍分上中下三種計值抽稅。
	膠雨帽	每件	二角	
	膠布	每碼	二角	
體育用品	大號膠球胆	每個	二角五分	
	二號膠球胆	每個	一角五分	
	三號膠球胆	每個	八分	
	細號膠球胆	每個	五分	
普通日用品	大號膠暖水袋	每個	九角	
	二號膠暖水袋	每個	七角	
	三號膠暖水袋	每個	六角	

	細號膠暖水袋	每個	二角	
	膠口水肩	每打	六角	
	橡膠地墊	每值百元	十元	膠地墊價值視尺寸大小而定，(其他每值百元十元，如膠線膠箍之類。)
	其他	每值百元	十元	
兒童玩具	大號膠公仔	每打	八角五分	
	細號膠公仔	每打	三角五分	
	其他	每值百元	十元	
其他用品	理化橡膠用品	每值百元	五元	
	輪船橡膠用品	每值百元	五元	
	機器及工業橡膠用品	每值百元	五元	
	修飾橡膠用品	每值百元	十元	

代皮橡膠用品	每值百元	十元
電池箱	每值百元	五元
未列名橡膠什品	每值百元	十元
布面膠底鞋	每對	五分

上列各物品，凡屬舶來者，一律抽收，以維持國產貨品，而防遏外貨傾銷，但國產貨品運抵本省行銷時，如查明有第一或轉口關局所給單照者，准予免稅放行，倘僅有未經呈准之自刊運單，並無關局已照機貨完稅單照者，應仍照章征稅，至所領關局給發已照機貨完稅單照者，務將廠號貨品名稱分別載明，如有含混夾藏情弊，除對於單照載明廠號貨品，免稅放行外，其餘別廠貨品，未經載明者，仍照定章征稅。

改征舶來木料專稅稅率表

類別名稱		數量或價值	征收國幣稅	備攷
重木類	坤甸	每立方公尺	二·〇〇	價值十元以上二十元以下
		每立方公尺	二·五〇	價值二十元以上三十元以下

	每立方公尺	三・五〇	價值三十元以上四十元以下
鐵抄	每立方公尺	二・〇〇	價值十元以上二十元以下
	每立方公尺	二・五〇	價值二十元以上三十元以下
	每立方公尺	三・五〇	價值三十元以上四十元以下
山章	每立方公尺	二・〇〇	價值十元以上二十元以下
	每立方公尺	二・五〇	價值二十元以上三十元以下
	每立方公尺	三・五〇	價值三十元以上四十元以下
波羅格	每立方公尺	二・〇〇	價值十元以上二十元以下
	每立方公尺	二・五〇	價值二十元以上三十元以下
	每立方公尺	三・五〇	價值三十元以上四十元以下
什木	每立方公尺	二・〇〇	價值十元以上二十元以下

		每立方公尺	二・五〇	價值二十元以上三十元以下
		每立方公尺	三・五〇	價值三十元以上四十元以下
	其他	每立方公尺	二・〇〇	價值十元以上二十元以下
		每立方公尺	二・五〇	價值二十元以上三十元以下
		每立方公尺	三・五〇	價值三十元以上四十元以下
柚木		每立方公尺	三・五〇	價值三十元以上四十元以下
		每立方公尺	四・五〇	價值四十元以上五十元以下
		每立方公尺	五・五〇	價值五十元以上六十元以下
		每立方公尺	七・〇〇	價值六十元以上
紅木		每值百元	一〇・〇〇	
烏木		每值百元	一〇・〇〇	

毛柿木		每值百元	一〇・〇〇
沉香		每值百元	一〇・〇〇
花梨木		每值百元	一〇・〇〇
檀香		每值百元	一〇・〇〇
軟木		每值百元	一〇・〇〇
桅桿		每值百元	一〇・〇〇
秤桿		每值百元	一〇・〇〇
香木		每值百元	一〇・〇〇
馨木		每值百元	一〇・〇〇
塞木		每值百元	一〇・〇〇
樟木		每值百元	一〇・〇〇

烏木		每值百元	一〇·〇〇	
呀囒治木		每值百元	一〇·〇〇	
鐵木		每值百元	一〇·〇〇	
日本木木絲		每值百元	一〇·〇〇	
裝飾木		每值百元	一〇·〇〇	
各種木製品		每值百元	一〇·〇〇	桶，箱，籠，軟木塞，傢具，機器用木之一部，製箱桶木條，屬之。造火柴用之木片，木梗，免征。
其他		每值百元	一〇·〇〇	

一、船來木料專征收辦法，依照現行船來農產品雜項專稅章程所定辦理。

一、末片，木梗兩種，係屬製造火柴用品，應免征稅，以扶植本省土製火柴事業。

一、爲維持農村經濟，及稅收之增益，奉　財政廳稅字第三〇八六號訓令，由廿五年六月十五日起抽收船來木料專稅，嗣又奉捐字第一八五九號指令，由廿五年十月三日起，照改征稅率抽收。

廣東財政特派員公署 廣東省政府財政廳 修正緝獲走私貨物變價及罰款充賞章程

第一條　本章程所定除關於禁煙事項依照禁煙總會章程辦理外凡緝獲走私貨物充公變價及罰款之充賞辦法悉照本章程辦理

第二條　凡緝獲走私貨物充公變價之款除扣回墊過各項什費外所餘款項化作百分以百分之三十解庫以百分之七十化作十成支配綫人充賞四成出力緝獲者一成協助軍警一成緝獲機關一成主管局所一成解廳署二成至罰金全數分作十成依照前法支配毋庸提百分之三十解庫如由各機關自行發覺非憑綫人舉報者其綫人充賞之四成卽併給發覺人員以示鼓勵其有特定辦法者應照特定辦法辦理

第三條　緝獲走私貨物經判處充公凡在廣州市所屬機關應呈由本署廳公開招商投變其在省外者應先錄案呈奉本署廳核明派員監投方准執行不得先變後報

第四條　各機關所收變價罰金應依照本署廳所發三聯單按照塡明以一聯發交繳款人收執以一聯繳本署廳查核以一聯留存備查如有以多報少大頭小尾等弊一經查實卽依法嚴懲

第五條　各機關每月收入罰金須於下月十五日以前造列清表公佈週知一面分別屬於國家或地方收入掃除墊解主管國省庫機關核收並分報該管上級機關備查其毋須提成解庫者併於備考欄內註明如該月份無罰金收入仍應塡表呈報備案

第六條　本章程自公佈之日施行

中華民國廿五年十二月廿一日

附表式

某某機關　年　月份收入罰金清表

案由	罰金數額	實解數	判罰日期	單據號數	備考
合計					
說明					

修正廣東省船來農產品雜項專稅局組織章程

第一章 總則

第一條 廣東財政廳為保護本省農工產業防止船來貨物傾銷起見特設廣東省船來農產品雜項專稅局辦理各種船來農產品物進口稽征專稅事宜

第二條 本專稅局設總局於廣州並於廣東省內有船來貨物進口地方或扼要地點分別設立分局或稽征所

第二章 組織

第三條 總局所轄各分局如左

(一)第一分局 第一分局設於廣州市由總局兼辦管轄左列各稽征所

(1)肇慶(2)三水(3)陳村(4)九佛(5)深圳(6)大剷(7)太平(8)三門(9)黃埔(10)伶仃

(二)第二分局　第二分局設於汕頭管轄左列各稽征所

(1)汕尾(2)東隴(3)甲子

(三)第三分局　第三分局設於江門管轄左列各稽征所

(1)拱北(2)北街(3)前山(4)潭洲(5)廣海(6)斗山(7)石岐(8)陽江(9)單水口(10)新昌

(11)小欖(12)新會

(四)第四分局　第四分局設於北海管轄左列各稽征所

(1)欽縣(2)東興(3)南康(4)門頭(5)梅菉(6)電州(7)安舖(8)廉江

(五)第五分局　第五分局設於海口管轄左列各稽征所

(1)舖前(2)清瀾(3)北黎(4)新盈

第四條　總局設局長一人必要時得設副局長一人各分局除第一分局由總局局長兼充外各設分局長一人必要時得設副局長一人各稽征所設所長一人

第五條　總局兼第一分局設秘書一人總務稅務會計三科各設課長一人視察員一人至二人并視事務之繁簡酌設一二三等課員及事務員僱員各若干人

第六條　第二分局設總務稅務會計三股第三四五各分局設總務稅務兩股會計事務由稅務股兼辦每股設股長一人并視事務之繁簡酌設股員事務員僱員若干人

第七條　稽征所設事務員僱員若干人

第八條　總局局長由廣東財政廳荐請廣東省政府委任各分局局長總局會計課長及各分局會計股長由廣東財政廳委任總局秘書課長視察員由總局荐請廣東財政廳委任各稽征所所長由各分局荐請總局委任並轉呈財政廳加委總局課員事務員僱員由總局委派呈報廣財政廳備案分局股長股員事務員僱員稽征所事務僱員由各分局長委派呈報總局備案並轉報廣東財政廳查核

第三章　職　掌

第九條　總局局長秉承廣東財政廳之命綜理局務並監督指揮所屬各分局所行使一切職務

第十條　秘書秉承總局長之命掌理機要職務並綜核各項文件

第十一條　分局長秉承總局長之命綜理該管局務並督率所屬職員及各稽征所辦理一切職務

第十二條　稽征所長受該管局長之監督指揮辦理所屬稽征事務

第十三條　課長股長秉承各該局長之命督率所屬職員承辦經管職務

第十四條　視察員秉承總局長之命視察各分局所辦理稅務事項

爲十五條　課員股員事務員僱員秉承局長課長股長所長之命令奉行各項職務

第十六條　總務課或總務股掌管關於撰擬文件典守印信保管卷宗收發文件任免職員處理走私漏稅審核違章處分以及購置修繕暨不屬其他各課股事務

第十七條　稅務課或稅務股掌管關於登記查驗核算征收保管及收發票照審核所屬各機關稅欵報告票照存根塡送本課股各項表册以及有關稅政一切事項

第十八條　會計課或會計股掌管關於稅欵罰欵之征收報解現金出納及辦理各種統計編造預決算審核所屬各機關預決算塡送本課股各項表册一切事項

第四章　附則

第十九條　總局分局稽征所辦事細則由各該機關根據本章程所定自行擬訂呈候核定之

第二十條　總局分局稽征所需用職員人數經費由總局編造預算呈請　廣東財政廳核定之所有總局分局每月經費按月由總局呈請　廣東財政廳具領轉發不得在征存稅欵內坐支抵解

第二十一條　本章程自呈奉　廣東省政府核准之日公布施行如有未盡事宜得由總局隨時呈請　廣東財政廳核明修正轉呈備案

第二十二條　本章程施行後所有廣東全省舶來農產品雜項專稅各局暫行章程同時廢止之

廣東全省蜡類專稅征收章程

一　廣東全省蜡類專稅按照規定種類分別征收凡白蜡每百斤抽大洋四元五毫黃蜡每百斤抽大洋五元魚油蜡每百斤抽大洋弍元所有專欵包括在內以加五元水伸合毫劵繳納

一　凡進口蜡類如係由華人商店購買無論買自何人或何處洋行均應由買入之華人商店遵章報明價值繳納專稅領其征收稅單與貨隨行方能出倉返店不得藉口洋行送貨希圖免抽如違作走私論罰

一　凡已納專稅之蜡類如運往省內各處分銷應先向就地征收專稅辦事處先行銷號註明已銷若干轉運若干領取運照以

憑轉運沿途經過征收分所一經驗明即蓋戳放行查驗人員不得收受銷號或手續等費及留難阻滯

一　貨商隱匿偷漏加罰三倍恃強闖越加罰五倍大起走私不服盤查并追緝拒捕者扭解財政廳懲辦貨物充公至罰款及私貨變價照廣東全省緝私總處獲走私貨物價及罰欵充賞章程辦理

一　凡屬應征專税之蜡類如係華人經理販運入口一經起卸及完納關税後即應向蜡類專税征收處報納如有特別情形須先入倉續報或已納專税而仍儲倉待沽者皆應先行報明理由方許通融辦理違作走私論

一　凡應征專税之物品原儎原件轉駁不泊岸轉運别處者先行報明分别完免税欵倘確有持有海關轉運單應於未轉時將單繳驗免税放行惟貨商不得過期延滯或分拆起卸或抽换頂替致干查究

廣東全省京果海味捐章程

(一)繳納捐欵以中央法幣爲本位如無中央法幣以省市毫券繳納以加五元水伸合抵繳

(二)全省各屬京果海味捐無論土產洋來均在征抽範圍一律照抽凡土產來京果海味于輪船渡帆船火車等載起入口時抽捐其設卡抽捐地點以有求設立地方爲限但京果海味在出產地方不准抽捐所有土產來京果海味捐照列舉種類征抽捐欵如未列入者不得濫捐其種類及捐率如左

種類別	抽收捐率	種類別	抽收捐率
大魚翅	每百斤　中央法幣一十元五角	中魚翅	每百斤　中央法幣七元六角五分

小魚翅	同	中央法幣	三元四角
鮑魚	同	中央法幣	八元五角
墨魚	同	中央法幣	二元
大中蝦	同	法幣中央	三元四角
柴魚	同	中央法幣	六角
蜆乾	同	中央法幣	一元
江瑤柱	同	中央法幣	四元二角五分
原淨龍躉皮	同	中央法幣	四元六元
抱哥魚	同	中央法幣	一元
鱔肚	同	中央法幣	六元
黃花膠	同	中央法幣	六元
海參	同	中央法幣	三元
魷魚	同	中央法幣	三元二角
鱆魚	同	中央法幣	四元
蝦米	同	中央法幣	一元七角
海蜇	同	中央法幣	六角
蟹肉乾	同	中央法幣	一元
黃魚頭骨	同	中央法幣	八元五分
鱘龍腸	同	中央法幣	八元五角
大口魚	同	中央法幣	一元
白花膠	同	中央法幣	八元五角
帶子	同	中決法幣	四元二角

淡菜	同	中央法幣	一元四角	東洋大菜	同	中央法幣	一元七角
秋魚根	同	中央法幣	四元二角	地魚	同	中央法幣	一元七角
鼈裙	同	中央法幣	三元	蝦子	同	中央法幣	一元七角
魚唇	同	中央法幣	三元六角	熊掌	同	中央法幣	八元五角
螺肉	同	中央法幣	一元七角	羊枚	同	中央法幣	一元七角
天星魚	同	中央法幣	一元四角	雪蛤	同	中央法幣	四元二角
魚肚	同	中央法幣	八元	鹿根	同	中央法幣	一元七角
牛根	同	中央法幣	一元六角	火腿	同	中央法幣	二元一角
大杏仁 中杏仁	同	中央法幣	一元四角 一元	合桃	同	中央法幣	四角
杏脯	同	中央法幣	五角一分	杏梅	同	中央法幣	五角一分
提子	同	中央法幣	八角五分	南棗	同	中央法幣	七角

柿餅	同	中央法幣	四角
生苡米	同	中央法幣	四角
栗肉	同	中央法幣	五角一分
黑棗	同	中央法幣	四角
加應子	同	中央法幣	五角一分
西紅瓜子	同	中央法幣	一元二角
白瓜仁 烏石瓜子	同	中央法幣	一元
瓊州紅黑瓜子	同	中央法幣	五角
白果	同	中央法幣	四角
欖仁	同	中央法幣	一元四角
山渣片	同	中央法幣	五角一分
洋苡米	同	中央法幣	一元
栗乾	同	中央法幣	五角一分
紅棗	同	中央法幣	五角一分
洋西米	同	中央法幣	四角
蓮子	同	中央法幣	一元四角
信豐瓜子	同	中央法幣	一元四角
連州瓜子	同	中央法幣	六角
茨實	同	中央法幣	四角
百合	同	中央法幣	五角一分
梨片	同	中央法幣	六角
京柿	同	法幣中央	四角

香港入口木耳	同	中央法幣	三元
榆耳	同	中央法幣	四元二角
石耳	同	中央法幣	三元
草菰	同	中央法幣	五元
香信冬菰	同	中央法幣	七元四角
烟台粉絲	同	中央法幣	四角
通心粉	同	中央法幣	四角
筍絲	同	中央法幣	七角
玉蘭筍	同	中央法幣	六角
雲耳	同	中央法幣	二元
麥麵	同	中央法幣	四角
西木耳	同	中央法幣	一元五角
雪耳	同	中央法幣	四十元
竹笙	同	中央法幣	二十八元
磨菰	同	中央法幣	十四元
龍口粉絲	同	中央法幣	五角一分
河口絲	同	中央法幣	四角
桂花粉	同	中央法幣	四角
筍片	同	中央法幣	七角
火筍	同	中央法幣	六角
河南麵	同	中央法幣	四角
文筍	同	中央法幣	七角

葛仙米	同	中央法幣三元	筍蝦	同	中央法幣六角
黃木耳	同	中央法幣七元	毛尾筍	同	中央法幣二元
桂花耳	同	中央法幣八元五角	圓肉	同	中央法幣一元
胡椒	同	中央法幣一元	金針茶	同	中央法幣六角
南澳縣產魷魚	同	中央法幣二元五角六分			

右列各京果海味等貨物凡本省沿海各港漁船出口採取各種海用物用帆船或雇挑運回當地海岸上陸者均不得作爲入口海味抽捐惟用輪船渡火車帆船等載運由有海關地方出口者于到達有海關地方入口行銷時始准抽捐以符土產土銷不准抽捐之原旨又由各處運入欽廉地方之貨向因爲數無多並不准設卡以免糾紛至河南麵一項除准欽廉高雷等屬改抽鷄蛋麵外其餘各屬市面銷售之綫麵(即銀絲麵鷄蛋麵)寬條麵及各屬產銷之鹹魚暨用罐頭裝載之京果海味等項均經本廳核定不准抽捐應仍照案辦理至商販買賣京果海味其貨物總數應納捐欵在中央法幣一元以上及重量在十斤以上者方准抽捐

(一)凡土產洋來京果海味販運入口時該京果海味商販須到當地收捐公司掛號報請查驗并列單報明貨色種類價值重量件數照章納捐領受征收單方准起卸該收捐公司不得征收掛號費

(一)凡已納足捐欵之京果海味如須轉運別處行銷時應向當地收捐公司申報在征收單內註明已銷若干銷號方行不得重

秞并不得抽收銷號費至各商號經捐京果海味銷號手續其價值在五元以下者准免銷號者價值在五元以上者仍照章辦理

(一)凡已納足捐欵之京果海味如運銷別處時有經捐憑證運照繳驗相符者該當地收捐公司應卽驗明放行不准重抽倘有途經港澳轉駁入口有海關証書及經捐運照憑証繳驗核明件數重量等時間相符者亦同

(一)凡緝獲瞞捐偸漏貨物除補納捐外按照貨價五折處罰如不遵罰時准將貨物充公投變惟須先行呈廳核明飭遵不得擅行處分所有罰欵及變價照廣東全省水陸緝私處緝私給獎章程辦理

廣東全省屠捐征收章程

(一)征收辦法

(甲)凡屠猪一隻重量在六十斤以下者抽正餉及加二專欵共國幣七角弍分其二十斤以上未滿六十斤者抽正餉及加二專欵共國幣四角八分二十斤以下者免抽均以司碼秤十六両爲一斤不得增減所有征繳捐欵以國幣爲本位

(乙)所抽捐欵准各屠戶加在價內取償食戶

(丙)各屠戶應赴承商處報名領牌方准宰賣惟領牌毋須繳納牌費

(丁)凡屠戶宰猪須先赴就地承商報明納捐方得屠宰如有瞞匿私宰情弊一經査出有據應照原猪應納捐欵拾倍處罰

(戊)各屠戶有宰賣死猪病猪及吹水等弊應由承商干涉制止以重衞生

(一)全省地方遼濶照章分批子商承辦所有各子商原承範圍內之屠戶如有宰猪往別商承辦範圍內銷售者須將經納捐欵單據持赴驗明行銷否則仍照前條甲項辦理以杜攙奪

(一)凡各縣市祭祀屠宰猪隻無論自畜自宰自食如已樂繳當地警學費者應卽照章繳納捐餉以杜瞞匿而息爭端其酬神賽會嫁娶所宰猪隻均須照章納捐以重餉源

(二)各屬屠捐如有附加地方警學慈善等費除經由本廳核准有案准照舊抽直接繳交地方機關應用外其餘概不准另立名目加抽捐項以免妨碍正餉

修正廣東全省香燭紙寶冥鏹捐及出口香粉香竹燭芯會紙錫薄捐暨汕頭出口紙鏹捐稽征章程

第一章　抽捐貨物範圍

第一條　凡香類無論大小脚香息香粗香塔香玉香而屬于焚化冥用者均照本章所定抽捐其製香原料之香粉香竹如販運出口至港澳行銷者亦同但用硫磺或殺虫粉製成之避蚊香及在本省內地行銷之香粉香竹暨汕頭出門之香類不准抽捐

第二條　凡燭類無論燃點敬神禮佛祀祖冥用一切大小紅白蜡燭均照本章程所定抽捐其製燭原料之燭芯如販運出口至港澳行銷者亦同但牛油或洋蜡之大小紅白色代光燭及梅縣之結婚花燭人生慶壽壽燭重量在一斤以上燃點時非兼焚紙鏹者暨在本省內地行銷之燭芯均不准抽捐

第三條　凡紙寶冥鏹係以紙類製成品物供迷信焚化冥用者無論金銀錫紙製成寶樸元寶小寶江寶汀寶茶地北金退金紙錢溪錢各色紙衣符疏以及扎作器物等項均應照本章所定抽捐其販運出口至港澳行銷之會紙或錫箔

及由汕頭出口之紙鏹亦同但金花祭軸大光金銀錫紙瓦金紙黃白朗紙色綾紙會紙係未紙製或焚化冥用物品不准抽捐

第 四 條　廣州市內廟堂販賣香燭紙寳冥鏹等貨物應准征捐惟不得分等征收牌照費但外屬廟堂內所售香燭紙寳非廟內自製係由當地市上購來業經一度照章納捐者不得重征

第 五 條　前列各條所定抽收範圍如有與當地情形不同及未能概行包括者准由經征機關備具理由連同貨樣呈候核明分別飭遵倘未呈明擅行混抽一經商民告發查明屬實輕則處罰重則革究前列第一二三各條所定製香原料之香粉香竹製燭原料之燭芯會紙錫箔等類除照章明定在本省內地行銷不准抽捐外其餘運銷歐美之花竹亦不准抽捐惟香粉香竹燭芯會紙錫箔等類如販運出口至本省境外或外國各埠者仍照販運出口至港澳行銷辦法抽捐凡汕頭出口錫箔運來廣州銷售如由輪船儎運者中途經過香港應查明關單及艙口單如係逕至廣州及省內各地祗准查驗相符即予放行毋庸給發出口証並不准征收捐費及不得藉端留難倘由帆船儎運者多不經過海關自不能將關單繳驗惟爲防範由汕頭出口轉赴港澳地方起見應准取具証據報明查驗如屬至港澳而貨在內地者起卸者應給發出口証毋庸取驗關單若確不經港澳而逕達內地起卸者應查明所具切實証據驗對相符即予放行亦毋庸給發出口証並不准征收捐費及不得藉端留難

第 六 條　征解捐欵均以毫銀爲本位

第二章　抽捐標準及捐率

第 七 條　前章所定各項香燭紙寳冥鏹抽捐率均照貨價値百抽十其販運出口至港澳行銷之香粉香竹燭芯會紙錫箔

汕頭出口紙錫從量計捐除皮計算暹紙每件一百八十斤金紙每件二百四十斤計算每百斤抽銀七錢五分等項亦同但左列各屬有特別規定者不在此限

廣州市香捐　值百抽五

南海三江企利司　值百抽五

番禺沙茭司　值百抽九

三水開平兩縣　值百抽八

新會縣　值百抽五

第八條　燭類之抽捐值百抽十爲原則但爲便利稽征起見得照左列各欵辦法抽捐

甲、夾製硬燭鑊每鑊一具　月抽捐銀一百二十元

乙、手製硬燭鑊每鑊一具　月抽捐銀二十元

丙、手製軟燭鑊每鑊一具　月抽捐銀三十元

以上三欵均以製造整月計算，甲欵之硬製燭鑊每具每日製燭以一百六十斤爲度乙丙兩欵之燭鑊每製燭以四十斤爲度倘加工或以其他方法製燭類超過本項所定限度時應先向經征機關報明增製之重量照值百抽十認定捐額領得許可証方能增製違者以瞞捐論

第九條　本捐各經征機關不得抽收在本省轄內已經照章納足捐欵過境之貨物但如非過境貨物而運抵該處起卸分散發沽者仍須報請該處經征機關查明照章抽捐方得起卸若由鄰省經過者於經過第一道由該管經征機關查明如無鄰省完捐單或運票應照章值百抽十如有鄰省完捐單或運票但其捐率不及值百抽十者應令補繳

至值百抽十爲止如該貨物係運銷本省各地及運抵銷售地時仍須報請當地經征機關查明照章抽捐方得起卸

第三章　抽捐方法

第十條　凡本省店舖自行製造香燭紙實冥鏹須先將製成數目報請當地經征機關查明按照當地發行時價抽捐始准發沽如係大帮買入時亦將貨式重量價值件數報請查明繳捐發給收捐單方得犯卸違則以瞞捐論

第十一條　前條關于自行製造貨物對于錫紙一項應以㨾包裝扎完好方爲製成若係錫紙相粘尚不能以製成論凡經製成之錫紙其形式合于裝配發沽而其數目又適於發沽時足爲計算價格件數之標準者即須報請經征機關查驗登記數目於發沽前完納捐欵倘未納足捐欵不得將貨物遷移或搬運以杜瞞漏如經製成報驗未能即時發沽者仍須於查驗後十日內照章納捐

第十二條　凡香燭紙實一經抽捐即發收捐單交執單內應註明貨式或重量件數價值年月日期該貨起運必須隨同單捐報驗如貨單相符即加蓋圖記于捐單上即准放行倘無捐單同運或有年單與貨式重量件數不符者應照走私論按章處罰其有另發零沽收捐單者仍應將式樣呈報備案

第十三條　商販向別處購運香燭紙實貨物如非同一經征機關所轄區域內之貨物於其貨物到達銷售地域入境時應將貨式重量件數及運往地點店號報由所轄征收機關查驗抽捐方得運入發售其在同一經征機關所轄區域內之貨物運回銷售者毋庸報驗抽捐但同一經征機關所轄區域之界綫應以民國二十二年前之舊商所轄區域

第十四條　爲標準香燭紙實貨物經向當地經征機關報納捐欵如復將原裝或分裝轉運出境者應將原收捐單報由該管

經征機關查明給發運照隨貨放行不准重征如無運照雖有收捐單或有單照而所記載與貨物不符仍作瞞捐論照章罰處

第四章　稽查

第十五條　新張商店欲製造或販賣香燭紙寶冥鏹須於未製造販賣之前五日將商店名號地址門牌司事姓名開列報明所轄經征機關查核方可開始製造販賣否則以瞞漏處罰論但經征機關對於此等商店不得發營業証或兼營牌照

第十六條　凡香燭紙寶冥鏹店舖須於該管經征機關開辦日起限三日內將購存或製存貨物分別已捐未捐（不准用貨物調查表）報請查明分別免捐納捐如所存之貨物經向舊經征機關納捐准新經征機關於已捐貨物加蓋印章藉資識別不准重征

第十七條　營業香燭紙寶冥鏹行商店舖該管經征機關得隨時派稽查員前往稽查并調取簿據稽查以杜瞞匿惟稽查員執行職務入店檢查時均應由該管經征機關發給証章配帶以資識別并須知會當地警察會同辦理免滋誤會

第十八條　凡奸商走私不服檢查大不遵處罰准由當地征收機關就近報明該管縣市飭警將入貨扣留一面呈廳核辦

第五章　罰則

第十九條　凡查獲瞞捐私貨除飭令補捐外處以該貨應納捐款五倍之罰金其情節重大者應呈廳核明處以重罰或沒收其貨物并停止其營業以示懲儆

第二十條　凡根據本章制罰之案應先呈奉本廳核准方得執行所收罰款其分配辦法以四成充賞線人二成歸經征機關

二成緝訊辦之縣或市二成解廳但該案由經征機關直接緝獲者該充賞綫人之四成罰欵歸該經征機關自行支配

第六章　附則

第廿一條　本章程如有未盡事宜由本廳隨時呈請　廣東省政府修正之

第廿二條　本章程自呈奉　廣東省政府核准後公佈施行

廣州市水陸筵席捐征收章程

第一條　征收廣州市水陸筵席捐依本章程所定分別辦理

第二條　征收廣州市水陸筵席捐區域以東至燕塘東浦墟西至黄竹歧五眼橋南至大塘官山墟北至三元里佛嶺市爲界

第三條　征收廣州市水陸筵席捐之定率及手續照左列各項辦理

（甲）筵席捐定率係按照筵席菜式價值加一五征收凡屬界內除下級飯店其菜式之價格在二毫以上者照率征收其價格爲二毫或二毫以下者准予免抽外所有水陸宴飲之筵席無論冠婚喪祭或普通應酬宴叙凡售自酒樓包辦西餐飯店席艇者（以下簡稱爲筵席菜式店艇）無論其營業數目多寡均應照章加一五征收捐欵如係商店住戶由原用厨夫自製欵客者概不征收但下級飯店其菜式不得用海鮮海味（如魚翅鮑魚魚肚及明蝦蟹蟮鲋魚水魚等）其傢私不得用酸枝椅桌及錫碗牙筷等器具其間格不得分廳房並須於門首易見之處懸掛下級苦力飯店等字樣之招牌以資辨别而杜取巧如此種下級飯店日後有擴充營業其營情形與規定之下級飯店不符者仍應照章征收捐欵凡商店住戶由原用厨夫製菜欵客以原用器具爲限不得向

酒樓包辦館及其他商店租借錫碗牙筷檯布等用具並須在原住商店或住戶內設席爲限不得租假俱樂部祠堂大艇與及公共場所等地方陳設筵席仍以四桌爲限如超過四桌之數須全數核計繳納筵席捐

凡廣州市內茶樓茶居茶室所售各種小食准予概照下級飯店辦理每款定價在二毫以下者免予抽捐若在二毫以上者均應照章抽捐其在每款定價二毫以下之小食仍應照章不得以海鮮海味配製至加碼配料之粉麵飯食等類每款不得超過五毫其原料與加碼配料並須合盛准免抽捐仍不得用另碗或碟分載以杜取巧但此種限制以有售賣各種小食者爲限如無售賣各種小食者所有加碼配料之粉麵飯食不在此限至茶樓茶居茶室售賣二毫以下菜式小食以燒鹵菜式爲限准免抽捐係以所售菜式爲納捐之標準如茶樓茶居茶室營售酒館所營售菜式即須照章納捐

(乙)凡鬪花筵筵席菜式如花酒樓妓院花艇紫洞艇等類(以下簡稱爲筵席菜式店艇)均應按照筵席菜式一律加一五征收其別行兼營筵席菜式生意者(以下亦簡稱爲筵席菜式店艇)則筵席菜式之部份亦應加一五征收又全桌筵席其中雖有生果京果麵點粥飯等項應照全桌價格復比照加一五定率征收捐欵其散點菜式雖兼用生果京果麵點粥飯等項應照菜式價格復比照加一五定率征收捐欵其生果京果麵點粥飯等項不得抽捐

(丙)凡征收水陸筵席捐係按照各該筵席菜式店艇每日筵席菜式之生意統計每百元征收十五元每十元征收一元五毫多少類推至此項筵席菜式如係由筵席菜式店艇等送至商店或私家者一律征收

(丁)筵席捐欵概以本市通用銀毫收繳應由各該筵席菜式店艇向顧客帶收按日將進入生意之總數及應繳之加一五捐欵數目除在捐欵內提出十分之一爲各該筵席菜式店艇回籌以作酬勞外塡列日報表由征收辦

事處派員向各該筵席菜式店艇核明收取塡給征收聯單爲憑每日一結如專營包辦館業務有客賬者仍應先向顧客收捐倘顧客有不能先繳者該包辦館應即塡明報賬單于次日送交征收辦事處查核但客賬之捐欵應由該包辦館負責于半個月內清繳以示體恤而廣限制至無商號與及私家等廚夫到征收辦事處報繳筵捐仍照給以佣金一成作爲酬勞費以資鼓勵

（戊）廚師承接包辦筵席應於定菜後辦菜前先將菜式價格開列到征收辦事處報明領取廚師接辦筵席証以資查考祇須照章抽捐毋庸另納証費

（己）所有廣州市內各筵席菜式店艇之記數聯單應由征收辦事處印備兩聯單釘裝成册編號發交各筵席菜式店艇塡用以杜瞞匿惟該項聯單不得收費各筵席菜式店艇于塡用時如有開列錯誤應將錯誤之單作廢保存另用次號之單但不得將錯誤之單撕毁亦不得將存根拆散遺失以便查考而昭覈實

第四條 征收辦事處得隨時遣派稽查人員前往各筵席菜式店艇檢查各項數簿及單據以杜瞞匿各該筵席菜式店艇不得違抗至稽查人員執行職務檢查簿據時應携帶稽查憑証并應將該項憑証式樣呈廳備查

第五條 各筵席菜式店艇如有瞞報隱匿情弊一經查確得因其情節輕重照所瞞捐欵數目處五倍以上二十倍以下之罰金其所得罰欵應照緝私給奬章程辦理各筵席菜式店艇如不遵用征收辦事處印備釘裝成册編號蓋章之記數聯單者以瞞捐論訂仍查確抗塡捐欵數目照本條之規定處罰

第六條 該市內各營業筵席菜式店艇如有浮收捐欵或不應抽捐部分而混入抽收等情弊一經查確初犯者照浮收數目十倍以下處罰再犯者照浮收數目二十倍以下處罰三犯者除照浮收數目三十倍以下處罰外并即取銷商業牌照制止營業以杜浮濫其所得罰欵仍照本章程第五條之規定分別支配

第七條　無論何人偵知各筵席茶式店艇有瞞匿或浮收捐欵情弊均可舉報一經查確即照本章程第五條及第六條分別處罰所有罰欵仍照本章程第五條之規定分別支配

第八條　筵席捐欵關係省庫收入無論何人均應照章繳納除政府公宴由本廳核准免征外其他一切公私宴會皆須照納捐欵倘有橫抗得會警追收或將詳情呈報本廳辦理

第九條　征收辦事處應將筵席捐抽收範圍及定率摘錄張貼各營業筵席茶式店艇當目處俾衆週知仍將摘錄原文呈廳核明飭遵

第十條　廣州市水陸筵席捐現暫委員征收所有征存捐欵均須按旬報解庫收至遲不得逾期五天其每日經收罰欵仍須造報日計表送廳查核

第十一條　征收捐欵所用單據由本廳核發由各委員備價呈廳領用其筵席茶式店艇所用記數聯單由征收辦事處製發填用所有各項紙價概在額定經費項下報銷

第十二條　征收辦事處所用關防由廳刊發領用仍將啓用日期報查

第十三條　征收捐欵均以銀毫爲本位但有特別規定者依照其規定辦理

第十四條　本章程自頒布日施行

中華民國二十六年四月　日　廣東財政廳印發

廣東省各縣市筵席捐章程

(一)此項筵席捐餉及按月餉欵應以三分之一解廳撥充全省體育經費其餘三分之二內以三分之二解廳撥充中山大學經

費餘三分之一除辦期末月扣抵按餉一個月免予撥縣外其餘各月均照案撥充地方教育經費仍將按月撥縣銀數取具印收繳廳查攷

（一）該公司所承區域各繁盛市鎮酒樓菜館飯店席艇屬於營業性質者不論顧客多少中西筵席均照顧客結數時所結筵席菜式銀數加一五征收由售賣之酒樓菜館飯店席艇等于結數時開入單內向顧客帶收其售自酒樓菜館飯店席艇等送至商店或私宅及厨伕上門包辦筵席者一律照收

（一）該屬等現在經已開設有娼寮妓館妓艇處所經由花筵捐承商抽有捐欵者不再抽收外凡屬水陸宴飲之筵席無論冠婚喪祭或普通應酬但係售自酒樓菜館飯店席艇有數目可查者均照征收倘由商店或私宅之原用厨伕自製以欵客者及下級飯店所售菜式在二毫以下者均不得抽收以免騷擾但下級飯店其菜式不得用海鮮海味（如魚翅海參鮑魚明蝦蚧蟮鯇魚水魚等）其家私不得用酸枝椅桌及錫碗牙筷等器具其間格不得分廳房並須於下級飯店之門口懸掛下給苦力飯店等字樣之招牌以資辨別惟日後如有擴充營業其營業情形與規定之下級飯店不符者仍照章收捐

（一）各酒樓菜館飯店席艇等所帶收之捐欵應以九成繳交該商其餘一成撥歸各酒樓菜館飯店席艇爲酧勞費

（一）該商所承區域內之各酒樓菜館飯店席艇等每日夜售出菜式等數目得由該商隨時派員會警前往稽查如查確有瞞報匿報情弊准照所瞞捐欵數目處四倍以上十倍以下之罰金其所得罰欵應以三成解廳三成賞給線人二成解縣其餘二成由該商自行支配

（一）各酒樓菜館飯店席艇帶收捐欵每日一結並得由該公司製定日報單發交依式填報以憑查攷仍應將報單式樣呈廳察核

（一）該公司稽查人等執行職務入店稽查時均應由該公司給發証章配帶並須知會地方警察以免誤會該商所發稽查証章

須將式樣分呈本廳及該縣屬警署等察核備案以昭愼重

(一)該公司承辦區域所屬各市鎭有設立分公司之必要時得隨時設立以便稽征但須將設立地點分別呈報本廳及該管縣署以憑分別飭行保護辦理

(一)此項筵席捐各屬無論何項籌欵不得再有附加及另立名目征收致碍正餉但由本廳或　廣東省政府通飭遵辦者不在此限

(一)該商所用一切契約單簿証照應遵照印花稅法規定分別貼用印花以符通案

(一)本章程如有未盡事宜准該商呈候核明飭遵辦理以臻完善

中　華　民　國　二　十　五　年　月　日廣東財政廳訂

廣東全省煤油販賣業營業稅總處組織章程

第一章　總則

第　一　條　本章程根據廣東省煤油販賣業營業稅征收章程第四條之規定訂定之

第　二　條　廣東省財政廳(以下簡稱財政廳)爲利便指派廳員兼職藉省糜費起見在廳內組設廣東全省煤油販賣業營業稅總處(以下簡稱總處)專辦全省煤油販賣業營業稅之督征報解事宜

第　三　條　總處在各煤油公司或土製煤油廠設有總代理之地點組設征收分處辦理征收報解事宜各征收分處因其事務之繁簡定爲甲乙丙三等

第四條　總處在各煤油公司或土製煤油廠設有油倉之地點組設稽查油倉專員辦事處派駐專員專辦倉油出入塡發運單事宜

第二章　組織

第五條　總處設處長一人由財政廳荐請省政府任用之

第六條　總處設秘書一人由廠長委用之

第七條　總處設總務稅務會計三課各課設課長一人各課依事務之繁簡酌設課員事務員僱員各若干人均由廳長遴員委僱各課長員之職掌如財政廳長認爲可派廳員兼任者得加委兼任兼職者不兼薪但得由廳長核其所兼職務之勞逸酌給辦公費

第八條　總處所屬各征收分處之分處長及各稽查油倉專員辦事處之專員均由廳委用各分處各辦事處之事務員僱員由分處長及專員遴員委僱但除僱員外仍須將各該事務員之詳細履歷開呈總處核轉財政廳察核備案

第九條　總處及所屬各分處各辦事處所有職等員額及經費預算另以附表規定爲本章程之附件併發總處遵行

第三章　權責

第十條　總處處長秉承財政廳長之命令督率所屬職員處理全處事務

第十一條　總處秘書秉承處長命令撰擬機要文件閱核文稿

第十二條　總處總務課稅務課會計課課長秉承處長命令督率本課職員辦理本課事務

第十三條　總處各課職員受各該課長指揮監督辦理本職事務

第十四條　各分處長各專員對總處處長負責督率所屬職員辦理所管事務

第十五條　各分處及各辦事處職員受該管各分處長各專員指揮監督辦理本職事務

第四章　職掌

第十六條　總處總務課職掌如左

(一)關於接收及交代事項

(二)關於收發事項

(三)關於撰擬繕校管卷事項

(四)關於印信保管事項

(五)關於保証書類之審查保管事項

(六)關於職員任免攷考績事項

(七)關於庶務事項

(八)關於現金及有價証券之出納保管事項

(九)關於不屬各課事項

第十七條　總處稅務課職掌如左

(一)關於稅務上之調查整理及統計事項

(二)關於督飭征收考核查報事項
(三)關於領發單証及核驗存轉單根事項
(四)關於處理違章瞞漏事項
(五)關於稅收之核算事項
(六)關於納稅書証類之保管及編發事項
(七)其他關於稅務事項

第十八條 總處會計課職掌如左
(一)關於欵項收支之核算及登記事項
(二)關於收解稅欵之核擬事項
(三)關於預決算之編造事項
(四)關於賬簿表册之編製保管事項
(五)關於稅欵收解之日計旬計月計年計事項
(六)關于總處日計表按日分送財政廳廳長及處長存查事項
(七)其他關於會計事項

第十九條 各分處各辦事處之辦事章則及解欵報告規程由總處根據廣東省煤油販賣業營業稅征收章程及本章程另訂呈奉財政廳核准行之

第二十條 總處秘書及總務課稅務課會計課之辦事細則由處長訂定呈奉財政廳核准行之

第五章　附則

第廿一條　本章程如有未盡事宜得隨時由財政廳擬議呈請廣東省政府修正

第廿二條　本章程自呈奉廣東省政府核准公佈施行

修正廣東省煤油販賣業營業稅征收章程

第一條　本章程係在廣東省營業稅征收章程第四條物品販賣業之油類業內。提出煤油販賣業，參酌營業稅局征收販賣煤油商店營業稅之現行辦法，另訂之。

第二條　課稅範圍

凡在廣東省內，無論中外商民，設有一定之店舖或營業場所，繼續爲煤油之營業者，規定直接向美孚亞細亞德士古三公司或其他類於該三公司之煤油公司暨在廣東省內開設之土製煤油廠領油發賣之商店場所，均稱爲煤油總代理，准依照民國廿年四月廿四日財政部行廣東省政府之咨案認其爲純粹之批發商店，免其課征營業稅。

凡煤油公司及土製煤油廠所有煤油祇准直接賣於總代理即純粹之批發商店不准賣於其他商店及用戶

凡純粹批發之商店即總代理所代理之煤油祇准賣於販賣之商店不准直接賣於用戶

凡向總代理買煤油販賣之商店，無論其爲分代理或非分代理，專營或兼營，一律稱爲煤油販賣業零售店，均負依章報納營業稅之責任。

第三條　課稅標準及稅率

凡總代理將煤油賣於零售店時不論其屬於比重表四十五度以上或三十九度至四十度之煤油一律按照每十美加侖計(卽每一箱或二罐)報納營業稅國幣三元

凡報納煤油販賣業營業稅之國幣照通案加三計算以毫銀伸繳

凡應納煤油販賣業營業稅之零售店均按買賣成交次數將營業額(卽是次向總代理買入煤油之種類數量)卽時申報於總代理所在地之煤油販賣業營業稅征收分處隨同申報併繳納稅欵

第四條　機關設置及稽征方法

廣東財政廳附設廣東全省煤油販賣業營業稅總處(下文省稱總處)督辦全省煤油販賣業營業稅征收報解事宜

凡煤油公司及土製煤油廠自本章程公佈實行後均于通知後一星期內向總處申請領營業証同時將該公司或該廠已設油倉或總代理之地名列報如繼續增設亦繼續列報

凡煤油公司或土製煤油廠設有儲蓄煤油之倉者(或池或船均作倉論)均由總處于該地附近派駐稽查油倉專員專辦稽查倉油出入填發運單事宜其辦理章則另定之

凡煤油公司或土製煤油廠設有總代理之地方均由總處組設該地煤油販賣業營業稅征收分處辦理征收事宜其章程另定之

凡煤油公司或土製煤油廠所列報之總代理均須向當地之煤油販賣業營業稅征收分處申報請領營業証

各總代理所代理某公司或某廠之某嘜頭煤油須　先向當地之煤油販賣業營業稅征收分處報明登記　方准代理

各總代理向某公司或某廠起運煤油時須先向該公司或廠之該管稽查油倉專員報領運單方准出倉起運油與運單不准相離此運單照章粘貼印花（照財政部核定廣東省印花稅暫行條例第九條後附錄之商民運貨憑單稅法按所運貨值依條例第二條第二類第二十九條之規定累進貼用）不另納費

各總代理將煤油運抵代理處所時須報經當地之煤油販賣業營業稅征收分處，驗明繳銷運單換貼驗訖証方准存儲批發此驗訖証每張收手續費毫洋一分不另收費

前第二條第四項所稱之零售店依照前第三條第四項之規定申報納稅時須將該煤油總代理之批發單據與申報書同時繳請征收分處核驗相符加蓋驗訖戳記即時將單據發還經核驗完稅之煤油即任由各零售店如何販賣不問所之

凡煤油公司或　製煤油廠之油倉及與油倉存油發油有關係之部據暨各總代理存儲煤油處所及與存入煤油發出煤油有關係之簿據煤油販賣業營業稅總處暨當地征收分處或該管之稽查油倉專員所派出之檢查員憑未逾時效之檢查印令得隨時依照令開事理施行檢查

第五條　違章瞞漏罰則

凡廣東省內之煤油公司或土製煤油廠暨各公司各廠所委託之總代理及直接向各總代理販賣煤油之零售店如有不遵照本章程辦理者，應先勒限遵辦若逾限不辦又不於限期內呈明故障或所呈故障之事由實含有違抗性者得制止其營業

凡煤油公司或土製煤油廠暨各公司各廠所委託之總代理如有違犯本章程第二條之第二第三項規定將煤油直接賣於用戶者一經查獲除將油全數充公外並處以壹百元以上五千元以下之罰金

凡向各總代理販賣煤油之零售店不依照本章程規定瞞漏營業税者一經查獲除將油充公外並處税額三倍以上二十倍以下之罰金

除各公司各廠各總代理各零售店違章瞞漏應照前兩項之規定處理外其他商民如有走漏本章程應征之營業税者一經緝獲照財政廳處理走漏其他税捐之章案辦理

第六條　本章程實行時廣東省營業税征收章程第四條物品販賣業表所列油類業，即將煤油業除外各營業税征收局對於專營煤油販賣業之商店卽停止征税如有其他販賣業兼營販賣煤油之商店仍照其他販賣業營業税之規定征税

第七條　本章程由廣東省政府議決於公佈日施行如有修改由廣東財政廳呈廣東省政府核准修改之

廣東財政廳佈告

總字三〇二一號　廿三年九月廿九日

爲佈告事案照本省煤油營業税章案規定煤油營業税之征收係按每十美加侖（卽每一箱或二罐）報納國幣三元由煤油零售店負責繳納其係總代理或土廠而兼總代理及零售店之資格者亦得先代墊繳以利批發展辦有案惟查此項征收方法究有未善亟應改善計算征收方法于柴油煤油進口時卽就其運入柴油煤油數量按照標準數計算征税以資便利茲定于本年九月廿九日實行除呈報外合將改善煤油販賣業營業税征收手續辦法六條布告仰商民人等一體知照此佈

改善煤油販賣業營業税征收手續辦法

第一條　本辦法祇係變更煤油營業税征税手續其餘仍照章案規定辦理

第二條　凡油商（包括華商洋商土油廠煤油公司或營運柴油商在內以下同）運入製造煤油原料之柴油（英譯petro

Ieam Prodnet)在華氏寒暑表六十度時保未(法譯Beaumie)力度二十五度以上爲標準規定每噸即二二四〇磅(英譯 Ton＝2240pounds)可能製成煤油五十八礶即以此數爲報納煤油營業稅之標準數其運入礶裝桶裝或散裝之煤油均以十美加侖納國幣三元爲計算標準

第三條　凡油商于購運原料柴油或煤油入口之前均須先向當地總處或分處請領運照俟柴油或煤油入口時將運照交稅關驗明後即將稅關完稅單連同運照向當地煤油營業稅總處或分處報明購運數量即依照前第二條標準數先行一次過完納煤油營業稅

依前條規定嗣後凡遇有報運柴油原料進口或煤油進口者各稅關均憑煤油營業稅總處或分處運單驗放如無此項運單者以走稅論

第四條　柴油原料進口納稅後如將製成之煤油轉運出省外者應准報明煤油營業總處或分處轉呈財政廳登記出省數量下次柴油原料進口時照所登記出省之數量扣減然後納稅

第五條　本辦法公布實行時凡油商所存柴油煤油應報明煤油營業稅總處或分處派員點明存貨數量分別登記卽行納稅以清手續

第六條　本辦法如有未盡事宜或須修改者由廣東財政廳呈請廣東省政府核准修正之

改善煤油販賣業營業稅征收手續辦法之簡章

(一)本簡章係由財政廳根據二十三年九月二十九日所公佈之改善煤油販賣業營業稅征收手續辦法文省稱改善辦法)六條將原日征收章案不適用之組織量爲改組不適用之手續併予收定令發煤油販賣業營業稅總處(下文省稱總處)

奉行之

(二)凡油商就政財廳所指定之柴油煤油進口地方輸入改善辦法所規定之原料柴油或煤油應納煤油販賣業營業稅者悉由總處及總處所屬機關辦理之

(三)總處之下就現在重新規定之地點將原日各征收分處所卡改組爲某地點征收分處某地點稽征卡辦理征收稅欵事宜並就現在重新規定之地點將原日各稽查油倉專員辦事處及各稽查分處改組爲某地點進口柴油煤油檢查所某地點檢查分所辦理進口柴油煤油檢查事宜其系統如附表

(四)凡指定柴油煤油進口地方其事務單簡不宜于設征收分處及檢查所者則設稽征卡此等稽征卡統辦征收檢查事宜惟屬於征收之事應秉承該管之征收分處辦理屬於檢查之事應秉承該管之檢查所辦理

(五)凡非指定柴油煤油進口地方即不設征收分處及稽征卡惟認爲柴油煤油私運進口之衝要地方則設檢查分所秉承該管之檢查所辦理查緝事宜

(六)征收分處設分處長一員主管分處內一切事項主任若干員承分處長之命辦理征稅事項事務員僱員稽查員各若干員分辦所管稅欵收解稅務行政及經費報銷事項征收分處辦事細則及經費預算另定之

分處所屬之稽征卡設主任一員主管卡務事務員僱員稽查員各若干員分辦卡務稽征卡辦事細則及經費預算另定之

檢查所設所長一員管理所內一切事項事務員僱員稽查員各若干員分辦所務檢查所辦事細則及經費預算另定之

檢查所所屬之檢查分所設辦事員一員主辦所務設稽查若干員分辦所務檢查分所辦事細則及經費預算另定之

(七)依改善辦法第三條之規定油商於購運原料柴油或煤油入口之前先向當地總處或分處請領運照時（現規定分處或稽征卡爲發運照機關如有到總處請領者應由總處令向當地分處或稽征卡請領）該分處或稽征卡即將財政廳製

發之運照依式填發俾油商憑運照赴海關完稅後乃憑完稅關單連同運照向原發運照之分處或稽征卡依改善辦法第二條規定之計算標準完納營業稅再憑營業稅稅單在指定之進口地方輸運進口從前征稅章案與本條抵觸者概不適用

(八)各進口柴油煤油檢查所及兼辦檢查之稽征卡改組成立時應將所轄凡有販運柴油煤油進口之公司或廠所有存貯進口原料柴油之躉船(非以船躉或以池躉為躉者俱作躉船論)及存貯進口煤油之躉倉(非以倉躉或以船躉池躉者俱作躉倉論)分別點存數量作為存底數嗣後一入一出皆登記數量按日以管收除在結計列表存報從前稽查油倉章案與本條抵觸者概不適用

(九)各油商依前第七條之規定憑營業稅稅單將原料柴油或煤油在指定進口地方輸運進口之前應將營業稅單申報於該管之檢查所或兼辦檢查之稽征卡請派員驗明力度數量存入躉船或躉倉即發給登記憑據交油商執存

(十)進口原料柴油存入躉船後其輸出分為左列三種

(甲)種　係製油商自販躉存由躉船輸出運入於自己之製油廠以供自己製油之用者

(乙)種　係製油商自販躉存備用惟以營業上之關係將自販原料柴油之一部割讓於他人開設之製油廠以供他人製油之用因之由躉船輸出運入于他人之製油廠者

(丙)種　係販渣家販存備賣於製油廠以供製油之用於買賣或成交時由賣渣之躉船輸出運入於買渣之製油廠以供製油之用者

右三種輸出均由躉存者將輸出事由于輸出之前申報該管之檢查所或兼辦檢查之稽征卡請領財政廳製發之運單憑運單護運運抵製油廠製成煤油後于煤油出廠時須依另案將發領之檢驗票按罐貼票乃許出廠

（十一）進口煤油存入躉倉後其輸出分爲二種

甲種　係散水由躉倉輸出運于其他地点入礶者

乙種　係礶裝由躉倉輸出運於總代理處所待售及直接賣於販家或用戶者

右甲種輸出應照前第十條甲乙丙三種輸出請領運單辦法請領運單護運入礶之後于煤油出廠時依另案將發領之檢驗票按礶貼票乃許出廠

右乙種輸出於出躉倉時即依另案發領之檢驗票按礶貼票以資護運不必請運單但輸出數量若干仍應于輸出之前申報該管之檢查所或兼辦檢查之稽征卡登記幷驗放

（十二）各分處稽征卡各檢查所各檢查分所辦理征税檢查事務其相互間應知會或呈請之手續及對於總處應請示或呈報之手續由總處參照未實行改善辦法以前之章案分別訂擬簽經財政廳核定通飭遵辦

（十三）總處在未實行改善辦法以前所有奉行之章案除與改善辦法及本簡章暨改善辦法實行後奉准之專案有抵觸者均不適用外其餘仍繼續有效但與改善辦法精神不甚協合者仍應逐案簽候財政廳核示

（十四）本簡章如有未盡事宜由總處簽經財政廳核定修改之

（十五）本簡章由財政廳訂定令總處印成單張分給所屬各機關及與本簡章有關係之公會公司或廠一體遵辦仍呈省政府備案

（十六）本簡章自財政廳公佈日施行

奉廳令煤油入口每罐征國幣九角幷征登記處柴油入口許可証費每噸國幣六元等因仰照由

廣東省煤油販賣業營業稅總處訓令 稅字第四三號

令

現奉

廣東財政廳總字第七二四號訓令開：

「案照本省煤油販賣業營業稅總區前廳長呈准自二十二年十一月一日舉辦規定凡每煤油一箱（即兩罐）以十美加侖計報納營業稅國幣三元歷經征收有案惟柴油進口照現行稅則征稅海關方面已定于本年七月二十日起實行所有原日柴油每公噸僅納二·九關金者現改以含有煤油成分六成爲率按三三·六○金單位比例征稅煤油成本益增用戶負担益重自非將煤油營業稅原定稅率酌減不足以恤商困而利民生茲經核定自佈告日起凡油商購運柴油在華氏寒暑表六十度時保米力二十五度以上者一律于入口領照時每噸仍按五十八罐標準數算稅每罐征國幣五角至國外貿易委員會廣東特種柴油登記處向征之柴油入口許可証費每噸國幣六元現該處雖已撤銷爲扶植對外貿易起見仍應由各煤油營業稅分處卡繼續征收不另設處以節公帑其餘均照向章辦理除呈報

廣東省政府備案暨佈告外合行令仰該處即便遵照幷飭屬遵照仍將遵辦情形報查。」

等因；奉此，除分令　　知照外，合行令仰該

中華民國二十五年九月十一日

廣東省煤油販賣業營業稅總處取締免稅外銷煤油暫行辦法

一、運　道　凡在廣東境內請免營業稅運往外省銷售之煤油，其運往外省時，必須經一定之運道，以杜洒賣而便稽查。現時暫定運往廣西者，其運道以經過梧州海關爲限。運往福建者，其運道以經過廈門海關爲限。除經此兩運道遵照本辦法之取締准免營業稅外，其餘暫不准免。

二、程　限　油商到分處卡報領前項免稅運照時，須先自計能履行左列三條件，乃可申報。

(甲)預計繳銷運照須若干日、日，繳報明後，非有特別故障，呈奉核准，不得逾限。

(乙)該煤油運到外省時，須由接油之商店加蓋店章，并塡註街名門牌，及收到某公司或廠某嘜頭之煤油若干等字樣于運照繳核。

(丙)該煤油經過梧州海關或廈門海關時，如有完稅票據或查驗戳據，或代報稅行之代報單據或輪船艙紙，凡可以証明該煤油確已運入外省者，均須檢同運照，一併繳核。

三、申報領照　凡係煤油公司或土製煤油廠乃准將免稅煤油運銷外，凡欲將免稅煤油運銷省外者，先到該管之收稅處卡，塡繳外銷申請書、保証書，經該處卡派員查詢確實，并飭加具保店圖章，核明後然後塡發煤油外銷免稅運照。此種外銷煤油，規定在該公司或廠自己之油倉內提運，報經登記存倉之油，不准提運各總代理之存油，及尚未報經登記存倉之油。如有不依此規定提運者，作走私論。

四、報領運單　油商領得運照後，即持赴該管稽查油倉專員辦事處，申請發給運單，由該處在單內批明「外銷」字樣，以便持單到征收處卡請領驗訖証，粘貼出倉。

五、發給驗訖証　油商領得運單後，將運單繳該管之收稅處卡，審核相符，即換給驗訖証，並在証面加蓋「外銷煤油」字樣，及填明發証日期。油經貼証出倉後，商人即持照護運。其運單由收稅處卡依手續核銷。

六、徵收手續費　外銷煤油，每罐征收手續費毫洋半角。

七、繳銷運照　運照到繳銷期限時，由原領照商人依照前第二款乙、丙兩項之規定，繳由原發運照處卡核銷，如手續未完，或發見有弊混情事，均為原領照商人負責。

議案

為提議將廣東全省舶來農產品雜項專稅及與其相類之各項專稅改為廣東省舶來物產專稅以裕庫帑而維民生案。

辦法

(一)凡廣東省舶來農產品雜項專稅及與其相類之各項專稅，如洋紙顏料洋布疋頭木料皮革橡膠類製成物品蜡類京果海味糖類等稅捐，暨煤油販賣業營業稅，一律合併改為廣東省舶來物產專稅，釐訂章程，統一征收。

(二)抽收舶來物產專稅，以舶來進口者為限，但省外運粵油豆，具有特殊情形，且為省庫收入大宗暫仍照舊征稅，此外如各國產各省產各種農產物品，概不征收，以減輕人民負担

(三)舶來物產專稅之抽收範圍，以簡單化合理化為原則。即(一)收入無多過於零碎者剔除。(二)妨碍國內實業發展者剔除。(三)妨碍貧民生計者剔除。(四)妨碍中央稅收者剔除。

說明

查本省征收廣東全省舶來農產品雜項專稅，如洋紙顏料洋布疋頭木料皮革橡膠類製成物品脂類京果海味糖類等稅捐，原爲救濟本省農村經濟，保護內地工商事業，以維持土產物品發展，防遏舶來貨物傾銷而設，同時藉此增加稅收，稗補庫帑，所以迭據商民呈請裁撤前來，均經由廳體察情形，暫予保留，一面擬定廢除步驟，以裕民生，業經呈奉

財政部電復，准照備案，在案。現在本省財政狀況，一時限於財力，未能驟行悉數廢除，自當依照原定步驟，分別實施，以符定案，第查各項專稅之性質，及其抽收之標準，彼此大概相同，徒以舉辦時期，先後不一，遂致種類林立，名目紛歧，商販輸將，莫知所措，加以所抽貨物，又非限於農產品物，而以其他貨品爲多，尤宜更定名稱，以符名實，並將稅率分別改善，以利稽征，至現由商承之蜡類專稅京果海味捐兩項，業已決定收回委辦，交由各舶來農產品雜項專稅局征收，其煤油販賣業營業稅，亦擬歸入各舶來農產品雜項專稅局征收，自應一併編入，以昭劃一，而免紛歧，當否仍候

公決

提議人兼代財政廳廳長曾養甫廿六、六、廿五、

廣東財政廳稅務局暫行組織章程

廣東省政府第八屆委員會第八次會議議決照案通過、廿六年六月廿五日、

第一章　總綱

第一條　廣東財政廳爲統一征收機關調整稅務行政機構起見特將全省稅務劃爲九區每區各設稅務局局下分設征收處稽征所及分卡辦理營業稅船來物產稅典商營業稅菸酒牌照稅筵席捐及其他稅捐稽征事宜

第二條　各稅務局以數字分區征收處稽征所及分卡則以所在地名稱之分別冠以廣東財政廳及主管機關全銜（例如：廣東財政廳第二區稅務局開平征收處單水口稽征所）

第二章　組織

第三條　稅務局組織暫分三等征收處暫分四等稽征所及分卡暫不分等

第四條　稅務局設薦任局長一人一二等局各設薦任副局長一人委任秘書一人一等局設四課二等局設三課三等局設二課各設課長一人各課依事務之繁簡設課員事務員僱員各若干人

第五條　征收處設委任主任一人每處均設三組各組視事務之繁簡設處員事務員各若干人僱員若干人

第六條　稽征所及分卡設委任所長卡長一人職員若干人

第七條　稅務局局長由財政廳長遴派薦請　省政府委任秘書及各課長由局長薦請財政廳長委任課員事務員僱員由局長委用呈報財政廳備案

第八條　征收處主任，由財政廳長委任，處員事務員僱員，由主任任用呈局轉廳備案。

第九條　稽征所所長分卡卡長由區局遴員呈廳委任所卡職員由所卡委用遞呈轉廳備案

第十條　稅務局征收處會計事務及會計人員依財政廳所屬各機關會計人員暫行規程辦理之

第三章　職掌

第十一條　稅務局長處主任稽征所長卡長均依稅務行政系統表分別秉承上級主管機關命令督率所屬職員處理一切事務除分卡長外並分別監督指揮所轄機關其稅務行政系統表另定之

第十二條　副局長協助局長辦理一切職務

第十三條　秘書課長處員分別秉承局長處主任之命令督率所屬職員辦理各項職務

第十四條　課員事務員僱員及所卡職員分別秉承局長處主任課長所長卡處員命令奉行一切職務

第四章　附則

第十五條　局處所及分卡管轄區域編製經費另表規定之

第十六條　局處所卡及職務分掌辦事細則由各區局處自行擬訂呈廳核准施行

第十七條　本章程如有未盡事宜得隨時由財政廳修正呈請　省政府備案

第十八條　本章程自呈奉　省政府核准備案日公佈施行

各區稅務局稅務行政系統表

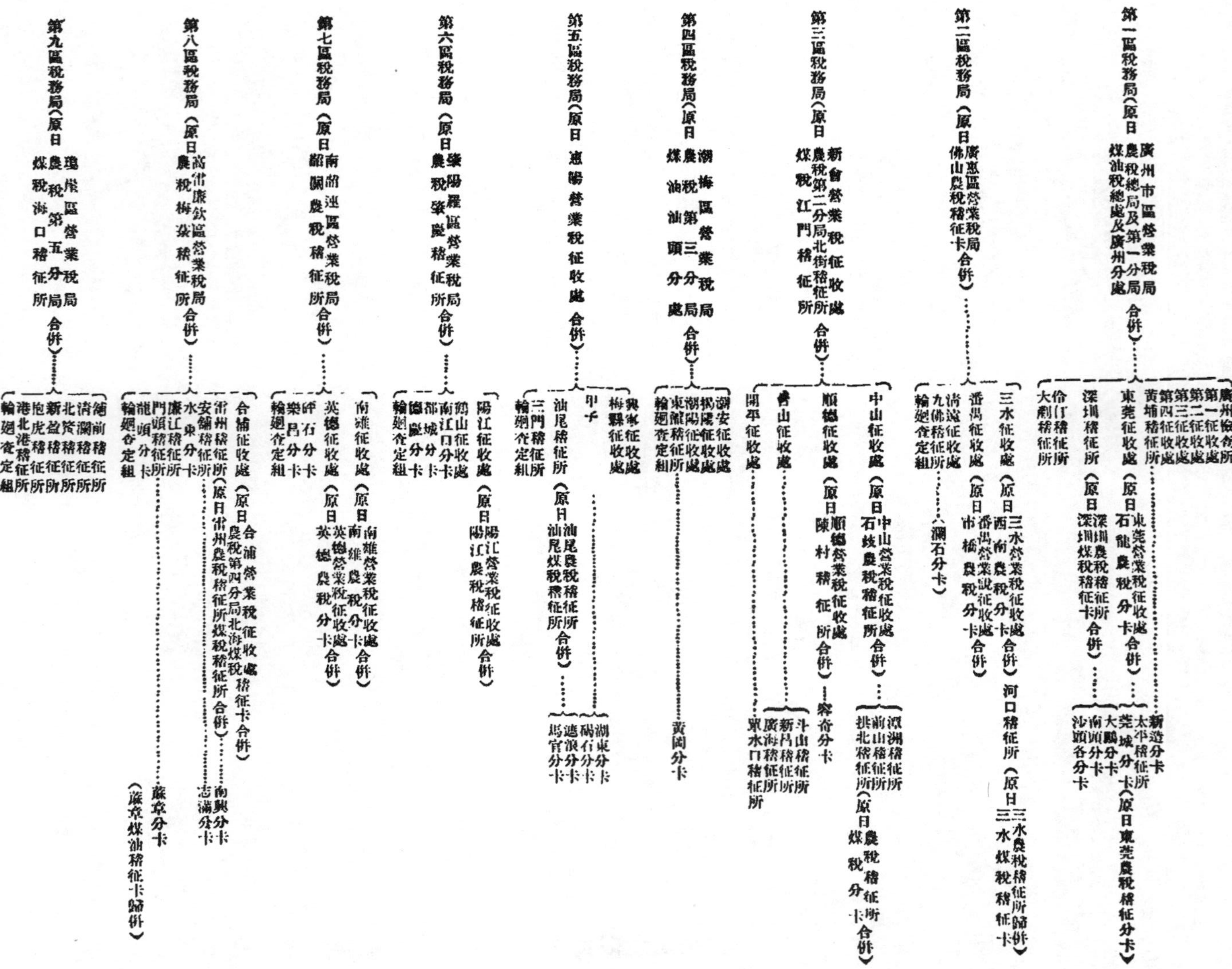

中央陸軍軍官學校特別班講義　廣東現行賦稅制度法規　宿一五七——一五八

各區稅務局名稱管轄縣份表

區局名稱 現定名稱	區局名稱 原日名稱	設局地點	管轄縣份
第一區稅務局	廣州市區營業稅局	廣州市	廣州市 東莞 寶安
第二區稅務局	廣惠區營業稅局之一部	佛山	新豐 龍門 博羅 增城 番禺 佛岡 從化 清遠 三水 花縣 南海
第三區稅務局	仝右	江門	新會 台山 開平 中山 順德 恩平 赤溪
第四區稅務局	潮梅區營業稅局之一部	汕頭	大埔 饒平 豐順 澄海 潮安 潮陽 惠來 普寧 揭陽
第五區稅務局	廣惠潮梅兩營業稅局之一部	惠州	連平 和平 河源 紫金 惠陽 海豐 陸豐 五華 龍川 平遠 蕉嶺 興寧 梅縣
第六區稅務局	肇羅陽區營業稅局	高要	開建 封川 德慶 廣寧 四會 高要 新興 陽江 陽春 高明 雲浮 鬱南 羅定 鶴山
第七區稅務局	南韶連區營業稅局	韶關	南雄 始興 翁源 仁化 曲江 英德 陽山 連縣 連山 樂昌 乳源
第八區稅務局	高雷欽廉區營業稅局	梅菉	信宜 茂名 電白 化縣 廉江 吳川 遂溪 海康 徐聞 靈山 合浦 防城 欽縣
第九區稅務局	瓊崖區營業稅局	海口	文昌 瓊東 樂會 萬寧 陵水 崖縣 定安 昌江 感恩 臨高 儋縣 澄邁 瓊山

一等區稅務局經費表（第一區局）

職別	員額	每員月支	全月共支	全年共支	備考
局長	一員	三〇〇〇〇	三〇〇〇〇	三、六〇〇〇〇	
副局長	一員	二五〇〇〇	二五〇〇〇	三、〇〇〇〇〇	
秘書	一員	二〇〇〇〇	二〇〇〇〇	二、四〇〇〇〇	
課長	四員	一八〇〇〇	七二〇〇〇	八、六四〇〇〇	
會計主任	一員	一八〇〇〇	一八〇〇〇	二、一六〇〇〇	
一等課員	十四員	一二〇〇〇	一、六八〇〇〇	二〇、一六〇〇〇	查關于稽查員名義輒易召商民反感以前營業稅稽征機關未設置專
二等課員	二十員	九〇〇〇	一、八〇〇〇〇	一、八〇〇〇〇	司稅務局現亦倣照辦理所有查緝事務應體察需要隨時由該管長官
三等課員	三十員	七〇〇〇	二、一〇〇〇〇	二五、二〇〇〇〇	指派各等課員事務員僱員分別辦理之
辦事員	四十員	六〇〇〇	二、四〇〇〇〇	二八、八〇〇〇〇	

一等僱員	四十員	五〇〇	二、〇〇〇〇〇	二四、〇〇〇〇〇	
二等僱員	三十員	四五〇	一、三五〇〇	一六、二〇〇〇	
司機	三名	五〇〇	一五〇〇	一、八〇〇〇	
倉丁	六名	二〇〇	一二〇〇	一、四四〇〇〇	
廠夫	六名	二〇〇	一二〇〇	一、四四〇〇〇	
水手	四名	二〇〇	八〇〇	九六〇〇〇	
差役	五十名	一八〇〇	九〇〇〇〇	一〇、八〇〇〇〇	
辦公費			一、二〇〇〇〇	一四、四〇〇〇〇	
特別辦公費			三〇〇〇〇	三、六〇〇〇〇	正局長月支二〇〇元副局長月支一〇〇元合支如上數另評議委員
合計				一九〇、二〇〇〇〇	會月支經費一二四元二毫及附設四征收處經費月共支五千元又廣
					州檢查所經費月支一、一五四元未列在內均暫照支

二等區稅務局經費表（第二三四區局）

職別	員額	每員月支	全月合支	全年合支	備考
局長	一員	二八〇〇〇	二八〇〇〇	三、三六〇〇〇	
副局長	一員	二二〇〇〇	二二〇〇〇	二、六四〇〇〇	
秘書	一員	一八〇〇〇	一八〇〇〇	二、一六〇〇〇	
課長	三員	一六〇〇〇	四八〇〇〇	五、七六〇〇〇	
會計主任	一員	一六〇〇〇	一六〇〇〇	一、九二〇〇〇	
一等課員	三員	一二〇〇〇	三六〇〇〇	四、三二〇〇〇	查關于稽查員名義輒易召商民反感以前營業稅稽征機關向未設置
二等課員	三員	九〇〇〇	二七〇〇〇	三、二四〇〇〇	專司稅務局現亦倣照辦理所有查緝事務應體察需要隨時由該管長
三等課員	四員	七〇〇〇	二八〇〇〇	三、三六〇〇〇	官指派各等課員事務員僱員分別辦理之
一等僱員	六員	五〇〇〇	三〇〇〇〇	三、六〇〇〇〇	

广东省财政厅会计章制汇编

广东省财政厅会计室 编

廣東省財政廳會計章制彙編

廣東省財政廳會計章制彙編

廣東省財政廳會計室編

目錄

廣東省地方會計暫行規程……一
廣東省各機關處理簿記暫行通則……五
廣東省各機關解領款項暫行規則……九
廣東省各機關填送征收省款報告暫行辦法……一一
廣東省財政廳訂定各機關商民直接解領款項暫行辦法……一五
廣東省各機關歲入歲出預算科目……一七
廣東省財政廳暫行總會計制度……二九
廣東省財政廳所屬機關暫行會計制度(甲種)……六一
廣東省財政廳所屬機關暫行會計制度(乙種)……一〇五
廣東省金庫會計制度……一二五
廣東省財政廳各機關請領票照暫行規則……一四七
廣東省財政廳會計室組織暫行章程……一四九
廣東省財政廳所屬各機關會計人員暫行規程……一五三

廣東省地方會計暫行規程

經呈奉廣東省政府委員會第五十五次會議議決「通過」，令案於二十六年四月廿七日公佈

第一章　總則

第一條　廣東省政府及所屬各機關，關於會計事務，除法令別有規定外，悉照本規程辦理。

第二條　會計年度，依照中央法令規定，以每年七月一日開始，次年六月三十日終止。

第三條　一切歲入歲出之計算，除法令另有規定者外，均以法幣元爲本位。

第四條　每年度歲入歲出之會計事務，其整理完結之期，不得逾次年度十月卅一日。

第五條　省及各縣地方之稅收與其他收入爲歲入，一切經費爲歲出，歲入歲出均依照預算法編入總預算。

第二章　預算

第六條　財政廳於年度開始前五個月，會同各主管機關審查彙編全省各機關及各縣總預算。

第七條　財政廳對於各級預算審定後，加具審查意見書呈送省政府核定轉呈公布施行。

第八條　各機關於年度開始前，依照公布之預算定額。編製分月行政預算表於七月一日以前送達省政府或縣政府備案。

第九條　各機關未按期編送分月行政預算書，不得請領經費。

第十條　各機關對於本年度歲入歲出分月行政預算之定額，如遇有變更時應編造變更之預算，並聲明原由，呈請變更。

第十一條　關于預算事項，爲以上各條所未規定者，照預算章程辦理。

第三章　收支

第十二條　各機關經收之歲入款項須以長官及主管會計人員簽發之票照或收據爲憑。

第十三條　各機關經收歲入款項，以預算及其他法令或契約規定者爲限。

第十四條　各機關對於經收之歲入款項，於規定之期限內依照預算科目，及徵收數目分列報告財政廳。

第十五條　各機關應依規定之金額與期限，將收入之現金，彙解金庫。

第十六條　各機關非經呈主管機關核准不得將經收之現金，擅自移用，或扣抵，但營業機關或法令別有規定者不在此限。

第十七條　各機關得照分月行政預算表之定額，于上月中旬以前請領次月之經費。

第十八條　各機關對於歲出款項之支付，須取得受款人之正式收據爲憑。

第十九條　各機關長官，未經呈請核准，不得於預算所定用途外，使用定額或將各項定額互相流用但遇緊急需要時得先行動用事後呈報備案。

第四章　會計簿籍

第二十條　各機關一切賬簿，每一會計年度須更換一次。

第二十一條　各機關之會計簿册報表格式，及登記手續，塡送報表程序，均依照頒行之各種規章辦理。

第二十二條　各機關所有各種賬簿單表書册等件，應依會計書類保存年限妥愼保存。

第五章　計算

第二十三條　各機關之計算，除審計法令另有規定外應於每月經過後十五日以內編成上月收入計算書，支出計算書，資力負担平衡表，財產增減表，送財政廳備查。

第二十四條　營業機關，或其他特殊性質之收入計算書，支出計算書，損益計算書，資產負債平衡表，及其他表冊，應於規定期限內送財政廳備查。

第六章　決　算

第二十五條　各機關上年度歲入歲出決算書，應於十月三十一日以前送達財政廳。

第二十六條　財政廳根據各機關決算，彙編全省歲入歲出總決算書，連同各機關決算書，於十二月三十一日以前，送達省政府。

第二十七條　省政府於一月三十一日以前，將全省總決算審核完竣，發還財政廳，繕具三份於二月二十八日以前呈由省政府送達國民政府主計處。

第二十八條　關於決算事項為以上各條所未規定者，照暫行決算章程辦理。

第七章　附　則

第二十九條　本規程各項施行規則及賬簿書表格式辦法，另定之。

第三十條　本規程如與將來法令或事實有抵觸時，由財政廳提請　省政府修訂。

第三十一條　本規程呈請　省政府核准施行。

廣東省財政會計章制彙編

四

廣東省各機關處理簿記暫行通則

二十六年五月呈奉省政府財字三七八〇二號指令准備案

第一條　廣東省政府及所屬各機關處理簿記除法令別有規定外均須遵照本通則辦理

第二條　一切收支概以法幣元爲本位其他各種貨幣統稱爲原幣

第三條　記賬銀數以元爲單位以下記至分爲止分以下四捨五入

第四條　賬部內記載之科目及其他事項應與憑單或傳票中所載者相符

第五條　記賬之數字用亞拉伯字但直式賬簿不在此限

第六條　各種賬簿書表內所記載之文字及數字須端正清晰排列整齊字體大小以占格內三分之二爲率

第七條　賬簿書表內之文字及數字如有筆誤情事應於筆誤之處劃細紅線二道以註銷之並將更正之字書於其上或其次行

如有誤空一行或數行者應於空行上作紅色「×」之記號以註銷之

如有重揭頁數應於空白頁上劃交叉紅線二道以註銷之

如不應劃線而誤劃時應於線之二端作紅色「×」之記號以註銷之

前項註銷各處應由主管人員蓋章證明不得有塗抹任意修改刀括皮擦藥水毀滅字跡等情事

第八條　賬簿書表內之數字無論錯寫幾位不得僅將誤寫之位劃線更正應將全數整個劃線重行繕寫

第九條　各種賬簿第一頁前應載有啓用單啓用時須照單列各項逐一填寫由主管會計人員簽名蓋章啓用單之大小應與賬簿同其格式如下

啓用單

機關名稱							
賬簿	名稱						
	冊次						
	共計頁數						
啓用日期			民國　年　月　日				
主辦會計人員	姓名						
	簽名蓋章						
	任期	起始	年				
			月				
			日				
		終止	年				
			月				
			日				

第十條　各種賬簿末頁後面應載經管人員單須將經管該賬簿人員之姓名及其接管或移交該賬簿之年月日隨時詳細記入並由該員簽名蓋章以明責任經管人員單之大小應與賬簿同其格式如下

經管人員單

經管人員	職別				
	姓名				
	簽名蓋章				
接管	年月日				
移交	年月日				
備註					

第十一條　凡總賬及補助明細賬第一頁之前啓用單之後（或其反面）應載目錄表將冊內科目頁數等依次填列其格式如下

目錄表

科目	頁數	科目	頁數

第十二條　凡每日應記之賬目須於當日記載完畢不得延至次日

第十三條　凡按期應造送之表單書冊須按日照規定期限編製完竣呈送查核不得拖延

第十四條　主管會計人員遇有更調時應將經管各賬簿由前任人員蓋章於其所經管各賬之最後筆接管之新任人員蓋章於其經管之最初一筆以分別其責任之始末

第十五條　凡賬簿於每頁用盡後過入次頁時須於該頁之末行將各欄之數目逐一總結於摘要欄內書「過次頁」三字同時應將總結各數分別過於次頁各欄之首行並於其摘要欄內書「承前頁」三字

第十六條　凡更換新賬簿時如舊賬簿內尚有空白頁應於最初空白頁上加蓋「以下空頁作廢」之字樣

第十七條　各種賬簿均應按頁順序編列號數並於該頁之右角上端用亞拉伯字書明其號次（如第一頁則書「1」字第二頁則書「2」字）如該頁之二面均用時應作二頁編號一在該頁之右角上端一在該頁之左角上端分別書明號次活頁式賬簿首按科目依次編號（如甲科目編爲第一號則書「1」字乙科目編爲第二號則書「2」字餘類推）次橫劃一之字符號「—」後按各科目所用之頁數各自第一頁起分別繼續編列（如甲科目共用五頁其第一頁則書「1—1」第二頁則　「1—2」乙科目共用四頁其第一頁則　「2—1」第二頁則　「2—2」餘類推）

第十八條　各種賬簿之賬面上須標明機關賬簿名稱及冊次

第十九條　凡一切傳票之傳送簽蓋印章各有關係人員應立即簽蓋送還以便登記

第二十條　所有應行列報之單據應隨時按照科目分類依次編號妥爲保存月終彙集呈報

第廿一條　所有記賬傳票應逐日整理按期裝訂

第廿二條　凡書表傳票裝訂後應由主管會計人員加蓋印章並於封面上將名稱頁數日期等分別註明

第廿三條　各種賬簿內賬戶應於每月終了時結算借貸或收支總數及其差額

第廿四條　本通則如有未盡事宜得隨時由財政廳提請　省政府修訂

第廿五條　本通則呈請　省政府備案施行

廣東省各機關解領欵項暫行規則

二十六年六月修正呈奉
省政府財字第一一〇六五號令准備案

第一條　廣東省各機關，經管收支各款之解繳領發，均依本規則辦理。

第二條　各機關及其附屬機關收入及繳還之款，與營業機關盈餘之欵，除法令別有規定者外，均應解交金庫核收。

第三條　各機關向金庫解交現欵，應塡具五聯解欵書(附式一)以現字編號，於第一、二、三、五聯，由長官及各主管會計人員署名蓋章，在騎縫蓋用本機關印信，連同現款，一併送交金庫。

第四條　凡省歲入，應依門別(經常或臨時)，年度別(征獲稅款時之年度)，月份別(征獲稅款時之月份)各塡解款書一份，連同明細單繳庫(附式二)。

第五條　金庫點驗解款，核與解款書所列數目相符，即予照收，掣給財政廳印發之收據(附式三)。原送解款書，由庫長或主任在第二、三、五各聯上署名蓋章，並蓋收訖年月日戳記後，即將第二聯，由收欵金庫留存，爲發給收據及記賬之根據；第三聯由金庫連同明細單隨日計表，送財政廳會計室核明記賬；第四聯，由金庫隨同庫報聯，送財政廳會計室核對後，印發原解款機關，歸卷備查，第五聯，金庫收款簽名蓋章後，連同日計表逕送審計部廣東省審計處查核。

第六條　解款機關長官，於欵項解訖後，得將金庫給回之收款據自行截留備查。

第七條　各機關每月應領經常費，由財政廳依照預算分配表數目，按月預期直接塡支付書(附式四)送審計處核簽撥發。如須動支臨時費，應於呈奉核准後，塡具二聯請欵書(附式五)，除留存根一聯外，以憑單一聯，連同臨時費支付預算書，送財政廳核辦。

第八條　財政廳收到臨時費請款書後，塡具支付書，以直字編號，送審計處核簽。

第九條　支付書經審計處核簽後，送還財政廳，由廳以通知一聯，連同支付書寄送單第二聯(附式六)交領款機關；命令一聯，連同寄送單第二聯交付款金庫。

第十條　領款機關及金庫，收到支付書及寄送單後，各將寄送單蓋章寄還財政廳備查。

第十一條　領款機關，依據支付書通知聯，分年度及門別，各填四聯領款書（附式七）一份，每份除留存根一聯外；其餘三聯，連同支付書通知，一併交付款金庫領款或抵解。

第十二條　金庫收到領款機關所送支付書通知及領款收據，報告，報核三聯，與支付命令核對數目相符，照數付款，並在各聯及支付書通知聯上，加蓋付訖年月日戳記；將收據一聯，留為記賬之根據；報告一聯，連同日計表，送財政廳會計室；報核一聯，連同日計表逕送審計部廣東省審計處查核。

第十三條　領款機關，於款項收訖後，將領款書存根一聯，留存為記賬之根據。

第十四條　各機關經費及提支征費，賞金，經財政廳核准，得由其他機關應解款內撥付，或在本機關應解款內坐支。

前項提支征費及賞金，可照核定之數，在該機關應解款內坐支，但須於每月經過後三日內，分款填列明細單（附式八），合具一請款書，呈送財政廳核發支付書抵解。

上項提支征費及賞金之款，如未填送征收報告者，一概不予核發。

第十五條　財政廳收到撥付坐支之請款書，填具支付書時，於請求撥付事項，以撥字編號，其命令一聯，交撥付機關；對於請求坐支事項，以坐字編號，其命令一聯，交坐支機關；其餘一切手續，仍照第八條規定辦理。

第十六條　領款機關，對於撥付款項之領款手續，仍照第十一條辦理；惟須將領款書之收據、報告、報核三聯，及支付書之通知一聯，送交撥款機關。

第十七條　撥款機關，收到領款機關所送支付通知，及領款書三聯，與支付命令核對後，照數付款。

第十八條　撥款機關付款後，以領款書三聯，及支付書之命令，通知二聯，抵充現款。依照第三條規定，填具解款書，以抵字編號，一併送交金庫抵解。其餘一切手續，仍依第五、六兩條規定辦理。

第十九條　領款機關，對於坐支之款，依照第十一條規定，填具領款書，在本機關應解款內坐支後，再依第十八條辦理。其領款書，以坐字編號。

第二十條　金庫及財政廳會計室，對於抵解款項，分別依照第五、第六、第八、第九、第十二、第十三各條之規定辦理。

第二十一條　本規則呈請　省政府備案施行。

本書長三十公分闊六十公分　　（附式一）

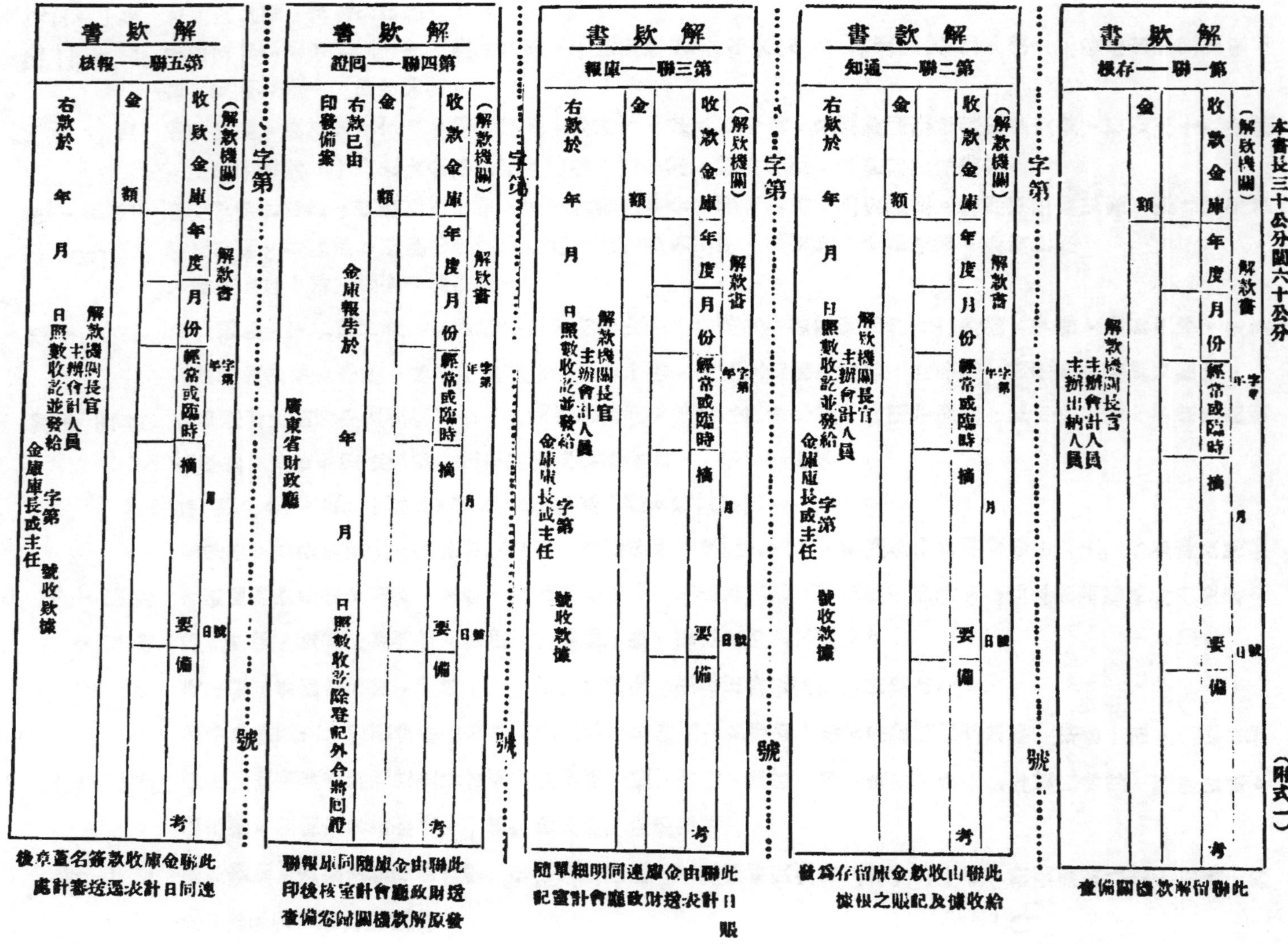

解款書
第一聯——存根
（解款機關）解款書　字第　年　月　日號
收款金庫
年度月份
經常或臨時
摘要
備考
金額
解款機關長官
主辦會計人員
主辦出納人員
此聯留解款機關備查

字第　號

解款書
第二聯——通知
（解款機關）解款書　字第　年　月　日號
收款金庫
年度月份
經常或臨時
摘要
備考
金額
右款於　年　月　日照數收訖並發給
字第　號收款據
解款機關長官
主辦會計人員
金庫庫長或主任
此聯由收款金庫留存為發給收款據及記賬之根據

字第　號

解款書
第三聯——庫報
（解款機關）解款書　字第　年　月　日號
收款金庫
年度月份
經常或臨時
摘要
備考
金額
右款於　年　月　日照數收訖並發給
字第　號收款據
解款機關長官
主辦會計人員
金庫庫長或主任
此聯由金庫連同明細單隨日計表送財政廳會計室記賬

字第　號

解款書
第四聯——回證
（解款機關）解款書　字第　年　月　日號
收款金庫
年度月份
經常或臨時
摘要
備考
金額
右款已由　金庫報告於　年　月　日照數收訖除登記外合將回證印發備案
廣東省財政廳
此聯由金庫隨同庫報聯送財政廳會計室核後印發原解款機關留存備查

字第　號

解款書
第五聯——報核
（解款機關）解款書　字第　年　月　日號
收款金庫
年度月份
經常或臨時
摘要
備考
金額
右款於　年　月　日照數收訖並發給
字第　號收款據
解款機關長官
主辦會計人員
金庫庫長或主任
此聯金庫收款簽名蓋章後連同日計表送還審計處

（附式二）

本書長三十公分闊十公分

解款明細單

（解款機關）　　年　月　日

解款書字號	稅款科目	經常或臨時	稅款所屬年度	稅款所屬月份	征獲年度	征獲月份	金額（元角分）	附記

解款明細單

機關長官

附註：（一）同一解款書解繳各項稅款應分填明細單將稅款科目詳細記載以憑查考

（二）該明細單隨同解款書庫報等各聯一併繳庫由庫轉送財政廳

（三）該明細單每單祇列某款解數一筆（如帶納罰金應分別年度各填一單）

（四）稅款征獲時之年度月份及稅款所屬之年度月份應分別填明

（附式三）

本書長三十公分闊三十公分

收款據存根

廣東省金庫　庫收款據存根　字第　號

解款機關

摘要

征獲：年度　月份

經常或臨時

備考

金額

右款業經如數收訖

金庫庫長（主任）

中華民國　年　月　日

此聯存收款庫記賬備查

字第　號

收款據

廣東省金庫　庫收款據　字第　號

解款機關

摘要

征獲：年度　月份

經常或臨時

備考

金額

右款業經如數核收清訖此致

查照

金庫庫長（或主任）

中華民國　年　月　日

此聯繳交解款機關長官自行留查

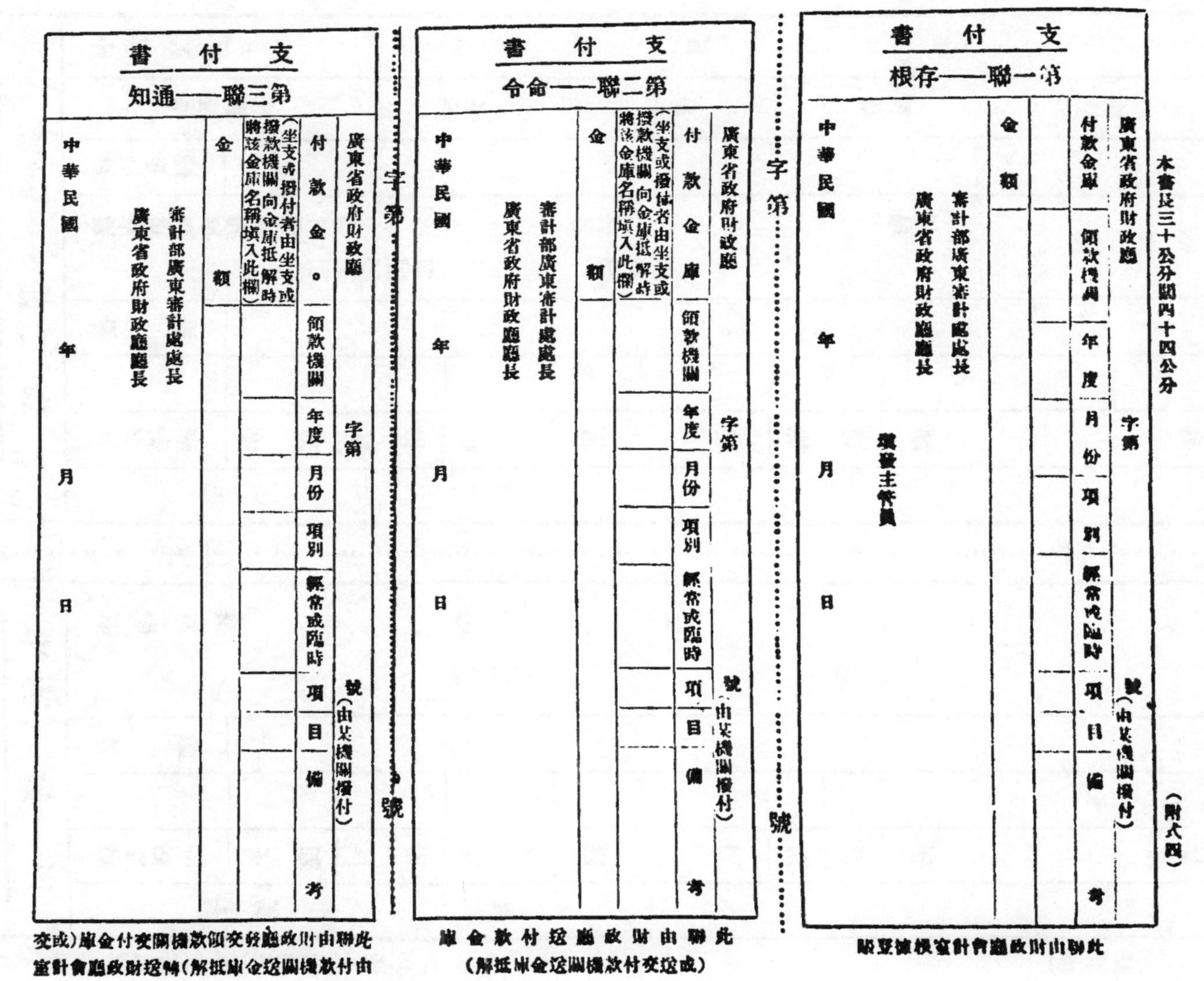

（附式四）

本書長三十公分闊四十四公分

支付書

第一聯——存根

廣東省政府財政廳　字第　號（由某機關擬付）

付款金庫	領款機關	年度	月份	項別	經常或臨時	項	目	備考

金額

審計部廣東審計處處長

廣東省政府財政廳廳長

經發主管員

中華民國　年　月　日

此聯由財政廳會計室保管備照

字第　號

支付書

第二聯——命令

廣東省政府財政廳　字第　號（由某機關擬付）

付款金庫（坐支或撥付者由坐支或撥款機關向金庫抵解時將該金庫名稱填入此欄）	領款機關	年度	月份	項別	經常或臨時	項	目	備考

金額

審計部廣東審計處處長

廣東省政府財政廳廳長

中華民國　年　月　日

此聯由財政廳送付款金庫（或送交付款機關送金庫抵解）

字第　號

支付書

第三聯——通知

廣東省政府財政廳　字第　號（由某機關擬付）

付款金。（坐支或撥付者由坐支或撥款機關向金庫抵解時將該金庫名稱填入此欄）	領款機關	年度	月份	項別	經常或臨時	項	目	備考

金額

審計部廣東審計處處長

廣東省政府財政廳廳長

中華民國　年　月　日

此聯由財政廳發交領款機關交付金庫（或交由付款機關送金庫抵解）轉送財政廳會計室

（附式五）

本書長三十公分闊三十公分

請款書

第一聯——存根

第　　字　　號
請款機關
年度月份臨時用途
項目
備考
金額

官長　會計

中華民國　年　月　日

此聯留請款機關存查

第　字　號

請款書

第二聯——憑單

第　　字　　號
請款機關
年度月份臨時用途
項目
備考
金額

右款連同預算　份送請

廣東省政府財政廳核發

官長　會計

核發金額

財政廳長　秘書　主任　股長　科員

中華民國　年　月　日

此聯由請款機關送財政廳

（附式六）

本書長三十公分闊四十五公分

支付書寄送單

第一聯——存根

茲送上
二十　年　月份　費　字支付書（通知/命令）聯一紙寄送
某某機關
某某金庫（或撥坐機關）（坐字支付書祇寄某某機關）
計送　字第　號支付書（通知/命令）聯一紙
財政廳會計室啓
年　月　日

此聯留存會計室存查

字第　號

支付書寄送單

第二聯——報查

茲送上
（某某機關）二十　年　月份　費　字支付書命令聯一紙即希
查收並祈簽字蓋章見復爲荷此致
某某金庫（或機關）（坐字支付書與第三聯併送）
計送　字第　號支付書命令聯一紙
財政廳會計室啓
年　月　日

茲收到
貴室寄下（某某機關）二十　年　月份　費　字第　號付付書命令聯一
紙此復
財政廳會計室
某某金庫（或機關）
年　月　日

此聯由財政廳會計室連同支付書命令聯寄
送付款金庫（或撥款及坐支機關）由付款
金庫（或撥款及坐支機關）查收加蓋印章寄
回財政廳會計室備查

字第　號

支付書寄送單

第三聯——報查

茲送上
二十　年　月份　費　字支付書通知聯一紙即希
查收並祈簽字蓋章見復爲荷此致
（某某機關）
計送　字第　號支付書通知聯一紙
財政廳會計室啓
年　月　日

茲收到
貴室寄下（本機關）二十　年　月份　費　字第　號支付書通知聯一紙此復
財政廳會計室
某某機關長官（章）
年　月　日

此聯由財政廳會計室連同支付書通知聯
寄送領款機關並由領款機關查收加蓋印
章寄回財政廳會計室備查

本書長三十公分濶五十公分

領款書

第一聯——存根

字第　　號（由某機關撥付）

付款金庫	支付書號數	年度	月份	經常或臨時	項	目	備考
					照支付書通知聯項填寫		

金額

右款業誠本　特向
領款機關長官
會計
出納
領訖

中華民國　　年　　月　　日

此聯存領款機關登賬備查

字第　　號

領款書

第二聯——收據

字第　　號（由某機關撥付）

付款金庫	支付書號數	年度	月份	經常或臨時	項	目	備考

（坐支或撥付者由坐支或撥款機關向金庫抵解時將該金庫名稱填入此欄）

金額

右款業經領訖此據
領款機關長官
會計
出納

中華民國　　年　　月　　日

此聯存支款庫作爲記賬之根據

字第　　號

領款書

第三聯——報告

字第　　號（由某機關撥付）

付款金庫	支付書號數	年度	月份	經常或臨時	項	目	備考

（坐支或撥付者由坐支或撥款機關向金庫抵解時將該金庫名稱填入此欄）

金額

右款業經領訖除具收據外特此報告
領款機關長官
會計

中華民國　　年　　月　　日

此聯由金庫送財政廳會計室登記

字第　　號

領款書

第四聯——報核

字第　　號（由某機關撥付）

付款金庫	支付書號數	年度	月份	經常或臨時	項	目	備考

（坐支或撥付者由坐支或撥款機關向金庫抵解時將該金庫名稱填入此欄）

金額

右款業經領訖除具收據外特此報核
領款機關長官
會計

中華民國　　年　　月　　日

此聯由金庫連同日計表逕送審計處

本書長三十公分濶二十公分

（機關名稱）請領提支征費及賞金明細單

請款書附記　　字第　　號

科目	稅款名稱	經或臨	征獲年度月份	稅款所屬年度月份	征獲數元角分	提成或賞金元角分	稅款解庫月日	附記

長官

會計

中華民國　　年　　月　　日

注意：(一)每一項稅款之提成或賞金應占一行填寫不得將數稱或數年度之稅款提成或賞金合填一行以便與征收報告所填者核對

(二)此單隨同請款書憑單聯一併呈財政廳

(三)稅款征獲時之年度月份及稅款所屬之年度月份分別填明

(四)每項稅款之解庫日期填於稅款解庫月日欄如未填明此欄者一概不予核發

解庫款程序圖

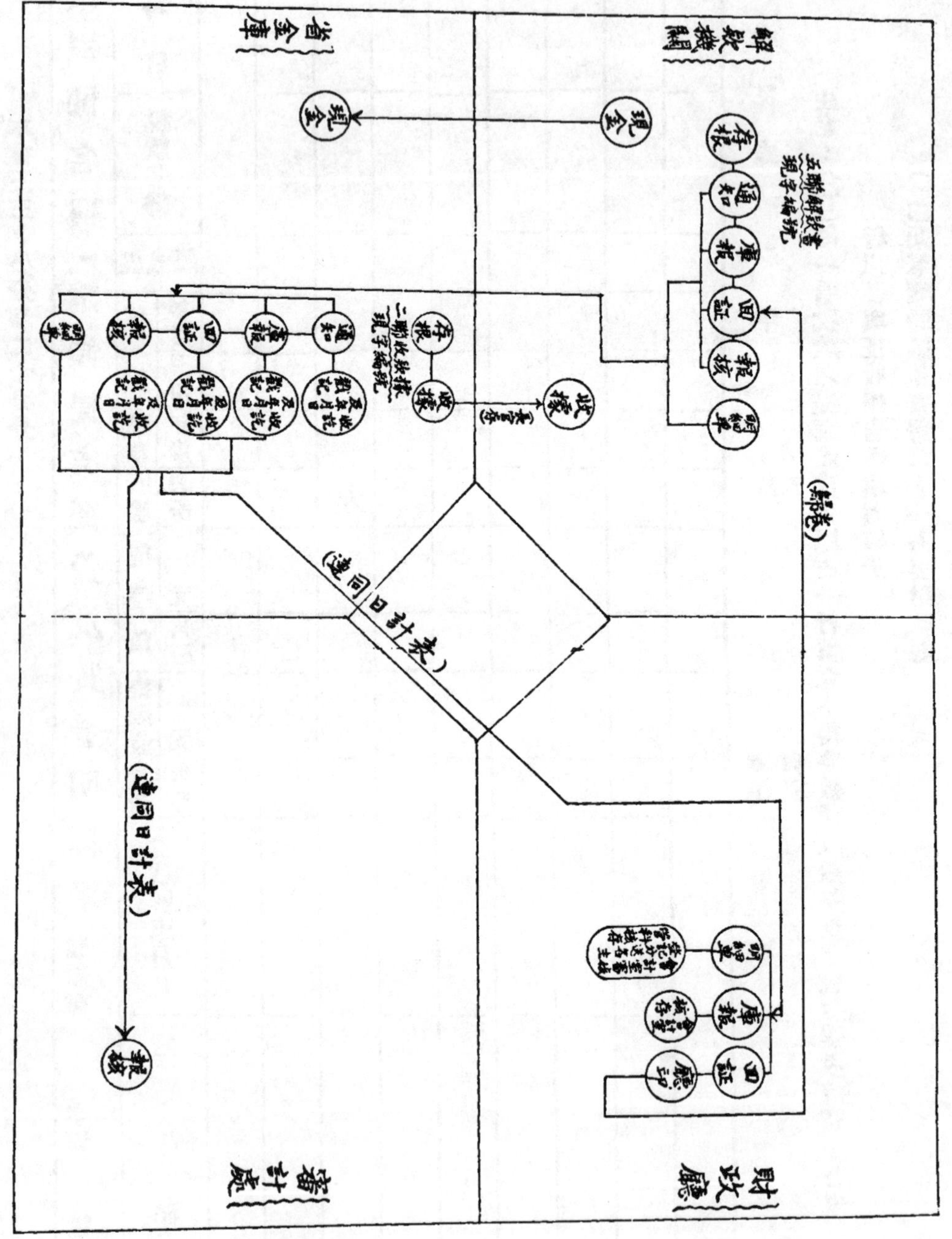

直放款程序圖

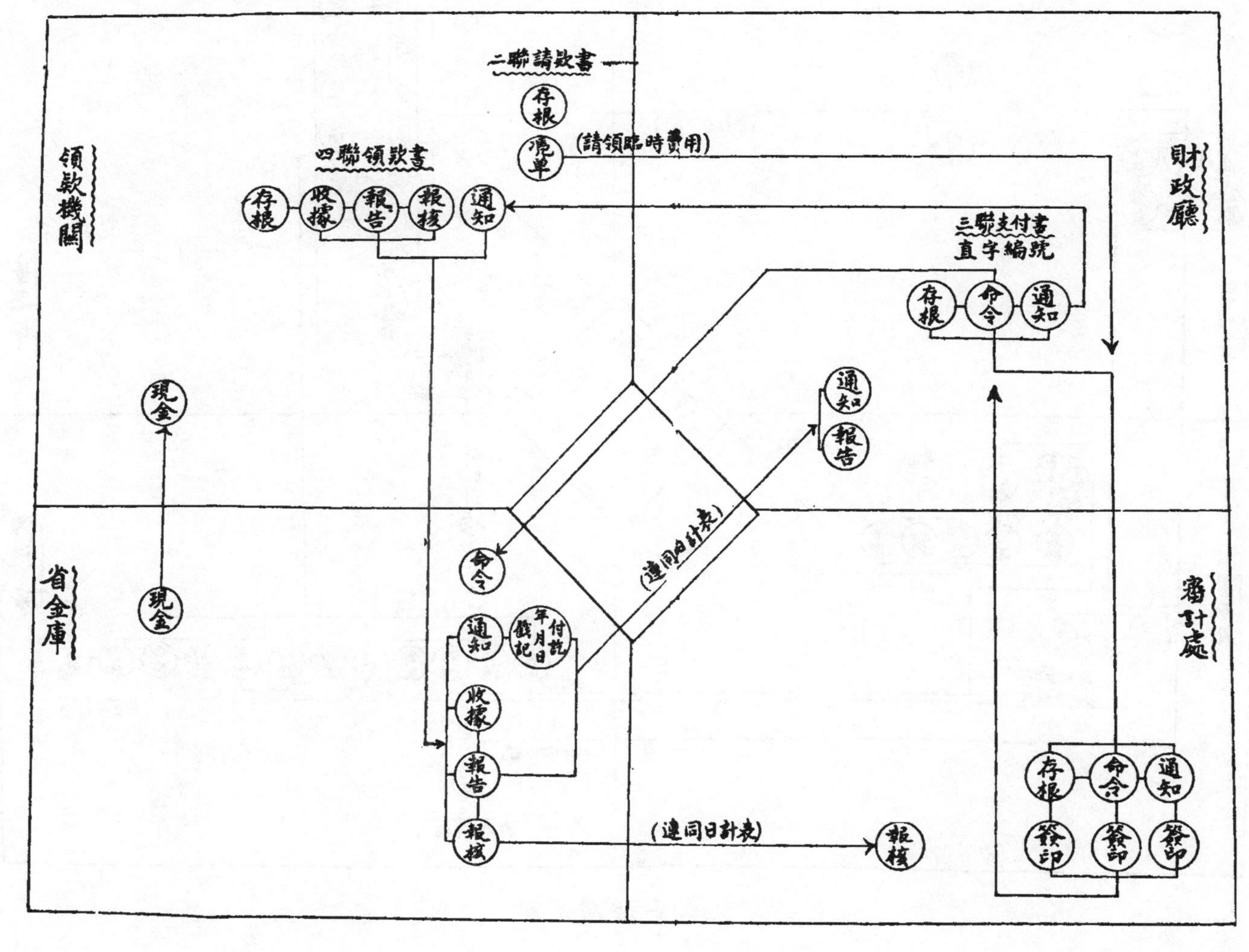

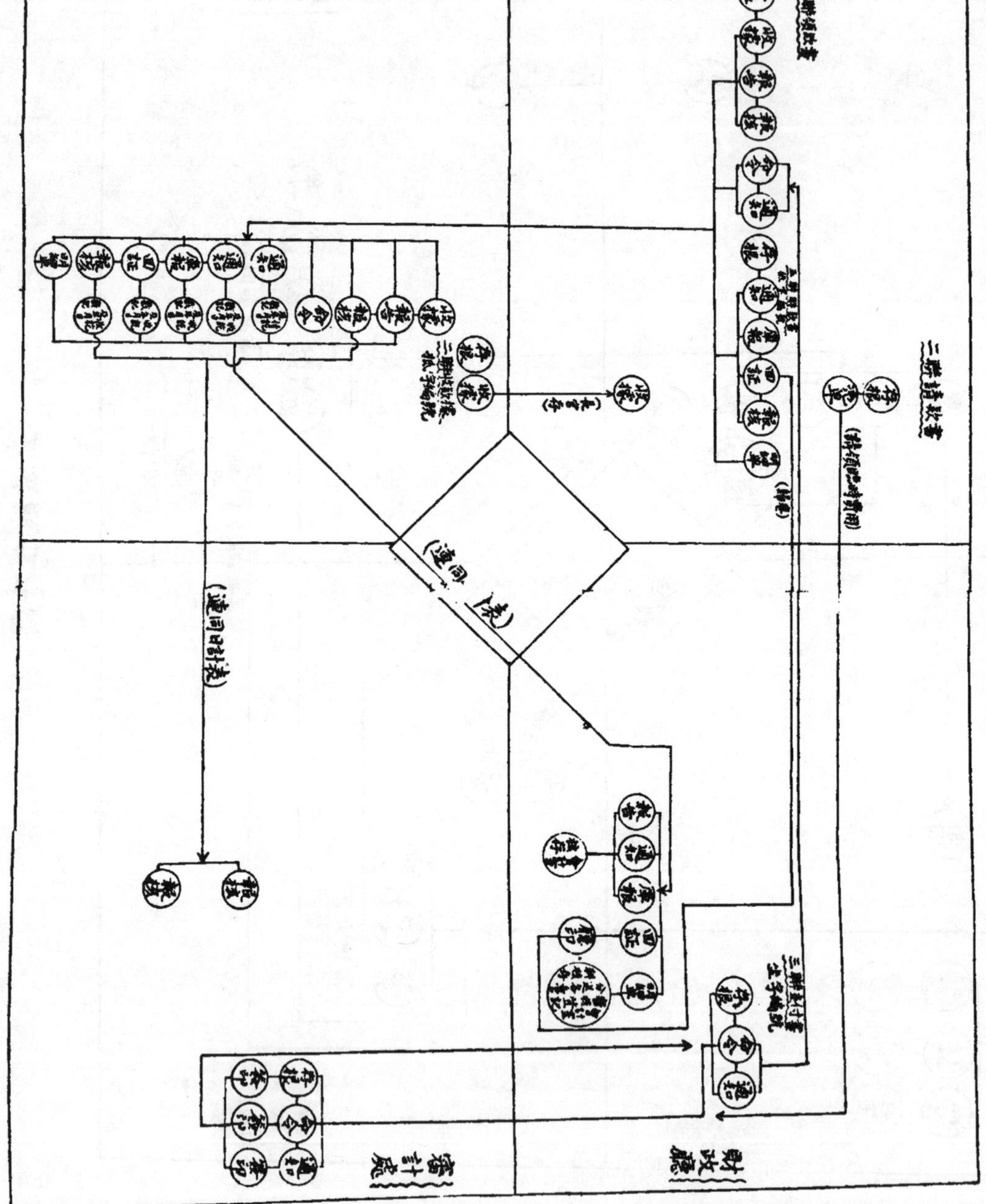
坐支款程序圖
省金庫
坐支機關
財政廳
審計處

撥付款程序圖

領款機關
四聯領款書
現金
存根 收據 報告 報核 通知

撥款機關
三聯解款書
號字編號
收據 報告 報核 通知 命令 存根 通知 摩報 回証 報核 明細單
(歸卷)
現金

二聯請款書
存根
憑單
(請領臨時費用)

財政廳
三聯支付書
號字編號
存根 命令 通知
報告 通知 摩報 回証 明細單
會計室核存
蓋印
會計室登記分送各主管科存

省金庫
二聯收款據
號字編號
收據 存根
(長官存)
收據 報告 報核 通知 命令 通知 摩報 回証 報核 明細單
(連同日計表)

審計處
存根 命令 通知
蓋印 蓋印 蓋印
報核 報核

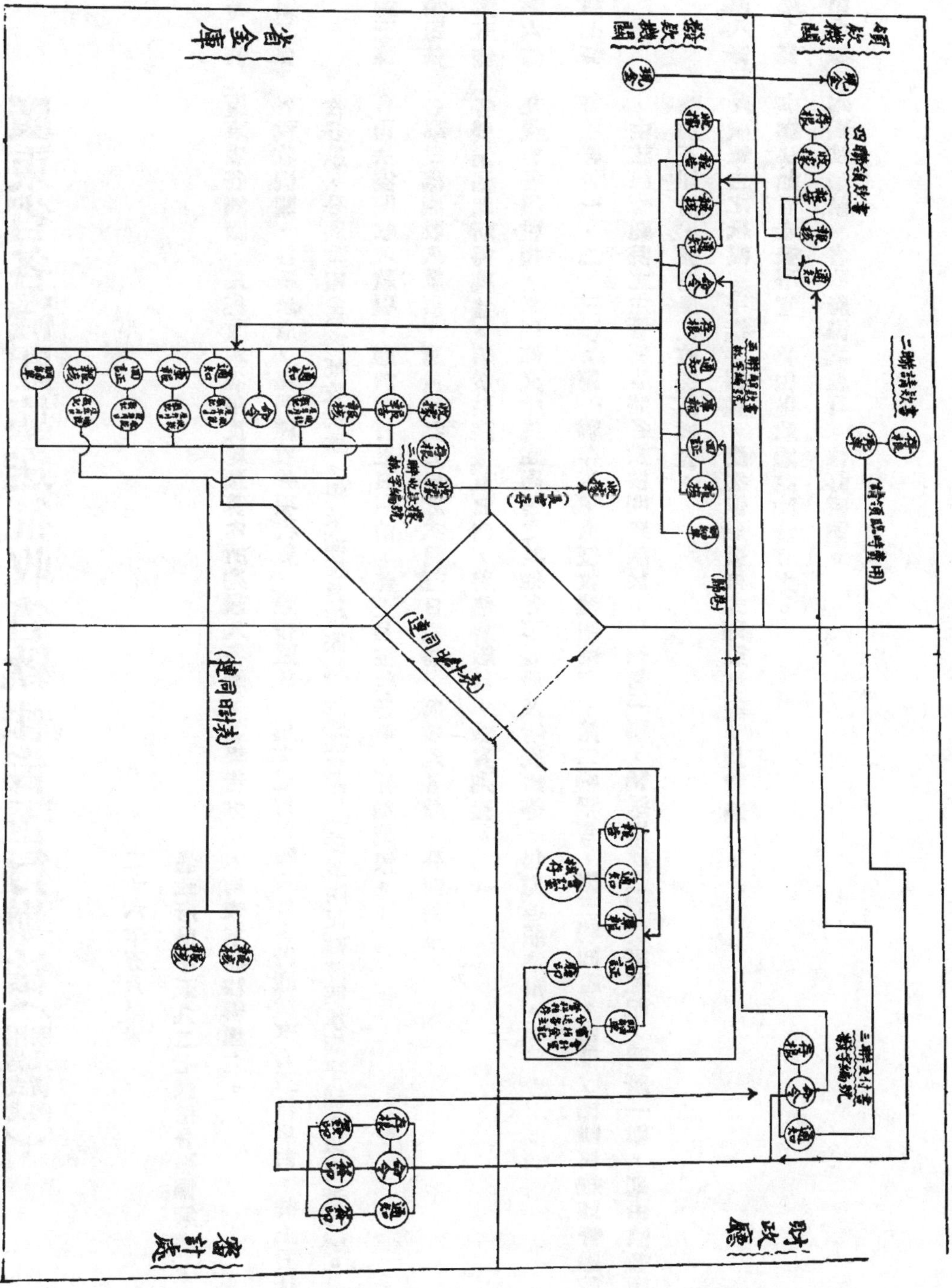

廣東省各機關塡送征收省欵報告暫行辦法（附格式說明及實例）

二十六年五月呈奉
省政府財字五九二七號指令准備案

第一條　廣東省各機關，凡經收本省年度總預算內所列歲入各款，其報告方式，均依本辦法辦理之。

第二條　各稅收機關，各縣政府，每月經收各項稅款，除按照規定用文電旬報報告外；併應於次月五日以前，將上月征收各款，分別列報（承商征收稅欵，由承商按月依照規定數額塡報，並於附記欄註明承商字樣，以便查核）。

第三條　各司法機關收入款項，應於次月五日以前，將上月征收各款，分別列報。

第四條　各事業機關收入款項，應於收到月份之次月五日以前，將收入各款，分別列報。

第五條　各營業機關所得純益，須於結賬後五日內，將應解數目，據實列報。

第六條　凡現行各項稅捐，章則條文中規定應造之其他各項表册及附表屬等，仍應遵照造報。

第七條　征收報告一、二、三聯：第一聯存查，由征收機關留存；第二聯報告，第三聯回證，由征收機關塡送該管廳院，由該該管廳院之主管科股將各數核明無誤後，以報告一聯，轉送財政廳會計室登記，回證一聯，則由該管廳院加蓋印信，發還原征收機關備查。

第八條　此項報告之紙幅，字樣，欄欵，應悉依頒發格式印製塡報，以昭劃一。

第九條　本辦法如有未盡事宜，得由財政廳隨時修訂之。

第十條　本辦法呈請　省政府備案施行。修訂時同。

附征收報告填法說明

一、款項名稱及經收機關之類別：

（一）地稅。由各縣政府及各屬沙田征收處填報。

（二）契稅。由各縣政府填報。

（三）營業稅，烟酒牌照稅。由各營業稅局處，或各屬印花煙酒稅稽征所填報。

（四）房捐。由省會警察局填報。

（五）船捐。由港務局填報。

（六）雜項稅捐。由舶來農產品雜項專稅局填報。

（七）事業收入。由各學校醫院等各事業機關填報。

（八）行政收入。由各行政機關填報。

（九）司法收入。由司法機關填報。

（十）營業純益。由各營業機關填報。

二、「年月份」欄，將征收款項之年月份填入。

三、「科目」欄，填款項所屬之會計科目。

四、「款項名稱」欄，填所收款項名稱。

五、「年度」欄，填款項之所屬年度。

六、「經臨門」欄，填該項稅款屬於經常門或臨時門。

七、「征獲數」欄，填該項稅欵征收之總數。

八、「提支數」欄，填該項稅欵依照法令規定應提支之提成費，及應充賞之賞金等數目。

九、「撥地方欵」欄，塡該項稅款依照法令規定應撥補地方用款之數目。

十、「解其他」欄，塡該項稅款內依規定應解廳之數目。

十一、「應解數」欄，塡該項稅款除上列各項應提支撥出解繳外，尙應解繳金庫之數。

十二、「附記」欄，塡應說明之事由，如提支數內包括數種者，應於附記欄內，將細數分別說明，以便查核。

十三、所收稅欵，如無提支撥地方款及解其他各款者，可不塡。

十四、每類中欵項過多，一張不敷塡用時，應另塡次張，一併報告；但須順序編列號次，以便檢查。

十五、騎縫塡明造報之年度，並由造報機關編列字號，加蓋該機關印戳。

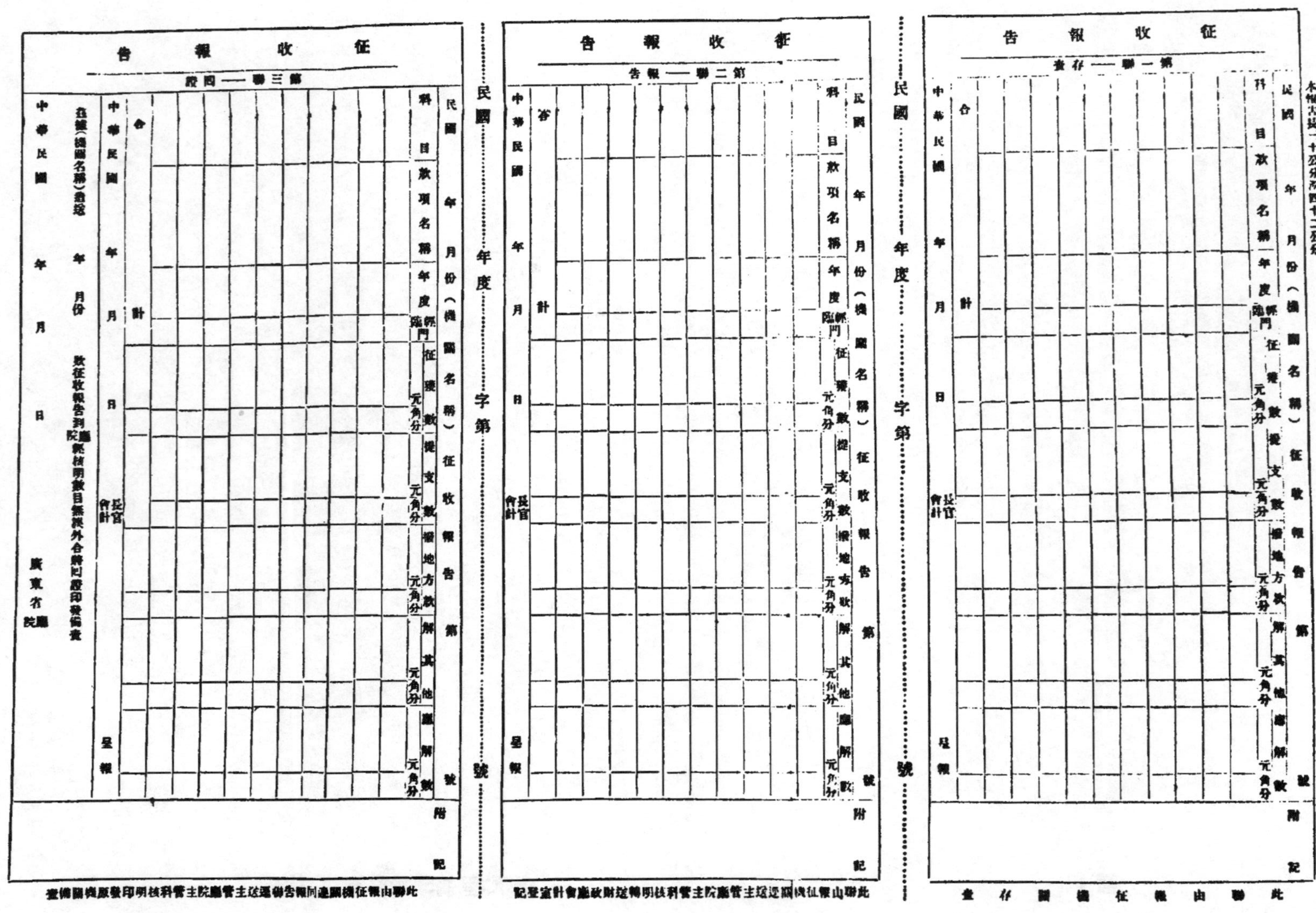

本幅宽长二十公分高四十二公分

征收报告
第一联——存查
民國　年　月份（機關名稱）征收報告第　號
科目款項名稱｜年度｜經常臨門｜征發數（元角分）｜提支數（元角分）｜撥地方款（元角分）｜解其他機關款（元角分）｜解款（元角分）
合計
中華民國　年　月　日　長官　會計　呈報
附記
此聯由征收機關存查

民國　年度　字第　號

征收报告
第二联——告报
民國　年　月份（機關名稱）征收報告第　號
科目款項名稱｜年度｜經常臨門｜征發數（元角分）｜提支數（元角分）｜撥地方款（元角分）｜解其他機關款（元角分）｜解款（元角分）
合計
中華民國　年　月　日　長官　會計　呈報
附記
此聯由征收機關逕送主管廳院主管科核明轉送財政廳會計室登記

民國　年度　字第　號

征收报告
第三联——证回
民國　年　月份（機關名稱）征收報告第　號
科目款項名稱｜年度｜經常臨門｜征發數（元角分）｜提支數（元角分）｜撥地方款（元角分）｜解其他機關款（元角分）｜解款（元角分）
合計
中華民國　年　月　日　長官　會計　呈報
逕復（機關名稱）查送　年　月份　征收報告到院/廳經核明數目無誤外合將回證印發備查
中華民國　年　月　日　廣東省　院/廳
附記
此聯由征收機關連同報告逕送主管廳院主管科核明印發原機關備查

本報告長二十公分闊四十二公分

徵收報告

第一聯——存查

民國廿六年三月份（某某稅局）徵收報告第　一　號

科目款項名稱	年度	經臨門	徵獲數	撥支數	撥地方款解數	其他應解數	附記
			元角分	元角分	元角分	元角分	
普通營業稅	二十五	經					
屠宰營業稅	二十五	經					
菸酒牌照費	二十五	經					
合計							

中華民國廿六年三月三十一日

長官
會計

（章）呈報

此聯由報徵機關存查

民國廿五年度徵字第　一　號

徵收報告

第二聯——報告

民國廿六年三月份（某某稅局）徵收報告第　一　號

科目款項名稱	年度	經臨門	徵獲數	撥支數	撥地方款解數	其他應解數	附記
			元角分	元角分	元角分	元角分	
普通營業稅	二十五	經					
屠宰營業稅	二十五	經					
菸酒牌照費	二十五	經					
合計							

中華民國廿六年三月三十一日

長官
會計

（章）呈報

此聯由報徵機關連同報告送主管廳主管科核明轉送財政廳會計室登記

民國廿五年度徵字第　一　號

徵收報告

第三聯——回證

民國廿六年三月份（某某稅局）徵收報告第　一　號

科目款項名稱	年度	經臨門	徵獲數	撥支數	撥地方款解數	其他應解數	附記
			元角分	元角分	元角分	元角分	
普通營業稅	二十五	經					
屠宰營業稅	二十五	經					
菸酒牌照費	二十五	經					
合計							

中華民國廿六年三月三十一日

長官
會計

（章）呈報

查核（某某稅局）造送廿六年三月份稅款徵收報告到廳經核明數目無誤外合將回證印發備查

中華民國廿六年四月十五日

廣東省廳（印）

此聯由報徵機關連同報告送主管廳主管科核明印發原機關備查

征收報告　第一聯——存查

民國廿六年三月份（某某征收機關或某某縣政府）征收報告第　　號

民國廿五年度征字第　　號

科目款項名稱	年度	經臨門	征獲數（元角分）	支數（元角分）	撥地方款（元角分）	解其他應解款（元角分）
臨時地稅	二十五	經				
宅地稅	二十五	經				
沙田餘額	二十五	經				
舊料	二十四	臨				
	二十三	臨				
	二十二	臨				
沙捐	二十三	臨				
護耕費	二十五	臨				
沙田地稅	二十五	臨				
清佃	二十五	臨				
合計						

中華民國廿六年三月三十一日

長官
會計　（章）　呈報

附記

此聯由報征機關存查

征收報告　第二聯——報告

民國廿六年三月份（某某征收機關或某某縣政府）征收報告第　　號

民國廿五年度征字第　　號

科目款項名稱	年度	經臨門	征獲數（元角分）	支數（元角分）	撥地方款（元角分）	解其他應解款（元角分）
臨時地稅	二十五	經				
宅地稅	二十五	經				
沙田餘額	二十五	經				
舊料	二十四	臨				
	二十三	臨				
	二十二	臨				
沙捐	二十三	臨				
護耕費	二十五	臨				
沙田地稅	二十五	臨				
清佃	二十五	臨				
合計						

中華民國廿六年三月三十一日

長官
會計　（章）　呈報

附記

此聯由報征機關逕送主管廳院主管科核明轉送財政廳會計室登記

征收報告　第三聯——回證

民國廿六年三月份（某某征收機關或某某縣政府）征收報告第　　號

科目款項名稱	年度	經臨門	征獲數（元角分）	支數（元角分）	撥地方款（元角分）	解其他應解款（元角分）
臨時地稅	二十五	經				
宅地稅	二十五	經				
沙田餘額	二十五	經				
舊料	二十四	臨				
	二十三	臨				
	二十二	臨				
沙捐	二十三	臨				
護耕費	二十五	臨				
沙田地稅	二十五	臨				
清佃	二十五	臨				
合計						

中華民國廿六年三月三十一日

長官
會計　（章）　呈報

右據（某某征收機關或某某縣政府）造送廿六年三月份地稅稅款征收報告到廳經核明數目無誤外合將回聯印發備查

中華民國廿六年四月十一日

廣東省廳（印）

附記

此聯由報征機關連同報告聯送主管廳院主管科核明印發原機關備查

廣東省財政廳訂定各機關商民直接解領款項暫行辦法

第一條　廣東省財政廳爲利便各機關商民辦理解領款項起見，特訂定本辦法。

第二條　各機關商民直接向財政廳解領款項之程序，均依本辦法辦理。

第三條　各機關商民向財政廳解交現款，應塡具四聯解款書（附式一），以現字編號，於第一、二、三聯由長官及各主管會計人員署名蓋章，並在騎縫蓋用機關印信（商民解款得簽名蓋章），以二、三、四三聯連同現款一併送（或寄）呈財政廳主管科股核明蓋章，交解款人轉送第一科核收（寄滙款項由主管科股轉送）。

第四條　凡應解款項之各項細數，應於備考欄內，分別詳爲註明，以便稽核。

第五條　第一科出納股點驗解款，核與主管科股核明之解款書所列數目相符，卽予照收，製給收據（附式二）。原送解款書，由本科出納股股長及收款人在第二、三各聯上署名蓋章，並蓋收訖年月日戳記後，卽將第二聯留存，爲發給收據及記賬之根據；第三聯第四聯由出納股送主管科股審核後，分別歸卷及印發原解款機關（或解款人備查。

第六條　解款機關長官或商民於款項解訖後，得將出納股給回之收款據，自行裁留備查。

第七條　各機關每月應領經費，應塡具三聯領款書（附式三），除留存根一聯外；其餘二聯，備文送呈財政廳。

第八條　財政廳主管科股，收到領款機關所送領款收據，報告二聯，核與核定數目相符，在收據聯上簽名蓋章後，連同報告聯一併送交第一科出納股照數付款（或寄滙）。

第九條　出納股收到主管科股核明之領款機關收據，報告二聯，卽行照數付款（或寄滙），並在各聯上加蓋付訖年月日戳記，將收據一聯，留爲記賬之根據；報告一聯，簽名蓋章後送回主管科股存查，再由主管科股根據領款機關請領文件核復知照。

第十條　本辦法施行後，原有向廳解領欵項書表格式，及辦文手續，一律取銷。

第十一條　本辦法如有未盡事宜，得隨時修正之。

第十二條　本辦法自核定日施行

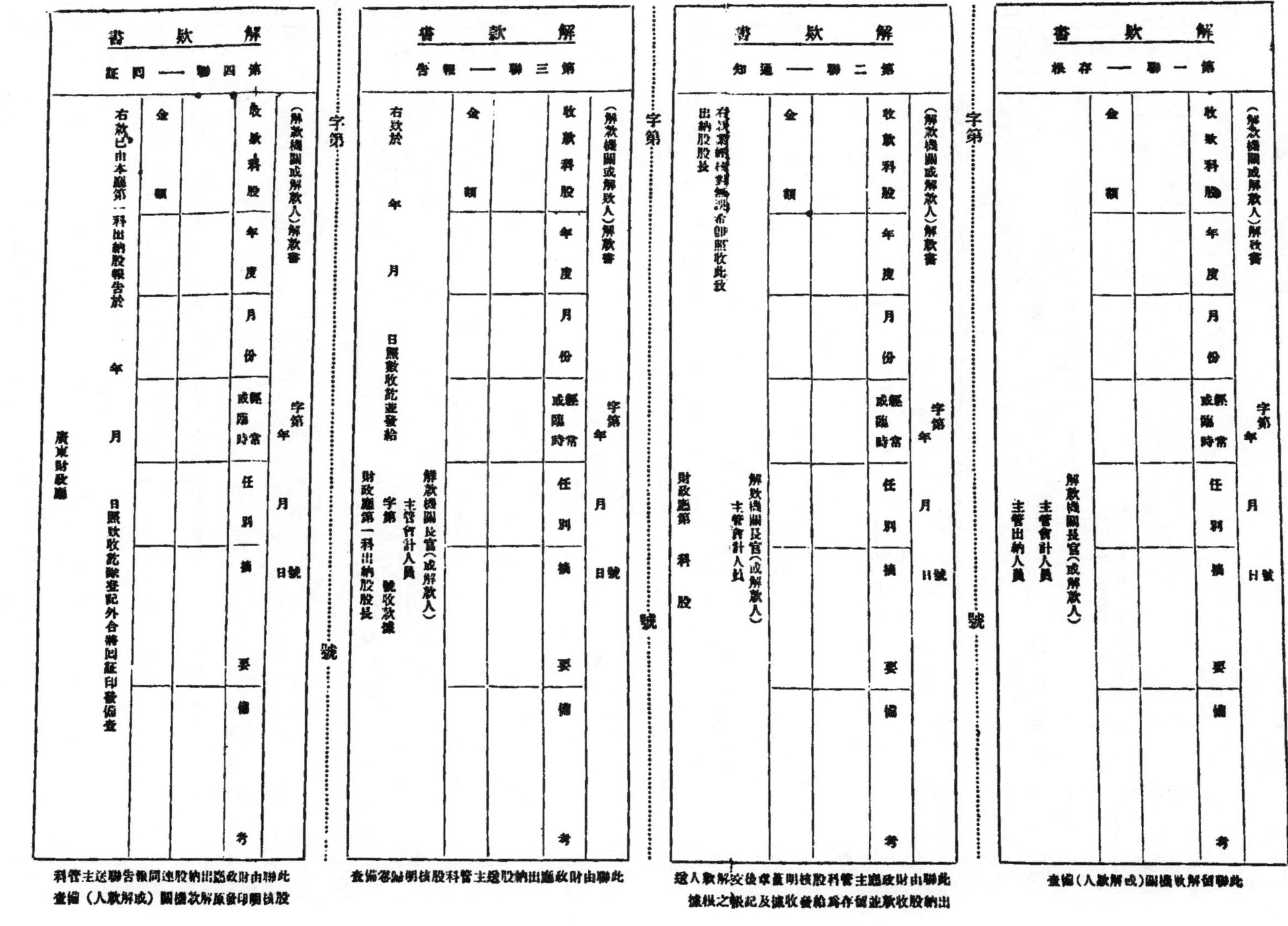

本書長三十公分闊四十公分

（附式一）

解款書

第一聯——存根

（解款機關或解款人）解款書　字第　號　年　月　日

收款科股	年度	月份	經常或臨時	任別	摘要	備考
金額						

解款機關長官（或解款人）
主管會計人員
主管出納人員

此聯留解款機關（或解款人）備查

字第　號

解款書

第二聯——通知

（解款機關或解款人）解款書　字第　號　年　月　日

收款科股	年度	月份	經常或臨時	任別	摘要	備考
金額						

右款業經核對無訛希即照收此致
出納股股長

解款機關長官（或解款人）
主管會計人員

財政廳第　科　股

此聯由財政廳主管科股核明蓋章後交解款人送出納股收款並留存為發給收據及記帳之根據

字第　號

解款書

第三聯——報告

（解款機關或解款人）解款書　字第　號　年　月　日

收款科股	年度	月份	經常或臨時	任別	摘要	備考
金額						

右款於　年　月　日照數收訖並發給　字第　號收款據

解款機關長官（或解款人）
主管會計人員

財政廳第一科出納股股長

此聯由財政廳出納股送主管科股核明歸檔備查

字第　號

解款書

第四聯——回証

（解款機關或解款人）解款書　字第　號　年　月　日

收款科股	年度	月份	經常或臨時	任別	摘要	備考
金額						

右款已由本廳第一科出納股報告於　年　月　日照數收訖除登記外合將回証印發備查

廣東財政廳

此聯由財政廳出納股連同報告聯送主管科股核明印發解款機關（或解款人）備查

（附式二）

本書長三十公分濶三十公分

收款據存根

廣東省財政廳收款據存根　字第　號

解款機關

摘要

征獲：年度　月份　經常或臨時

備考

金額

右款業經如數收訖

廣東省財政廳

中華民國　年　月　日

此聯存出納股記賬備查

字第　號

收款據

廣東省財政廳收款據　字第　號

解款機關

摘要

征獲：年度　月份　經常或臨時

備考

金額

右款業經如數核收清訖

廣東省財政廳

中華民國　年　月　日

此聯裁交解款機關長官（或解款人）自行留查

本書長三十公分闊三十五公分

（附式三）

領款書

第一聯——存根

字第　　號

付款機關		金額
年度		
月份		
經常或臨時		
項目		
備考		

右款業派本　　　向

領款機關長官
主管會計人員
主管出納人員

領訖

中華民國　　年　　月　　日

此聯存領款機關暨收備查

字第　　號

領款書

第二聯——收據

字第　　號

付款機關		金額
年度		
月份		
經常或臨時		
項目		
備考		

右款業經如數領訖此據

領款機關長官
主管會計人員

據（某機關）請領上列款項核與規定法案相符請照數核發

（主管科股）

中華民國　　年　　月　　日

此聯由主管科股核明後交出納股付款出納股付款後作爲記賬之根據

字第　　號

領款書

第三聯——報告

字第　　號

付款機關		金額
年度		
月份		
經常或臨時		
項目		
備考		

右款業經如數領訖除具收據外特此報告

領款機關名稱及長官
主管會計人員

右款業經於　　年　　月　　日照數付訖（照匯）合行通知

第一科出納股

中華民國　　年　　月　　日

此聯由主管科股核明送出納股付款出納股付款後蓋付訖戳記轉送主管科股登記根據撰文並存查

廣東省各機關歲入歲出預算科目表說明

一、各機關編製歲入歲出概算及預算其科目悉依照本預算科目辦理

二、各機關根據本預算科目編製歲入歲出概算及預算時如無某項目節收入者可不列該項科目其第某項第某目第某節之數字可由各機關根據採用之科目分別排列但歲出經常門仍應列明其名稱而不列其數目

三、本預算科目所定之科目名稱各機關不得任意更改或增加

四、各機關之歲入歲出臨時門科目得由各機關酌量情形根據本預算科目之歲入臨時門及歲出經常門各科目名稱增減之

五、各機關如有特殊性質之稅項收入或經費支出在本預算科目內無相當科目可以歸納者應先行據實呈請或函商財政廳規定辦理

六、各機關補收本年度以前各年度已征獲之稅款均應列入臨時門收入月終應編製臨時門歲入累計表呈核

七、本科目表未規定各項悉照「預算科目細則」規定辦理

歲入經常門

第　款　某某機關地方普通歲入

第　項　田賦

第　目　臨時地稅

第　節　臨時地稅　凡征收地丁漕糧租課及其附加之各項收入均列入此節

第　目　沙田地稅

第　節　沙田地稅　凡征收沙田地稅及其附加之各項收入均列入此節

第　節　沙田錢糧　凡征收之沙田錢糧列入此節

第　目　宅地稅

第　節　宅地稅　凡征收宅地稅及其附加之項收入均列入此節

第　項　契稅

第　目　契稅

第　節　契稅　凡不動產典賣之契稅契紙費及其附加之各項收入均列入此節

第　項　營業稅

第　目　普通營業稅

第　節　普通營業稅　凡征收普通之營業稅列入此節

第　目　典當營業稅

第　節　典當營業稅　凡征收之常稅典當牌照費等營業稅均列入此節

第　目　屠宰營業稅

第　節　屠宰營業稅　凡征收之屠宰稅屠宰捐等營業稅及其附加之各項收入均列入此節

第　目　筵席營業稅

第　節　筵席營業稅　凡征收之筵席營業稅列入此節

第　目　保險營業稅

第　節　保險營業稅　凡征收之保險營業稅列入此節

第　目　菸酒牌照稅

第　節　菸類牌照稅　凡征收之菸類牌照各費及其附加之各項收入劃歸地方使用者均列入此節

第　節　酒類牌照稅　凡征收之酒類牌照各費及其附加之各項收入劃歸地方使用者均列入此節

第 項 房捐

第 目 房屋捐

第 節 房屋捐 凡征收之房捐列入此節

第 目 船戶捐

第 節 船戶捐 凡征收之船戶警費均列入此節

第 目 消防捐

第 節 消防捐 凡征收之消防捐列入此節

第 目 潔淨捐

第 節 潔淨捐 凡征收之潔淨捐列入此節

第 項 車船牌照税

第 目 車捐

第 節 手車捐 凡征收之手車捐列入此節

第 節 汽車捐 凡征收之汽車捐列入此節

第 節 車牌費 凡征收之各種車輛磁牌費均列入此節

第 項 地方財產收入

第 目 租金

第 節 房產租金 凡官有房屋之租金列入此節

第 節 地產租金 凡官有土地之租金列入此節

第 節 雜產租金 凡官有財產之租金不屬於上列二節者均列入此節

第 項 地方事業收入

第　目　學費

第　節　學費　凡官立學校收入之學費列入此節

第　目　宿費

第　節　宿費　凡官立學校收入之宿費列入此節

第　目　醫務收入

第　節　醫藥費　凡官立醫院診療所之醫費藥費等均列入此節

第　目　農藝收入

第　節　農產品售價　凡不含營業性質之農藝機關出品售價均列入此節

第　節　蠶絲改良費　凡關於蠶絲之改良費收入列入此節

第　目　工藝收入

第　節　工業出品售價　凡不含營業性質之工藝機關出品售價均列入此節

第　項　地方行政收入

第　目　註冊費

第　節　建築業註冊費　凡建築業註冊費列入此節

第　目　登記費

第　節　雜項登記費　凡雜項登記費列入此節

第　目　執照費

第　節　建築執照費　凡人民呈請建築之執照費列入此節

第　節　修繕執照費　凡人民呈請修繕之執照費列入此節

第　節　雜項執照費　凡不屬於上列二節之執照費列入此節

第　目　測繪費

第　節　測繪費　凡人民呈請測量清丈之各項收入列入此節

第　目　查驗費

第　節　查驗費　凡人民呈請查驗之各項收入列入此節

第　目　罰款

第　節　偷漏稅捐罰款　凡人民偷漏稅捐所罰之款列入此節

第　節　滯納稅捐罰款　凡人民滯納稅捐所罰之款列入此節

第　節　違犯章則罰款　凡人民違犯政府章則所罰之款列入此節

第　節　雜項罰款　凡不屬於上列三節之罰款列入此節

第　項　地方營業純益

第　目　路政純益

第　節　路政純益　凡關於道路之營業純益列入此節

第　目　電政純益

第　節　電政純益　凡關於電燈電話等之營業純益均列入此節

第　目　航業純益

第　節　航業純益　凡關於航業之營業純益列入此節

第　目　農業純益

第　節　農業純益　凡關於農林漁牧等之營業純益列入此節

第　目　工業純益

第　節　工業純益　凡關於工廠局所等之營業純益列入此節

第 目 商業純益

第 節 商業純益　凡關於地方銀行及所營其他商業機關之營業純益列入此節

第 項 補助款收入

第 目 中央補助款收入

第 節 義務教育補助款　凡中央補助本省義務教育之款項列入此節

第 節 印花稅分給款　凡中央在印花稅項下分給本省之款項列入此節

第 目 地方協款收入

第 節 司法收入協款　凡各縣市在司法收入項下協助本省之款項列入此節

第 節 保安經費協款　凡各縣市協助本省之款項以爲保安經費之用者列入此節

第 項 其他收入

第 目 雜項收入

第 節 存款利息　凡各機關各種款項存儲銀行之利息列入此節

第 節 其他雜項收入　凡不屬於上列一節之各項收入均列入此節

歲入臨時門

第 款 某某機關地方普通歲入

第 項 田賦

第 目 沙田地稅

第 節 沙田清佃　凡沙田之清佃收入列入此節

第 節 沙捐　凡沙田之沙捐列入此節

第　節　沙田護耕費　凡沙田之護耕費列入此節
第　項　地方財產收入
第　目　官產變價
第　節　房屋變價　凡官有房屋放領或變賣之產價列入此節
第　節　地產變價　凡官有土地放領或變賣之地價及溢地之價均列入此節
第　節　雜物變價　凡官有財物變賣之價不屬於上列兩節者列入此節
第　項　地方行政收入
第　目　登記費
第　節　土地登記費　凡土地舉行登記之登記費列入此節
第　節　沙田登記費　凡沙田舉行登記之登記費列入此節
第　項　補助欵收入
第　目　中央補助欵收入
第　節　特種補助款　凡中央臨時特別補助之款列入此節
第　項　債款收入
第　目　債款收入
第　節　債欵收入　凡以官有財產爲抵押品所借入之款列入此節
第　項　其他稅捐
第　目　舶來物產專稅
第　節　煤油稅　凡原有之煤油販賣稅列入此節
第　節　舶來物產雜項專稅　凡征收之舶來農產品雜項及省外運入油豆專稅列入此節

第　節　洋紙專稅　凡征收之洋紙專稅列入此節

第　節　洋布疋頭專稅　凡征收之洋布疋頭專稅列入此節

第　節　蠟類專稅　凡征收之蠟類專稅列入此節

第　節　顏料專稅　凡征收之顏料專稅列入此節

第　節　舶來木料稅　凡征收之舶來木料稅列入此節

第　節　舶來橡膠類製成品稅　凡征收之舶來橡膠物品稅列入此節

第　節　糖類捐　凡征收之糖類捐列入此節

第　節　京果海味捐　凡征收之京果海味捐列入此節

第　節　舶來皮革用品稅　凡征收之舶來皮革用品稅列入此節

第　目　鄰省牛皮稅

第　節　鄰省牛皮稅　凡征收之鄰省運入之牛皮稅列入此節

第　目　香燭紙寶捐

第　節　香燭紙寶捐　凡征收之香燭紙寶捐列入此節

第　目　鎢鑛捐

第　節　鎢鑛捐　凡征收之鎢鑛捐列入此節

歲出經常門

第一款　某某機關普通歲出　凡本機關之各項經費均列此款

第一項　俸給費　凡本機關長官員司之俸薪工匠伕役軍士兵警之工餉等均列此項

第一目　俸薪　凡關於長官員司之俸薪均列此目

第一節　簡任官俸　凡按法令規定設置之簡任官及與簡任官同等待遇之官俸均列此節

第二節　薦任官俸　凡按法令規定設置之薦任官及與薦任官同等待遇之官俸均列此節

第三節　委任官俸　凡按法令規定設置之委任官及與委任官同等待遇之官俸均列此節

第四節　聘員薪　凡按法令規定設置之聘任人員薪水均列此節

第五節　僱員薪　凡按法令規定設置之僱員及臨時僱用之僱員薪水列入此節

第二目　餉項工資　凡軍士兵警之餉項及工匠公役等之工資均列此目

第一節　餉項　凡軍士兵警等之餉項均列此節

第二節　工資　凡工匠公役等之工資均列此節

第二項　辦公費　凡辦公所需之各種費用均列此項

第一目　文具　凡各種文具均列此目

第一節　紙張　凡各種紙張卷夾封套等費均列此節

第二節　筆墨　凡各種筆墨費均列此節

第三節　簿籍　凡各種普通簿籍及特印帳簿等費均列此節

第四節　雜品　凡不屬於右列各節之文具如銅釘漿糊橡皮木戳絲綿膠水撳針圖釘印泥捲筆刀等費均列此節

第二目　郵電　凡辦公所需之郵電等費均列此目

第一節　郵費　凡郵費列入此節

第二節　電費　凡電報電話費均列此節

第三目　消耗　凡關於發光發熱用水運轉及其他各種消耗物料所需費用均列此目

第一節　燈火　凡電燈之電費及煤氣燈或油燈等所需燃料之費用均列此節

第二節　茶水　凡茶菓飲料水及使用水費均列此節

第三節　薪炭　凡柴薪煤炭等燃料費(包括爐灶及冬季煤炭費)均列此節

第四節　油脂　凡汽車機車及機件上所需之各種油脂費均列此節

第四目　印刷　凡關於公報文告等之印刷費均列此目

第一節　刊物　凡本機關發行之定期刊物及臨時刊物之印刷費均列此節

第二節　雜件　凡本機關發布之布告規章圖表或單據票照憑證等之印刷費列均此

第五目　租賦　凡關於公用房地等之租金及賦稅均列此目

第一節　房屋　凡房屋之租賦均列此節

第二節　土地　凡土地之租賦均列此節

第三節　塲圃　凡塲圃之租賦均列此節

第六目　修繕　凡關於房屋舟車器械及其附屬物之修繕費均列此目

第一節　房屋　凡房屋土地塲圃及其附屬物(如涼棚爐灶等)之修繕費均列此節

第二節　舟車　凡舟車及其附屬物之修繕費均列此節

第三節　器械　凡　具器皿機械及其他物品之修繕費均列此節

第七目　旅運費　凡因公出差及運輸所需之費用均列入此目

第一節　旅費　凡因調查視察及其他因公出差所需之旅費均列此節

第二節　運輸費　凡因公所需之運輸費列入此節

第八目　雜支　凡不屬於右列各目之各種雜費均列此目

第一節　廣告　凡刊登公報雜誌報紙等之廣告費均列此節

第二節　報紙　凡購買報紙等費均列此節

第三節　雜費　凡各種零星雜費均列此節

第三項　購置費　凡具有財產性質之購置所需費用（如有運費捐稅併計在內）均列此項

第一目　器具　凡　具器皿及雜件等之購置費均列此目

第一節　具　凡棹椅几櫥衣架鐵甲萬火爐電扇電燈等購置費均列此節

第二節　器皿　凡墨盒水壺硯台筆架算盤刀尺印色盒叫人鈴茶壺痰盂面盆時鐘鏡框等之購置費均列此節

第三節　機件　凡打字機印字機計算機號碼機打洞機及其他各種機件等之購置費均列此節

第四節　雜件　凡不屬於右列各節物件之購置費均列此節

第二目　服裝械彈　凡購置服裝械彈所需費用均列此目

第一節　服裝　凡服裝之購置費均列此節

第二節　械彈　凡械彈之購置費均列此節

第三目　舟車牲畜　凡車輛船隻牲畜等之購置費均列此目

第一節　車輛　凡汽車馬車人力車運貨車等及其附屬物之購置費均列此節

第二節　船隻　凡輪船汽船帆船等及其附屬物之購置費均列此節

第三節　牲畜　凡騾馬等購置費均列此節

第四目　圖書　凡供參攷或研究所用各種書籍圖表雜誌之購置費均列此目

第一節　圖書

第四項　營造費　凡營造房屋塲圃及其附屬物等所需費用均列此項

第一目　房屋　凡添造房屋及其附屬物等所需費用均列此目

第二目　塲圃　凡添置塲圃及其附屬物等所需費用均列此

第五項　特別費　凡特別費用不能歸入右列各項者均列此項

第一目　特別辦公費　凡是官爲執行公務上必需之一切額外開支均列此目其節按官階分別之

第二目　滙兌　凡滙欵所需之匯水及折合本位幣之虧耗均列此目

第一節　滙水　凡解欵所需之匯水列入此節

第二節　虧耗　凡折合本位幣之虧耗均列此節

第三目　醫藥費　凡因公需用之醫藥費均列此目

第一節　醫藥費

第四目　其他　凡關於法律事務及撫郵獎賞保險並其他不能歸入右列各目之特種費用均列此目其節按性質分別之

附註：以上科目歲出臨時門亦適用之

廣東省政府財政廳暫行會計制度

簿記組織系統圖

一、會計科目

甲、科目

(一)財務科目

(二)預算科目

乙、科目編號說明

二、記賬憑證與登記通則

甲、原始證據

乙、證據登記及程序

丙、傳票

三、賬簿與報表

甲、登記簿

(一)收入登記簿

(二)支出登記簿

(三)征獲數登記簿

(四)支付備登記簿

(五)分錄簿

乙、總賬

丙、補助賬

(一)金庫分戶賬
(二)收入分戶賬
(三)收入分類賬
(四)支出(支付書)分戶賬
(五)支出分類賬
(六)暫記分類賬

丁、日計表及各種報表

(一)金庫收支累計日報表
(二)征獲數收入日報表
(三)支付書日報表
(四)征獲數收入累計旬報表
(五)試算表
(六)資力負担平衡表
(七)各項明細表
(八)金庫收支結存日計表
(九)所屬機關應解欵報告表
(十)歲入累計表
(十一)歲出累計表
(十二)應付未付數報告表

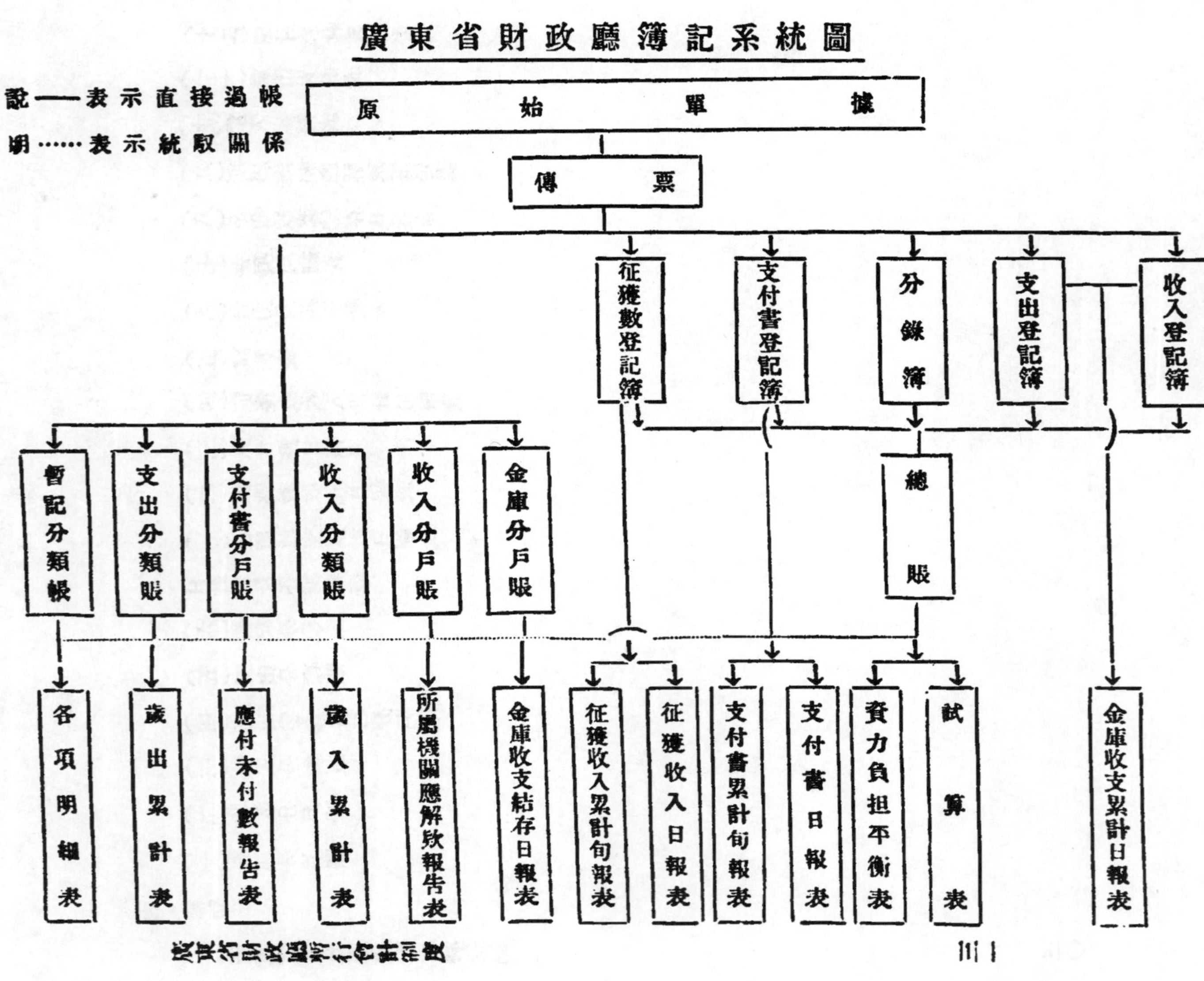
廣東省財政廳簿記系統圖
說——表示直接過帳
明……表示統馭關係
原始單據
傳票
征獲數登記簿
支付書登記簿
分錄簿
支出登記簿
收入登記簿
總賬
暫記分類帳
支出分類賬
支付書分戶賬
收入分類賬
收入分戶賬
金庫分戶賬
各項明細表
歲出累計表
應付未付數報告表
歲入累計表
所屬機關應解欵報告表
金庫收支結存日報表
征獲收入累計旬報表
征獲收入日報表
支付書累計旬報表
支付書日報表
資力負担平衡表
試算表
金庫收支累計日報表
廣東省財政廳暫行會計制度
三一

一、會計科目

甲、科目

(一)財務科目

科目號數	借方餘額科目	科目號數	貸方餘額科目
一一〇一	金庫	一四〇一	應付款
一一〇二	附屬機關應解款	一四〇二	支付書
一一〇三	應收款	一四〇三	借入款
一一〇四	押金	一四〇四	預收款
一一〇五	暫付款	一四〇五	暫收款
一一〇六	附屬機關支出	一四〇六	代收款
一二〇〇	經常費支出	一四〇七	保管款
一三〇〇	臨時費支出	一四〇八	補收上年度歲入款
		一四〇九	歲計餘絀款

		一五〇〇	經常門收入
		一六〇〇	臨時門收入

(二)預算科目

科目號數	借方餘額科目	科目號數	貸方餘額科目
二一〇一	歲入經常預算數	二四〇一	歲出經常預算數
二一〇二	歲入臨時預算數	二四〇二	歲出臨時預算數
二一〇三	歲入經常分配數	二四〇三	歲出經常分配數
二一〇四	歲入臨時分配數	二四〇四	歲出臨時分配數

乙、科目編號說明

(一)總帳科目號數之編列，以千位數爲起點，并以項爲單位。補助帳號數之編列，取定點制，以目爲單位。

(二)財務類科目編爲一〇〇〇號，預算類科目爲二〇〇〇號，資產或財源類科目爲一〇〇號，負担類科目爲四〇〇號，經常費支出科目爲二〇〇號，臨時費支出科目爲三〇〇號，經常門收入科目爲五〇〇號，臨時門收入科目爲六〇〇號。以上編號卽借方數爲一〇〇號，二〇〇號，及三〇〇號。貸方數爲四〇〇號，五〇〇號，及六〇〇號。

(三)舉例(1)總帳科目，經常門收入，田賦，其編號當爲一五〇一號。經常門收入屬財務科目，爲一〇〇〇，經常門收入科目本身爲五〇〇，田賦爲經常門收入之第一項，合併爲一五〇一號，臨時門收入田賦當爲一六〇一號。(2)補助帳科目編號，以目爲單位，故取定點制，即定點之下爲目。「例如」經常費支出，行政費，廣東省政府經費，其編號當爲二〇二·一號。經常費之編號爲二〇〇行政費爲經常費之第二項，廣東省政府經費爲行政費之第一目，其編號當爲二〇二·一號。其餘類推。

二、記帳憑証與登記通則

甲，原始單據

(一)歲入歲出預算書

(二)歲入歲出經臨費分配表

(三)解欵書

(四)領款書或領款收據

(五)支付書

(六)納稅憑証及罰金收據

(七)付款收據

(八)帳單揭單或結單

(九)契約

上項各種原單據爲製造傳票之直接根據。

爲利便核對及送審査起見，原單據須分類粘釘成冊。

乙，証據登記及程序

（一）根據原始單據，按照規定會計科目及號數，分別繕製傳票。

（二）根據傳票，分別登記各類登記簿及補助帳。

（三）根據各類登記簿過入總帳。

（四）日終將數覆核後根據傳票造具試算表。

（五）月終應結算總帳及補助帳。

（六）月終及年終結算時，按照規定格式根據各類帳簿編造報表。

丙、傳票

子、格式（一）　高度廿一公分　長度卅一公分

（留釘位置）

廣東省財政廳　　傳票號數＿＿＿＿

傳　票　　民國＿＿年＿＿月＿＿日

附原單據＿＿＿張書類＿＿＿件　　續＿＿＿頁

原始單據				摘要	科目號數	金額			原始簿頁數	補助帳		
＿年		種類	號數			細數	借方	貸方		種類	月份	頁數
月	日											

會計主任　　股長　　覆核員　　製票員　　記帳員

(丑)說明

一、凡各種收付根據文件或其他憑證，表示款項授受之移轉或科目之整理者，須填製傳票。

二、摘要欄，填該帳項所屬之科目。第一行借方科目靠近左線書入，第二行貸方科目，向右略偏，約離左線一字地位，以資識別。

三、借方科目之金額，記于金額欄之借方。貸方科目金額，記于金額欄之貸方。總帳科目之金額，與總帳科目同列。補助帳科目之金額，與補助帳科目同列。但為利便登記起見，總帳科目應列于上端，并劃一紅綫，綫之下列補助帳科目及金額。

四、製票日期原始單據之種類，號數及張數，與收支款項所屬年，月份，均應分別在相當欄內註明。登記簿頁數，補助帳種類及頁數，應由記帳員記帳後，在各相當欄內逐一填明，以資查對。

五、傳票應編列號數每一張傳票祇能記載一種事實，如同一事實而有兩個以上科目者，仍得記于一傳票內。如一張傳票不敷記載時，得另張接記；但應編列同一號數，在第二頁傳票之右端「續　頁」上寫「二」字樣。

三、賬簿與報表

甲、登記簿

(一)收入登記簿(格式二)

子、格式　(二)　高度卅三公分　寬度四十一公分

第____頁　　**廣東省財政廳收入登記簿**　　左邊

1 金庫		2 傳票			3 目科	4 摘要	5 科目號數	6 原始單據		7 附屬機關應解款		8 其他	
名稱	金額	年		號數				種類	號數	名稱	金額	名稱	金額
		月	日										

右邊　　**廣東省財政廳收入登記簿**　　第____頁

收入分類登記

9 田賦	10 稅契	11 營業稅	12 房警捐	13 船捐	14 其他稅捐	15 財產	16 事業	17 行政	18 司法	19 補助款	20 其他		
											名稱	號數	金額
1501	1502	1503	1504	1505	1506	1507	1508	1509	1510	1511			

丑、說明

一、收入登記簿，根據傳票，按照日期順序登記之。

二、收入登記簿第一欄登記各金庫收入數目，第二欄登記傳票日期及號數，第三欄塡寫解款機關，第四欄塡寫重要事由，第五欄塡寫科目數號，第六欄塡寫原始單據種類及號數，第七欄塡寫附屬機關應解款之數目及其帳戶，第八欄塡寫其他款項來源，（中央補助費或借入款項等）及其金額。第九至二十欄分類登記所收入款項以備查攷及造具報表。

三、收入登記簿，每日結算後依照格式塡造收支累計日報表。

四、收入登記簿每日總算一次。

（二）支出登記簿（格式三）

子、格式（三）　高度卅三公分　寬度四十一公分

第＿＿頁　　廣東省財政廳支出登記簿　　右邊

1 應付款(支付書)	2 傳票 ＿＿年 月	日	號數	3 科目(領款機關)	4 摘要	5 科目號數	6 原始單據 種類	號數	7 金庫 名稱	金額

右邊			廣東省財政廳支出登記簿							第＿＿頁		
支出分錄登記												
8	9	10	11	12	13	14	15	16	17	18	19	
黨務	行政	司法	公安	財務	教育文化	建設	交通	實業	衛生	土地整理	其他	
											名稱號數	金額
1201	1202	1203	1204	1205	1206	1207	1208	1209	1210	1211		

丑、說明

一、支出登記簿，根據傳票，按照時日順序登記之。

二、支出登記簿，第一欄登記支付書金額，第二欄登記傳票年、月、日及號數，第三欄填寫領欵機關名稱，第四欄填寫重要事由，第五欄填寫科目號數，第六欄填寫原始單據之種類及號數，第七欄填寫付欵金庫名稱及其付出總額，第八至十九欄分類登記付出欵項以備查攷，及造具報告。

三、支出登記簿每日結算後，依照規定格式填造收支累計日報表。

四、支出登記簿每日總結算一次。

(三)征獲數登記簿(格式四)

子、格式(四)高度卅三公分　寬度四十一公分

第____頁　**廣東省財政廳征獲數登記簿**　左邊

1 附屬機關應解欵		2 傳票			3 原始單據		4 科目	5 摘要	6 科目號數	7 征獲數分類	
號數	金額	年 月	年 日	號數	種類	號數				經常	臨時

右邊　**廣東省財政廳征獲數登記簿**　第____頁

貸方征獲數分類登記

8 田賦	9 契稅	10 營業稅	11 房警捐	12 船捐	13 其他稅捐	14 地方財產	15 地方事業	16 地方行政	17 司法	18 其他		
										名稱	號數	金額
1501	1502	1503	1504	1505	1506	1507	1508	1509	1510			

丑、說明

一、征獲數登記簿，根據傳票，按照時日順序登記之。

二、征獲數登記簿第一欄登記巳征獲但未解繳之科目號數及征獲數金額。第二欄登記傳票年、月、日，及號數。第三欄填寫原始單據種類及號數。第四欄登記附屬機關名稱。第五欄登記征獲稅項及重要事由。第六欄登記科目號數。第七欄分別經常門及臨時門征獲總數。第八至第十八欄分類記載征獲各數。

三、征獲數收入日報表根據征獲數登記簿編製之。

四、每旬結算後，應將第一、八、九、十、十一、十二、十三、十四、十五、十六、及十七各欄分別經常門及臨時門之合計數過入總帳之各相當帳戶。并在合計數下填記總帳戶頁號，以資查對。至第十八各帳應每日過帳。

五、征獲數登記簿每旬結算後，依照規定格式填造征獲數收入累計旬報表。

六、征獲數登記簿每月總結算一次。

(四)支付書登記簿(格式五)

子、格式(五)　高度廿三公分　寬度四十一公分

第　　頁　　廣東省財政廳支付書登記簿

1 其他			2	3	4	5	6	7	8	9	10	11	12
科目	號數	金額	土地整理	衛生	實業	交通	建設	教育	財務	公安	司法	行政	黨務
			1211	1210	1209	1208	1207	1206	1205	1204	1203	1202	1201

(支出分類)

廣東省財政廳支付書登記簿

13 支出分類		14 傳票			15 科目號數	16 科目	17 摘要	18 原始單據		19 支付書合計
經常	臨時	年 月	年 日	號數				種類	號數	

丑、說明

一、支付書登記簿，根據傳票，按照時日順序登記之。

二、支付書登記簿第一至第十二欄登記各類經費之支出數目，第十三欄將各項支出數分別登記經常門與臨時門合計數，第十四欄登記傳票年、月、日及號數，第十五欄登記科目號數，第十六欄登記各機關名稱，第十七欄塡寫重要事由，第十八欄登記原始單據種類，及號數，第十九欄登記支付書付出之合計數。

三、支付書登記簿，每日結算後，按照規定格式塡造支付書日報表。

四、支付書登記簿每月總結後，（第一欄科目應每日過賬）應將第二至十二各欄分別合計，過入總帳各相當帳戶并將總帳戶頁數記于各欄合計之下，以資查對。

五、分錄簿（格式六）

子、格式（六）高度卅三公分　　度四十一公分

第1頁　廣東省財政廳分錄簿

1 傳票			2 原始單據		3	4 預算數			5 應收未收額			6 其他		
年		號數	種類	號數	摘要	科目號數	金額		科目號數	金額		科目號數	金額	
月	日						借方	貸方		借方	貸方		借方	貸方

丑、說明

一、分錄簿根據傳票，按照時日號數順序登記之。

二、分錄簿根據傳票登記一切無現金收支之賬項，及整理帳目。

三、分錄簿第一、二、三、各欄，由記帳員根據傳票所載各項分別登記，第四欄登記預算數，第五欄登記應收未收數，第六欄登記整理及其他轉帳各項。

四、各科目之金額應依借貸方按期分類過入總賬，過帳後，應在科目號數內註明符號，以資查對。

乙、總賬(格式七)

子、格式(七)　高度卅三公分　度卅一公分　活頁簿用趾開合號數……　科目……　附記……

第……頁

民國……年度……第……款……項……目

登記簿					摘要	金額		借或貸	差額
年	月	日	種類	頁數		借方	貸方		

丑、說明

一、總帳根據收入登記簿，支出登記簿，征獲數登記簿，支付書登記簿，及分錄簿登記之。每一科目設設一帳。

二、總帳戶之排列，依會計科目順序排列之。

三、記帳員應將過帳日期，登記簿種類，頁數，分別塡入各相當欄，事由記入摘要欄。

四、登記簿所登記各科目，應依其借貸過入總帳內相當帳戶之金額欄內相當帳戶。借貸兩方差額記入差額欄。借方餘額，在「借或貸」欄書一「借」字，貸方餘額書一「貸」字。

五、月終及年終結帳時應編造試算表，及資力負担平衡表。

丙、補助賬

(一)金庫分戶帳(格式八)

子、格式(八)高度卅三公分　寬度卅一公分　活頁簿用匙開合號數……………

第…………頁　　　　科目名稱……………………………

傳票				原始單據		摘要	金額		借或貸	差額
年	月	日	號數	種類	號數		借方	貸方		

丑、說明

一、金庫分戶帳，根據傳票登記之。

二、每一金庫設置一帳，並依次編列號數。

三、收入金額，記入帳之借方，支出金額，記入帳之貸方，轉帳數之借方或貸方，依其順序記入帳之借方或貸方，借貸兩方差額記入差額欄。借方餘額，在「借或貸」欄書一「借」字，貸方餘額，書一「貸」字。

四、金庫分戶帳，應每日結算一次，編列金庫收支結存日計表。

(二)收入分戶帳(格式九)

子格式(九)　高度卅三公分　寬度卅一公分活頁簿用匙開合

收入分戶帳

號數……………科目……………
第……………頁　附記……………………………
民國……………年度
……………款……………項……………目

傳票				摘要	金額				分配數		左邊活頁留釘裝位 ←六公分→
年		種類	號數		借方	貸方	借或貸	差額	科目號數 核定……	科目號數 核定……	
月	日										

右邊活頁留釘裝位
←六公分→

每月結餘及補收各月份數目撮要（注意横直行之月份相同）

補收 / 結餘	連上月份累計	本月份差額	…月份補收	…月份補收	…月份補收	…月份補收	…月份補收	…月份補收
接上								
……月								
……月								
……月								
……月								
……月								
……月								
合計								

分配數（注意：本分配欄所有減數均用紅書）

科目	科目	科目	科目	科目	科目	科目	科目	科目	科目
號數	號數	號數	號數	號數	號數	號數	號數	號號	號數
核定……	核定……	核定……	核定……	核定……	核定……	核定……	核定……	核定……	核定……

丑，說明

一、收入分戶帳，以附屬機關及預算年度爲根據，凡所屬機關本月份應繳及解繳之款均記入此帳。

二、收入分戶帳，根據傳票直接入帳，「傳票欄」應將傳票之年、月、日、種類、號數、分別登記，「摘要欄」登記重要事由，「金額欄」分別登記借貸金額借貸兩方之差額，記入差額欄。

三、分配欄登記所屬機關應征各稅項目，每月分配數用紅字記于帳之首行，收入解繳時以黑字登記，月終結算時應將收入數與分配數比對，并將此差額以紅字移入下月之首行，至下月之分配數亦用紅字記于次行，兩數相加即爲下月份之應解繳數，如補收上月之稅項，則在本月份摘要欄內書明補收某月稅項，至月終結算時，將補收數記於補收各月份撮要表，以便造具表册。

四、所屬機關應解款報告表，根據此帳編製之。

(三)收入分類帳

子、格式與收入分戶帳同

丑、說明

一、收入分類帳，依年度及月份預算分配數(分經常門臨時門)并照現行收入類科目所屬之「項」分別設主帳戶，至「目」項則在分配欄登記之，以「項」統馭「目」各目之核定分配數用紅字記於各目分配欄之首行，項之核定數則記於附記欄，以資查對。

二、凡屬本月份之收入，均應記入本月份帳，以前各月之收入應在本月份內摘要欄書明補收某月份數，月結算時，將補收數移入撮要表內各月份補收數格內。

三、收入分類帳，根據傳票直接入帳「傳票」欄應將傳票之年、月、日、種類、號數、分別填入，「摘要」欄登記事由，「金額」欄分別登記借貸方金額，并將兩方比較餘額記入差額欄，若屬減數，則在各「目」分配欄內用紅字表示減少。

四、收入分類帳，於各月份登記完畢時，分別結算「項」之總數（即各「目」之合計數）並與預算分配數比較，其差額在各「目」欄下分別用紅字書寫，在項之摘要欄書明增減（增用黑字減用紅字）并劃一紅綫，表示結算各項目差額，列入下月之首行，至下月之分配數則記於次行，各月結算差額，應分別記入撮要表。

五、歲入累計表，根據此帳編製之。

（四）支出分戶帳

子、格式與收入分戶帳同（惟在撮要表內「補收」應改爲「補支」）

丑、說明

一、支出分戶帳以附屬機關及年度爲根據，凡所屬機關本月份應領之款項，均應記入此帳。

二、支出分戶帳，根據傳票直接入帳。「傳票」欄應將傳票時期，種類，號數，分別填入，「摘要」欄登記重要事由，「總金額」欄分別登記借貸方金額，「分配數」欄將預算支出分配數登記於各目分配欄之首行（用紅字）支付時將總數記於借方，分配數記入各「目」之相當欄，返納及核減數目之總數，記入貸方并紅字記於各分配欄，月終結算時須將支付數與預算數比較，并將其差額轉移入下月份之首行（用紅字）及撮要表。

（五）支出分類帳

子、格式與收入分戶帳同（惟在撮要表內「補收」改爲「補支」）

丑、說明

一、支出分類帳，依年度及月份預算分配數并照現行支出科目所屬之「項」分別設立帳戶，「目」則在分配欄登記之，各目之核定分配數，用紅字記於各目分配欄之首行，「項」之核定數則記於附記欄，以資查對

二、凡本月份之支出應記入本月份帳，本月份補支上月份數，應在摘要欄內，註明補支某月份數，結算時補支數移入撮要表。

三、支出分類帳，根據傳票入帳，與收入分類帳第三項說明相同。

四、記帳員根據支出分類編製歲出累計表

(六)暫記分類帳

子、格式與總帳同

丑、說明

一、暫記分類帳，以收支款項機關分別立戶。

二、暫記分類帳登記暫記收支款項。

三、總帳之第三、四、兩項說明此帳亦適用之。

丁、日計表及各種報表

(一)金庫收支累計日報表(格式十)

子、格式(十)　高度廿一公分　寬度卅一公分

廣東省財政廳　第　號

金庫收支累計日報表

民國……年……月……日報告……

收入項目名稱	號數	收入數		支出項目名稱	號數	支出數	
		本日收入	本月份累計			本日支出	本月份累計

主任　股長　覆核　製表

丑、說明

一、金庫收支累計日報表，根據收入登記簿及支出登記簿每日合計數目填製之。

二、金庫收支累計日報表之收入項目，名稱、及號數、依照收入登記簿之項目，名稱、及其號數填列之。本日「收入數」欄將本日所收入之數目，分別項目填入，「本月份累計」欄，填列本月份自一日至造表日之累計數，「支出項目名稱」「號數」「本日支出」「本月份累計」等欄之說明，與收入項目之說明同。

三、日報表編製三份，以一份存查，一份送呈廳長，一份送秘書室。

(二)征獲收入日報表（格式十二）

子、格式（十二） 高度卅一公分 寬度廿一公分

廣東省財政廳

征獲數收入日報表

第…………號

民國…………年…………月…………日

科目（征獲稅項）	號數	征獲數			備考
		合計	經常門	臨時門	

主任　　股長　　覆核　　製表

丑、說明

一、征獲數收入日報表，根據征獲數登記簿每日登記數目，分別經常門，臨時門，征獲數編製之。

廣東省財政廳暫行會計制度　　五一

二、日報表之科目及號數欄，依照該日征獲之科目編製之，征獲數欄分別填列合計數及經常門與臨時門征獲數，備考欄填寫特別事由

三、日報表編製三份，經各負責人員蓋章後，一份留會計股存查，一份送統計股，一份送呈廳長查核。

(三)支付書日報表　格式十二

子、格式(十二)　高度卅三公分　寬度廿一公分

廣東省財政廳
支付書日報表
第……………號
民國…………年…………月…………日

科目(支付各項)	號數	支付書 合計	支付書 經常門	支付書 臨時門	備考

主任　　股長　　覆核　　製表

丑、說明

一、支付書日報表，根據支付書登記簿，分別經常臨時支付數編製之。

二、日報表之科目，號數欄，依照每日支付之分別填列之，支付書欄填列經常及臨時合計數。

三、征獲數收入日報表第三項說明，此表亦適用之。

（四）征獲數收入累計旬報表（格式十三）

子、格式（十三）　高度卅三公分　寬度卅一公分

廣東省財政廳

征獲數收入累計旬報表

……年……月……旬　　民國……年……月……日塡報

科目（征獲稅項）	金額			備考
	本旬數	本月各旬累計數	截至本旬止累計總數	

會計主任　　股長　　覆核員　　製表員

丑、說明

一、征獲數收入累計旬報表，根據征獲數登記簿編製之。

二、征獲數收入日報表之第三項說明本表亦適用之。

（五）試算表（格式十四）

子、格式（十四）　高度卅三公分　寬度廿一公分

廣東省財政廳

＿＿年度＿＿月份

試算表

第＿＿號

民國＿＿年＿＿月＿＿日製

科目	號數	借方	貸方	備考

丑、說明

一、日終將該日所登記數目覆核後，根據傳票造具試算表。

二、月終及年終根據總帳之借貸方合計數編製月度及年度試算表。

三、試算表編製弍份，由各負責人員蓋章，以一份送會計主任查核一份存查。

四、試算表分兩部排列，第一部爲財務科目，第二部爲預算科目。

(六)資力負担平衡表(格式十五)

子、格式(十五)　高度卅三公分　寬度廿一公分

廣東省財政廳
資力負擔平衡表

民國＿＿年＿＿月＿＿日製　　＿＿年度＿＿月份
第＿＿號

借方科目	號數	金額		貸方科目	號數	金額	
		細數	合計			細數	合計

主任　　股長　　覆核　　製表

丑、說明

一、月終及年終結帳後，記帳員應根據總帳編製資力負担平衡表。

二、資力負担平衡表上端編列財務科目經整理後之數目，至預算科目則列於表之下端。

三、資力負担平衡表編製三份，由負責人員蓋章後，一份送呈廳長查核，一份送秘書室，一份存查。

(七)各項明細表(格式十六)

子、格式(十六)　高度卅三公分　寬度廿一公分

廣東省財政廳……明細表……年度……月份

民國……年……月……日製　第……號

科目	號數	金額		備考
		細數	合計	

丑、說明

一、明細表報告各項細數，各種附屬表皆適用之。

（八）金庫收支結存日報表（格式十七）

子、格式（十七）　高度卅三公分　寬度廿一公分

廣東省財政廳

金庫收支結存日報表　　第…………號第…………頁

民國…………年…………月…………日報表

金庫名稱 1	號數 2	上日結存數 3	本日收入數 4	本日支出數 5	本日結存數 6	備考 7
	合計					

丑、說明

一、金庫收支結存日報表，根據金庫分戶帳每日收支及結存數編製之。

二、金庫收支結存表，第一欄填寫金庫名稱，第二欄填帳戶號數。第三欄記上日結存數，第四欄記本日收入數，第五欄記本日支出數，第六欄記本日結存數，備考欄記重要事由。

三、本表編製三　，由負責人員蓋章後，以一份送呈廳長查核，一份發秘書室，一份存查。

(九)所屬機關應解款報告(格式十八)

子、格式(十八)　高度卅三公分　寬度廿一公分

廣東省財政廳

所屬機關應解款報告表

……度年……月份

民國……年……月……日製　　第……號

機關名稱 1	號數 2	上月份累計結欠數 3	本月份應征數 4	本月份收入數 5	本月份補收數 6	截至本月止應解數 7	備考 8
合計							

丑、說明

一、月終時記帳員應根據收入分戶帳編製所屬機關應解款報告表。

二、報告表，第一欄填寫各機關名稱(清繳者仍須填列)第二欄填列帳戶號數，第三欄填列上月份止累計結欠應解款，第四欄填列記本月份應征數，第五欄填寫收入本月份征納數，第六欄填列本月份補收上月份結欠應解數，第七欄填列第三、四、兩欄相加合數減去第五、六、兩欄相加和數之差額（即截至本月止結欠應解數）第八欄填註重要事由。

三、報告表編製三份，由負責人員蓋章後，一份送呈廳長查核，一份送秘書室，一份存查。

(十)歲入累計表(格式十九)

子、格式(十九)高度卅一公分　寬度卅三公分

廣東省財政廳　　年度……月份……

歲入累計表　　第……號　第……頁

民國____年____月____日製

____年____月____日起至____年____月____日止

科目	科目號數	預算數			征收數											未經收入之預算分配數餘額			備考
					應征數			收納數				應收未收數				本月份餘額		截至本月份止累計餘額	
		上月份累計數	本月份分配數	本月份止累計數	各月份累計數	本月份應征數	截至本月份累計數	上月份累計數	本月份收入數	本月份補收數	截至本月份累計數	各月份累計數	本月份應收數	本月份補收數	截至本月份累計數	增	減		

主任　　股長　　覆核　　製表

丑、說明

一、月終及年終時記賬員根據收入分類賬本月份數目及各月份之累積數編製歲入累計表。

二、累計表之科目及號數欄，依照分類帳之科目號數順次填列，「預算數」填欄各月份之預算累積分配數，及本月之分配數，本月份止之累計數，「征收數」欄分填「應征數」「收納數」及「應收未收數」各欄，上月份或各月份之累計數，指以前各月份之合計累積數，本月份之應征，收納及未收數，指本月數，本月份補收數，指本月份內收到上月份之欠數，截至本月份累計數，指本月份及前月累計數，製表時須分別填明。未經收入之預算分配數餘額，指預算數減去應征數之差額，本月份之分配數與本月份之應征數比差增減，記於本月份餘額之增減欄，預算之累計數與應征之累計數比差，記於本月份止累計餘額欄。

三、累計表編製五份，由製表複核各員蓋章送會計主任呈廳長核閱後，一份送呈廳長查閱，其餘四份存查。

十一、歲出累計表，（格式與歲入累計表同僅易「應征數」「收納數」「應收未收」爲「應付數」「已付數」「及應付未付數」）

說明

一、月終及年終時記帳員根據支出分類帳之本月份數，及各月份之累積數編製歲出累計表

二、歲入累計表第二、三、兩項說明亦適用之。

十二、應付未付數報告表（格式二十）

子、格式（二十） 高度卅三公分 寬度廿一公分

廣東省財政廳
應付未付數報告表
……年度……月份
民國＿＿年＿＿月＿＿日製　第＿＿號第＿＿頁

機關名稱	賬號	上月份未付累計數	本月份應付數	本月份支付數	本月份補支數	本月份止未付數	備考

主任　股長　覆核　製表

丑、說明

一、月終及年終時記帳員根據支出分戶帳之應付未付數編製應付未付數報告表。

二、所屬機關應解欵報告表第二、三、兩項說明（除易應收爲應付補收爲補支各字外）本表亦適用之。

廣東省財政廳所屬機關暫行會計制度　甲種

簿記組織系統圖

一、會計科目

甲、科目

乙、科目編號說明

二、記賬憑證與登記通則

甲、原始證據

乙、證據登記及程序

丙、傳票

三、賬簿與報表

甲、分錄簿

(一)現金收入分錄簿

(二)現金支出分錄簿

(三)分錄簿

乙、總帳

丙、補助帳

(一)收入分類帳

(二)收入分戶帳

(三)支出分類帳

(四)支出分戶帳
(五)暫記分類帳
(六)備用金簿
(七)財產登記簿
(八)物品登記簿

丁、日計試算表及各種報告表

(一)現金收支日報表
(二)現金收支累計旬報表
(三)稅款收入旬報表
(四)試算表
(五)資力負担平衡表
(六)經費類收支月報表
(七)徵納對照表
(八)應收未收數報告表
(九)歲入分戶明細表
(十)收入計算書
(十一)支出計算書
(十二)財產目錄
(十三)財產增加表
(十四)財產減損表
(十五)物品現存表

廣東省財政廳所屬機關簿記組織系統圖

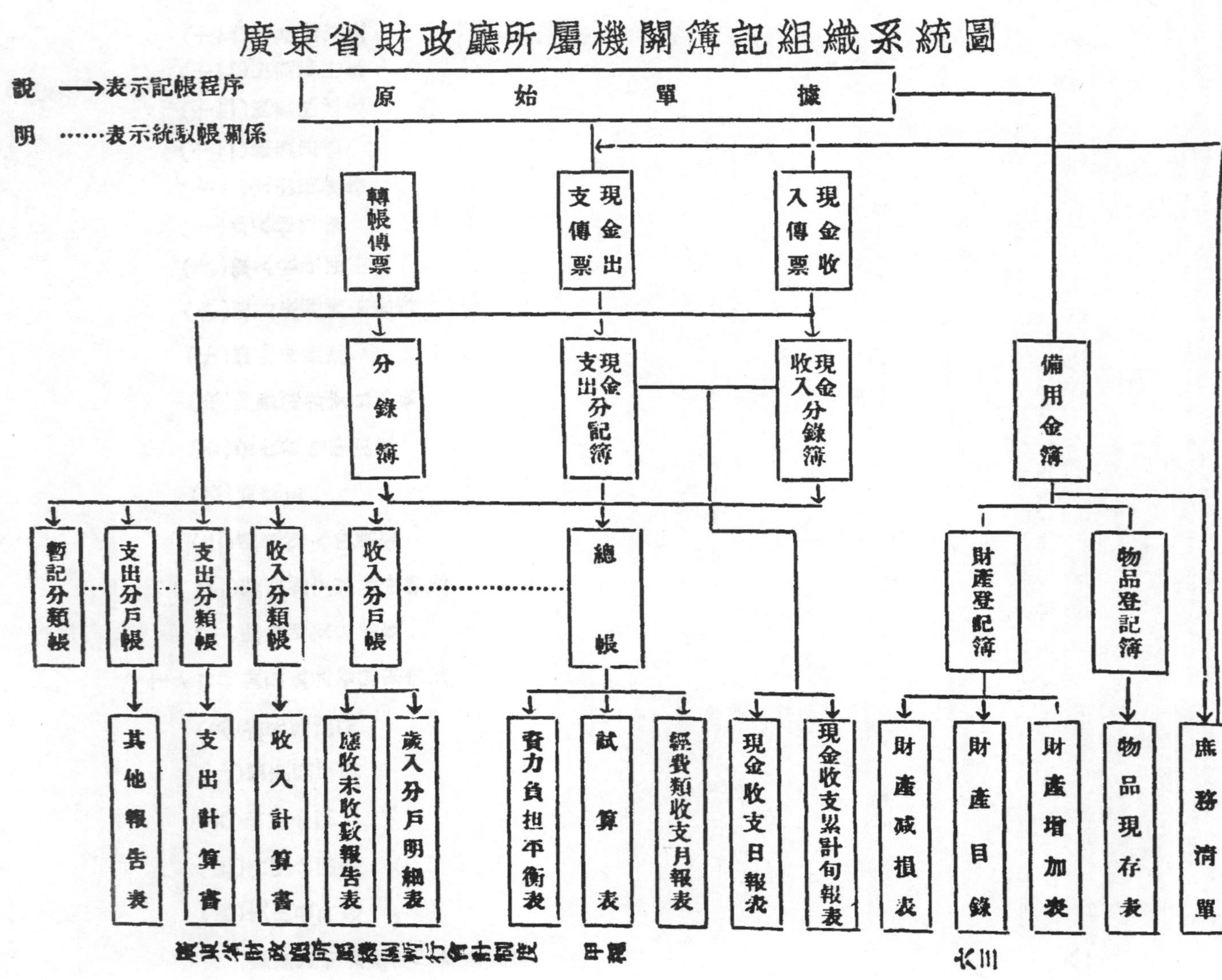

一、會界科目

甲，科目

科目號數	
一〇〇〇	(一)收入類科目
	表示借方餘額科目
一一〇一	現金
一一〇二	銀行往來
一一〇三	備用金
一一〇四	支付書
一一〇五	應收款
一一〇六	墊付經費
一一〇七	附屬機關應繳款
一一〇八	解繳款
一一〇九	墊付提解費
一一一〇	墊付賞金
二〇〇〇	(二)經費類科目

科目號數	
	表示貸方餘額科目
一四〇一	借入款
一四〇二	應撥款
一四〇三	撥入款
一四〇四	暫收款
一四〇五	代收款
一四〇六	預納款
一四〇七	保管款
一四〇八	代領經費
一四〇九	應解繳款
一四一九	歲入餘絀數
一〇三〇	經常門收入(依收入科目編列)
一〇四〇	臨時門收入(根據臨時事實編列)

編號	科目	編號	科目
	表示借方餘額科目		表示貸方餘額科目
二一〇一	現金	二四〇一	借墊經費
二一〇二	銀行往來	二四〇四	暫收款
二一〇三	備用金		
二一〇四	支付書	二四一二	應付款
二一一一	暫付款	二四二〇	經常費剩餘數
二一一二	押金	二四四〇	臨時費剩餘數
二一一三	預付附屬機關經費		
二〇一〇	經常門支出		
二〇二〇	臨時門支出（根據臨時事實編列）		
三〇〇〇	（三）預算類科目		
	借方餘額科目		貸方餘額科目
三一〇一	歲入經常預算數	三四〇一	歲出經常預算數
三一〇二	歲入臨時預算數	三四〇二	歲出臨時預算數
三一〇三	歲入經常分配數	三四〇三	歲出經常分配數
三四〇四	歲入臨時分配數	三四〇四	歲出臨時分配數
三一〇五	應領經常費	三四〇五	預計解繳數
三一〇六	應領臨時費		

乙、科目編號說明

1. 總賬科目號數編列，以千位數爲起點，并以項爲單位。

2. 收入類爲一〇〇〇號，經費類爲二〇〇〇號，預算類爲三〇〇〇號。

3. 來源或資科目號數爲一〇〇號，經費類經常門支出爲〇一〇號，臨時門支出爲〇二〇號，負担或負債科目爲四〇〇號，經常門收入爲〇三〇號，臨時門收入爲〇四〇號，以上編號即借方數爲一〇〇及〇一〇與〇二〇號，貸方數即爲四〇〇及〇三〇與〇四〇號。

4. 根據上項編號法，收入類之現金即爲一一〇一號，因收入類爲一〇〇〇號，資產爲一〇〇號，現金爲資產之第一項，故收入類之資產第一項爲一一〇一號，經費類之現金，即爲二一〇一號，經常費支出爲二〇一〇號，臨時費支出爲二〇二〇號，經常門收入則爲一〇三〇號，臨時門收入爲一〇四〇號，但爲利便起見，經常費簡稱爲一〇號，臨時費爲二〇號，經常收入爲三〇號，臨時收入爲四〇號，以項代〇，點之下表示目節，例如經常費第二項第三目第五節則爲二〇一二、三五號、其餘類推。

5. 補助帳科目編號，以目爲單位，用定點制，目之下統制節，例如臨門收入第三項第五目第二節，其編號則爲一〇四三、五二號，其餘類推。

二、記帳憑証與登記通則

甲、原始證據

1. 歲入歲出預算書。
2. 歲入歲出經臨費分配表。
3. 繳款書，解款書，或抵解書。
4. 領款書，或領款收據。
5. 支付書，或支付命令。

6.納稅憑證及罰金收據。

7.俸薪表。

8.工餉表。

9.出差旅費表。

10購置，修繕，郵電，印刷，消耗，等發票收據。

11領物憑單。

乙、證據登記及程序。

1.根據原始單據，按照規定會計科目及號數，分別繕製傳票。

2.根據傳票分別登記各類分錄簿。

3.根據傳票分別過入補助帳。

4根據各類分錄簿過入總帳。

5.日終根據傳票造具試算表。

6.月終應結總帳及補助帳。

7.根據現金收入分錄簿及現金支出分錄簿編製收支日報表收支累計旬報表及稅款收入旬報表。

8.根據總帳及補助帳，按照規定表格，編製報告書表。

丙、傳票

1.現金收入傳票（格式一）

說明：

一、收入現金時，製票員應根據原始單據繕製現金收入傳票。

二、傳票應各編列號數，每一號傳票，祇能記載一項事實，如同一事實而有兩個以上科目者，仍得記于一傳票內，如一張傳票不敷記載時，得另張接記之，但應編列同一號數，在第二頁傳票之右端「續——頁」上填寫「二」字樣。

三、科目欄填總帳科目，摘要欄填補助帳科目，及其他有關係之重要事項。

四、科目號數欄，依照編定科目號數分別填入。

五、原始單據欄內日期，種類、號數、各項依照原單據所載分別填入。

六、金額填入金額欄，總帳科目金額與總帳科目同列，補助帳科目金額列入細數欄，并在總帳科目劃一紅線，以示區別。

七、記帳員根據傳票入帳簿後，應在傳票內填明分錄簿頁數與補助帳之種類，月份，頁數等項，以資參攷。

2. 現金支出傳票（格式二）

說明：

一、支出現金時，製票員應根據原始單據籍製現金支出傳票。

二、製票日期，原始單據，張數，均應分別註明。

三、收入傳票之二、三、四、五、六、七等項說明，此票亦適用之。

3. 轉帳傳票（格式三）

說明：

一、凡無現金之收付，僅具文件或其他憑証，表示款項授受之移轉或科目之整理者，得籍製轉帳傳票。

二、摘要欄，塡明該帳所屬之科目，其第一行借方科目，靠近左綫書入，第二行貸方科目，向右略偏，約離左綫一字地位，以資識別。

三、借方科目之金額，記于金額欄之借方，貸方科目之金額，記于金額欄之貸方，總賬科目之金額，與總帳科目同列，補助帳科目之金額與補助帳科目同列，并在總帳科目之金額下，劃一紅線，以示區別。

四、製票日期，原始單據之種類，號數，及張數，與收支欵項所屬年，月份，均應分別在相當欄內註明，分錄簿頁數，補助帳種類，及頁數，應由記帳員記帳後，在各相當欄內逐一塡明，以資查對。

五、收入傳票之第二·七兩項說明，此傳票亦適用之。

三、賬簿與報表

甲、分錄簿

(一)現金收入分錄簿（格式四）

說明：

一、現金收入分錄簿，根據收入傳票，按照時日順序登記之。

二、現金收入分錄簿，第一，二，兩欄分別登記銀行收入與現金收入。第三欄爲一，二，兩欄總計額。第四，五，六，七，八各欄，根據傳票各相當欄所列各項分別塡入。第九，十，十一，各欄，將收入種類，按照經常，臨時，轉帳，各總數分別列入。(經常門臨時門成轉帳三欄合計之和即收入總數)第十二以後各欄，分別登記收入來源種類，記帳員依據傳票所載各項科目及號數分別塡入，以便造具現金收支日報表及稅款收入旬報表。

三、現金收入分錄簿，除「現金」「銀行往來」及「其他帳項」欄須每日過帳外，其餘各欄均於月終結總，并將各欄合計金額，分別經常門，臨時門，過入總帳，總帳頁數則記入分類欄合計數之下，以便查對。

(三)現金支出分錄簿（格式五）

說明：

一、現金支出分錄簿，根據支出傳票，按照時日順序登記之。

二、現金支出分錄簿，分借貸兩方登記，其借方第一，二，三，四，五各欄。登記每日支出各項分類數，第六，七，八各欄數日，係將第一，二，三，四，五各欄分別經常，臨時，或轉帳數目登記之，第九，十，十一，十二，十三各欄，根據支出傳票所載各項記入，第十四，十五兩欄，分別銀行支出及現金支出登記之。以便造具現金收支月報表。

三、現金收支分錄簿之第三項說明，支出分錄簿亦適用之。

（三）分錄簿　（格式六）

說明：

一、分錄簿，根據轉帳傳票，按照時日號數順序登記之。

二、凡無現金收支之帳項，及整理帳目，均應根據轉帳傳票，記入分錄簿。

三、分錄簿第一、二、三各欄，由記帳員根據傳票所載各項分別過入，第四欄登記預算科目各數，第五欄登記應收未收數，及其整理事項，第六欄登記其他各項。

四、各科目之金額，依借貸方並按期分別過入總帳，過帳後應在簿內註明過帳符號，以便查對。

乙、總帳　（格式七）

說明：

一、總帳根據現金收入分錄簿，現金支出分錄簿及分錄簿登記之。每一科目，設置一帳。

二、總帳戶之排列，依會計科目次序排列之。

三、記帳員應將過帳日期，分錄簿種類，頁數，分別填入各相當欄，事由記入摘要欄。

四、分錄簿所登記各科目，應依其借貸方過入總帳內相當帳戶之金額欄。借貸兩方之差額，記入差額欄。借方餘額，在「借或貸」欄內，書一借字；貸方餘額，書一貸字。

五、每月結帳時，應編造試算表，資力負担平衡表，及經費類收支月報表。

丙、補助帳

(一)收入分類帳（格式八）

說明：

一、收入分類帳，依年度及月份預算分配數，(分經常，臨時門)并照現行收入類科目所屬之「目」分別設立帳戶，至「節」則在分配登記之，以「目」統馭「節」，各節之核定分配數，用紅字記于各節分配欄之首行，目之核定數則記于附記欄，以便查對。

二、凡屬本月份之收入，均應記入本月份帳，補收以前各月份數目，應在本月份內摘要欄，記明補收某月份數，至月終結算時，將補收數移入撮要表內各月份補收數格內。

三、收入分類帳，根據傳票直接入帳，「傳票」欄應將傳票日期，種類，號數，分別填入。摘要欄登記事由。「總金額」欄分別登記借貸方金額，並將兩方比較餘額記入差額欄，若屬減數，則各節分配欄內用紅字，例如目之借方用黑字，則各節分配欄內，亦用黑字，數目減少時，則目之貸方可仍用黑字(或用紅字)但各節分配欄內，須用紅字，以表示數目減少。若貸方數用黑字，則各節分配欄內亦用黑字，至數目減少時，目之借方，可仍用黑字，(或紅字)但各節分配欄內，必用紅字。

四、收入分類帳，於各月份登記完畢時，分別結算「目」之總數，(即各節之合計數)並與預算分配數比較，其差額在各「節」欄下分別用紅字，在目之摘要欄書明增或減(增用黑字減用紅字)并劃一紅線，表示結算，各項目差額列入下月份之首行，至下月之分配數則記於次行。各月結算差額，應分別記入撮要表。記帳員應根據此實收數與預算數編製報告表及收入計算書。

(二)收入分戶帳（格式與收入分類帳同）

說明：

一、收入分戶帳　以所屬機關及預算年度為根據，凡所屬機關本年度各月份應征收之款，均應記入此帳。

二、收入分戶帳根據傳票直接入帳。「傳票」欄應將傳票日期，種類，號數，分別塡入，「摘要」欄登記事由，「總分類」欄分別登記借貸方金額，并將兩方比較餘額，記入差額欄。

三、分配欄登記所屬機關應征各稅項目，每月分配數用紅字記于帳之首行。收到解繳款時，則用黑字記登。月終應將收入數與分配數比對，并將其差額以紅字移入下月之首行。至下月之分配數亦用紅字記於次行，兩數相加，即爲下月份之應解繳數。如補收上月份稅項，則在本月份之摘要欄內書明補收某月稅項，至月終結算時，將補收數記於補收各月份撮要表，以便造具表冊。

四、記帳員根據收入分戶帳編製收入計算書，歲入分戶明細表。及應收未收數報告表。

(三)支出分類帳(格式與收入分類帳同惟在撮要表補收各字應一律改爲補支)

說明：

一、支出分類帳，依年度及月份預算分配數，並照現行支出類科目所屬之「目」分別設立帳戶，至「節」則在分配欄登記之，各節之核定預算分配數，用紅字記於各節分配欄之首行，「目」之核定數，則記於附記欄，以便查對。

二、凡屬本月份之支出，均應記入本月份帳，補支上月份數目，應在摘要欄內註明補支某月份數，至月終結算時，將補支移入撮要表內各月份補支數格內。

三、支出分類帳。根據傳票入帳，與收入分類帳說明第三項同。

四、記帳員根據支出分類帳編製支出計算書。

(四)支出分戶帳(格式與收入分類帳同惟在撮要表補收各字應一律改爲補支)

說明

一、支出分戶帳以所屬機關及預算年度爲根據，凡所屬機關本年度各月份應領之經費，均應記入此帳。

二、支出分戶帳根據傳票直接入帳，「傳票」欄應將傳票日期，種類，號數，分別塡入「摘要」欄登記事由，「總金額」一欄分別登記借貸方金額。分配數欄將預算支出分配數登記於各節分配欄之首行，（用紅字），支付時，將總數記入借方，分配數記入各節之相當欄，返納及核減數目之總數記入貸方，幷用紅字記於各分配欄，月終結算時須將支付數與預算數比較，並將其差額移入下月份之首行（用紅字），及撮要表。（各所屬機關應付未付總數卽爲總帳應付總額）

（五）暫記分類帳（格式與總帳同）

說明：

一、暫記分類帳根據傳票依照各領收款項之機關或商店分立帳戶。

二、總帳第四項說明，此帳亦適用之。

（六）備用金簿（格式九）

說明：

一、備用金簿登記零星款項之收支。

二、庶務員應根據原始單據之日期分別填入「年，月、日、」欄。收款時將「現金」填入科目欄，支付時則將支出科目填入科目欄，詳細事由記入摘要欄，原單據編入單據粘存簿中之號數填入單據號數欄，收入或付出之金額分別收支記入收入或支出欄，收入數減去支出數之差額記入結餘欄。（此欄表示現金實存數）

三、備用金簿，應于每旬結算一次，按照規定格式編製庶務清單，連同所有原單據送交出納員，出納員照清單列報之支出金額發給庶務，以恢復備用金規定數目，並造具傳票送會計核明入帳。

（七）財產登記簿（格式十）

說明：

一、財產登記簿庶務員根據原始單據分類登記之。

二、開帳時，庶務員應將財產之計算單位，所屬類別，及其名稱分別填明。

三、其他各欄均依事實分別填明。

四、財產目錄財產增加表及財產減損表均根據財產登記簿編製之。

（八）物品登記簿　（格式十一）

說明：

一、物品登記簿登記辦公費項下各項物品。

二、物品登記簿依物品所屬之「節」分類，每類之下再依物品名稱依次分立帳戶。

三、開始登記時，庶務員應將物品計算之單位，所屬之類別，及名稱分別填明。

四、庶務員應將物品購置之日期，記入日月欄，原始單據編入單據粘存簿中之號數填入單號數欄，購置數量，物品單位價值及金額，分別填入購置數量，物品單位，價值及金額欄。

五、領用物品之時日，領物單號數，數量，單位價格，及總值，均須分別填明，購置總額減去領用總額之餘額應填入結存欄。

六、物品現存表根據物品登記簿編製之。

丁、日計試算表及各種報告表

（一）現金收支日報表　（格式十二表）

說明：

一、現金收支日報表根據現金收入分錄簿，及現金支出分錄簿編製之。

二、科目欄根據收入分錄簿及支出分錄簿每日所收付之科目分別列入，並將經常門，臨時門，及其他收付合計數，分別填列。

三、現金帳撮要根據現金帳與銀行往來帳之日結數分別填入。

四、現金收支報表編製三份，由各負責人員蓋章後，以一份送該機關長官，一份送財政廳會計室查核，一份留該機關會計主任存查。

(二)現金收支累計旬報表　(格式與現金收支日報表同)

說明

一、現金收支累計旬報表，根據現金收入分錄簿與現金支出分錄簿，現金帳及銀行往來帳之累計數編製之。

二、日報表說明第二，四兩項此表亦適用之。

(三)稅款收入旬報表　(格式十三)

說明

一、各機關征收省稅款均應按旬照表填報

二、各機關填報時如內科目繁多一張報表不敷記載時得另張接記之惟第一張最末一行填寫「過次頁」第二張第一行填寫，「承上頁」字樣

三、「年月旬」空格內填寫所報征收稅款之年，月，旬「年月日」空格內填寫造報之年、月、日。「稅款科目」欄填寫征收稅款科目名稱。金額欄內「本旬數」欄填寫本旬征收每項稅款科目。金額欄內「本月各旬累計數」欄填寫本月分征收各項稅款之累計數惟上月數目不能列入以清月限。金額欄內「截至本旬止累計總數」欄填寫本旬及以前各月各旬征收各項稅款之累計總數(即自年度開始至報告該旬止之總數)。「備攷」欄填寫各項稅款加減理由及其他重要說明

四、收入旬報表每旬填寫二份經各有關係人員蓋章後以一份送呈財政廳會計室以一份存查

(四)試算表　(格式十四)

說明：

一、月終月結及年終時，記帳員應分別根據傳票及總帳之借貸方合計數編製試算表。

二、試算表分三部編製，第一部爲收入類科目，第二部爲經費類科目，第三部爲預算類科目。

三、試算表編製三份由各負責人員蓋章後，以一份送該機關長官，一份送財政廳會計室查核，一份留該機關會計主任存查。

(五)資力負担平衡表　(格式十五)

說明：

一、月終及年終總結帳後，記帳員應根據總帳編製資力負擔平衡表。

二、資力負擔平衡表編列收入類科目與經費類科目經整理後之數目，至預算類科目則列於表之下端。

三、試算表說明第三項，本表亦適用之。

(六)經費類收支月報表　(格式十六)

說明：

一、月終及年終總結帳後，記帳員應根據總帳編製經費類收支月報表，以表示各月經費收支狀況。

二、試算表說明第三項，本表亦適用之。

(七)徵納對照表　(格式十七)

說明：

一、徵納對照表爲收入計算書之附屬表，根據總帳中收入類各有關係之帳戶編製之。

二、徵納對照表表示各機關徵收數額及收入數額。

(八)應收未收數報告表　(格式十八)

說明：

一、月終及年終總結賬時，記帳員根據補助帳之應收未收各帳戶，編製應收未收數報告表。

二、應收未收數報告表爲資力負担平衡表之附屬表，表示各月應收數並供給長官催收欠數之參考。

(九)歲入分戶明細表　(格式十九)

說明：

一、歲入分戶明細表根據收入分戶賬編製之，爲歲入累計表之附表。

二、歲入分戶明細表之設計，以名目多者爲直行，科目少者爲橫行，若所屬機關少而科目多者，應將格式變更，俾資實用。

(十)收入計算書（格式二十）（在審計法未修改前暫仍採用收入計算書）

說明：

一、收入計算書依核定月份預算科目，并按經常臨時門類編製之。

二、收入計算書以應收數爲主要項，凡本月份應收款額在本月份以內悉列入本月份計算書。

三、收入計算書目科欄按核定本月份預算分配表所列科目分別填列。「本月份收入預算數」欄及「本月份收入計算數」欄各按照科目分別項，目，節，逐一填明，「比較增減」欄內填明計算數與預算數之差額，并定備考欄內註明增減理由。

四、收入計算書填爲三份經各有關係人員蓋章後，以一份送財政廳會計室，一份送呈財政廳轉審計處審核，一份存查。

(十一)支出計算書（格式與收入計算書同）（在審計法未修改前暫仍採用支出計算書）

說明：

一、支出計算書依核定月份預算科目，並按經常臨時門類根據支出分類帳編製之。

二、支出計算書以應付數爲主要項，凡本月份應支出之款額，不問付款日期是否在本月份以內，悉列入本月份支出計算書。

三、收入計算書第三第四項說明（除將收入代以支出字樣外）支出計算書亦適用之。

(十二)財產目錄（格式二十一）

說明：

一、財產目錄在年終及辦理交代時根據財產登記簿編製之。

二、財產目錄由庶務員按照財產登記簿所登記之日期次序及各項事實與單據粘存簿之年度，月份，及單據號數，分別填列。各類金額應分別合計。各類財產合計數之和，即爲財產總數。

三、財產目錄編製四份，由製表員，會計員，主管長官蓋章後，以一份留原機關或前任存查，其餘三份送呈主管機關核閱後，以一份送財政廳會計室查核，一份送審計處審核。

（十三）財產增加表　（格式二十二）

說明：

一、財產增加表，爲支出計算書附表之一，根據財產登記簿編製之。

二、財產目錄第二、三項說明，此表亦適用之。

（十四）財產減損表　（格式二十三）

說明：

一、財產減損表，根據財產登記簿編製之。

二、凡曾列入財產登記簿之物品，如有損壞，撥交或出售事，應將物品名稱列入表內「種類名稱」欄，減損事由記入「減損事由」欄，物品原價及原編號數等項，均須逐一註明，至物品之損壞程度，撥交機關名稱等事由，則註明于備攷欄。

（十五）物品現存表　（格式二十四）

說明：

一、物品現存表，于月終時根據物品登記簿編製之。

二、製表時，除將製表之年、月、日、填明外，須將物品類別及名稱，依照登記簿各帳之順序填入名稱，

(無餘額者免填)單位數量，單位價，及金額等各欄，至金額欄數日，須結總數，以便查攷。

格式

1. 現金收入傳票(格式一)

A.格式：——高度21公分　長度33公分

現金收入傳票

某機關名稱　　傳票號數　收____

收入傳票　　民國____年____月____日

附原單據____張書類____件　　續____頁

<table>
<tr><td rowspan="4">留
釘
位
置</td><td rowspan="3">科目</td><td rowspan="3">摘要</td><td rowspan="3">科目號數</td><td colspan="4">原始單據</td><td colspan="3">金額</td><td rowspan="3">分錄簿頁數</td><td colspan="3">補助帳</td></tr>
<tr><td colspan="2">____年</td><td rowspan="2">種類</td><td rowspan="2">號數</td><td rowspan="2">細數</td><td colspan="2">合計</td><td rowspan="2">種類</td><td rowspan="2">月份</td><td rowspan="2">頁數</td></tr>
<tr><td>月</td><td>日</td><td>現金</td><td>銀行往來</td></tr>
<tr><td></td><td></td><td></td><td></td><td></td><td></td><td></td><td></td><td></td><td></td><td></td><td></td><td></td><td></td></tr>
</table>

主管長官　　會計主任　　出納　　製表員　　覆核員　　記帳員

2·現金支出傳票(格式二)

A.格式：——　　高度21公分　　長度33公分

支　出　傳　票

留釘位置

機關名稱　　　　傳票號數　支___

支出傳票　　　　民國___年___月___日

附原單據___張書類___件　　　　總___頁

科目	摘要	科目號數	原始單據				金額			分錄簿頁數	補助帳		
			___年		種類	號數	細數	合計			種類	月份	頁數
			月	日				現金	銀行往來				

主管長官　　會計主任　　出納　　製表員　　覆核員　　記帳員

3. 轉帳傳票(格式三)

A.格式：一　　高度21公分　　長度33公分

轉　帳　傳　票

留釘位置

機關名稱　　傳票號數　轉____

轉帳傳票　　民國____年____月____日

附原單據____張書類____件　　續____頁

原始單據				摘要	科目號數	金額		分錄簿頁數	補助帳		
____年		種類	號數			借方	貸方		種類	月份	頁數
月	日										

主管長官　　會計主任　　出納　　製票員　　覆核員　　記帳員

4. 現金收入分錄簿(格式四)

A.格式：——　　高度31公分　　長度41公分(用加厚夫士急紙印每五行用一深藍線)

第1頁　　左邊

現金收入分錄簿

借方科目			3 收入總計	科目	5 摘要	6 傳票			7 原始單據		8 科目號數	收入分類合計		
1 銀行		2 現金				號數	年		種類	號數		9 經常門合計	10 臨時門合計	11 轉帳合計
行名	金額						月	日						

右邊　　第1頁

現金收入分錄簿

貸方科目收入分類											
12 科目	13 科目	14 科目	15 科目	16 科目	17 科目	18 科目	19 科目	20 科目	21 其他帳項		
號數	號數	號數	號數	號數	號數	號數	號數	號數	科目	號數	金額

5. 現金支出分錄簿(格式五)

A.格式：——　高度31公分　長度41公分

第1頁

現金支出分錄簿

借方科目											經費支出數		其他支出
1 其他帳項			2 特別費		3 購置費		4 辦公費		5 俸給費		6 經常門	7 臨時門	8 轉帳
科目	號數	金額	號數	金額	號數	金額	號數	金額	號數	金額	合計	合計	合計

右邊

現金支出分錄簿

第1頁

9 傳票			10 原始單據		11 科目	12 摘要	13 支出數總計	貸方科目		
	……年							14 銀行往來		15 現金
號數	月	日	種類	號數				行名	金額	

廣東省財政廳所屬機關暫行會計制度　甲種　八三

6. 分錄簿(格式六)

A.格式：——高度31公分　長度41公分

第 1 頁

分　錄　簿

1 傳票			2 原始單據		3 摘要	4 預算數			5 應收未收數			6 其他各項		
……年		號數	種類	號數		科目號數	金額		科目號數	金額		科目號數	金額	
月	日						借方	貸方		借方	貸方		借方	貸方

7. 總帳(格式七)

A 格式：——高度33公分　寬度31公分　(活頁簿用匙開合)

號數＿＿＿＿科目＿＿＿＿＿＿＿＿附記＿＿＿＿＿＿

第＿＿＿＿頁

民國＿＿＿＿年度＿＿＿＿門第＿＿＿＿欵＿＿＿＿項＿＿＿＿目＿＿＿＿

原始簿					摘要	金額		借或貸	差額	留裝釘位置 ←六公分→
年	月	日	種類	頁數		借方	貸方			

8. 收入分類帳(格式八)

A.格式：一高度33公分　寬度23公分（活頁式用匙開合）

收 入 分 類 帳

號數……………科目……………………………………………附記……………………

第……………………頁　　　　　　　　　　　　　　　　　……………………

民國……………年度……………門第……………款……………項……………目……………

左邊活頁留釘裝位 ←六公分→

傳票				摘要	總金額				分配數	
……年		種類	號數		借方	貸方	借或貸	差額	(科目) (號數) 核定………	(科目) (號數) 核定………
月	日									

右邊

活頁留釘裝位

←六公分→

每月結餘及補收各月份數目撮要　（注意橫直行之月份相同）

結餘＼補收	連上月份累計	本月份差額	…月份補收	…月份補收	…月份補收	…月份補收	…月份補收
接上……							
………月							
………月							
………月							
………月							
………月							
………月							
合　計							

分　配　數　（注意：本分配欄所有減數均用紅書）

（科　目）	（科　目）	（科　目）	（科　目）	（科　目）	（科　目）	（科　目）	（科　目）
（號　數）	（號　數）	（號　數）	（號　數）	（號　數）	（號　數）	（號　數）	（號　數）
核定………	核定………	核定………	核定………	核定………	核定………	核定………	核定………

9. 備用金簿（格式九）

A.格式：——長度37公分　寬度27公分

備用金簿

機關名稱

備用金簿

第……………………頁

日期			科目	摘要	單據號數	金額		
年	月	日				收入	支出	結餘

10財產登記簿(格式十)

A.格式：——長度27公分 寬度37公分

財 產 登 記 簿

第1頁 財產登記簿 單位……………類別…………名稱………

購置日期			單據粘存簿		事由	售賣人	所在地	編號		數量	金額	領物單號數	變動日期			收據號數	減損或變動				餘額		附記
年	月	日	號數	月份				字	號				年	月	日		受主	事由	數量	金額	數量	金額	

11物品登記簿(格式十一)

A·格式：——高度36公分　寬度27公分

物品登記簿

機關名稱

物品登記簿

單位…………　類別…………　名稱…………

購置							領用						結存		
月	日	單據號數	摘要	數量	單位價值	金額	月	日	領物單號數	數量	單位價值	金額	數量	單位價值	金額

12現金收支日報表(格式十二)

A.格式：——高度公33分　寬度公31分

現金收支日報表

機關名稱

現金收支日報表　　第……………號

民國……………年……………月……………日　星期……………………………………報告

本日收入數					本日支出數				
科目	經常門	臨時門	其他	合計	科目	經常門	臨時門	其他	合計

現金帳撮要：——

	庫存	銀行	合計
上日現金結存			
本日收入數			
合計			
本日支出數			
本日現金結存			

長官　　會計主任　　出納　　製表員

13. 稅款收入旬報表(格式十三)

A. 格式：—— 高度33公分　寬度31公分

(機關名稱)稅款收入旬報表

年　月　旬　　民國　年　月　日塡報

稅款科目	金額						備考
	本旬數		本月各旬累計數		截至本旬止累計總數		
	元	角分	元	角分	元	角分	

長官　　會計主任(或會計員)　　覆核員　　製表員

14　試算表（格式十四）

A．格式：——高度36公分　　寬度27公分

試　算　表

機　關　名　稱　　　　第…………號

試　算　表

民國…………年…………月…………日

科　目	科目號數	借　方		貸　方		備　考

15　資力負担平衡表（格式十五）

A. 格式：——高度36公分　　寬度27公分

資力負担平衡表

<table>
<tr><td colspan="8" align="center">機關名稱
資力負担平衡表
民國…………年…………月…………日製　　…………月份
第…………號</td></tr>
<tr><td rowspan="2">借方科目</td><td rowspan="2">科目號數</td><td colspan="2">金額</td><td rowspan="2">貸方科目</td><td rowspan="2">科目號數</td><td colspan="2">金額</td></tr>
<tr><td>小計</td><td>合計</td><td>小計</td><td>合計</td></tr>
<tr><td></td><td></td><td></td><td></td><td></td><td></td><td></td><td></td></tr>
</table>

16　經費類收支月報表（格式十六）

A.格式：——高度36公分　　寬度27公分

經費類收支月報表

機關名稱

經費類收支月報表　　………………月份

民國…………年…………月…………日報告

收入類					支出類				
科目	科目號數	經常門	臨時門	合計	科目	科目號數	經常門	臨時門	合計

17　徵納對照表(格式十七)

A. 格式：——高度39公分　　寬度27公分

徵納對照表

機關名稱

徵納對照表

…………月份

民國…………年…………月…………日報告　　第…………頁

徵數		科目	納數	
		合計		

18 應收未收數報告表（格式十八）

A. 格式：——　　高度 21 公分　　寬度 33 公分

應收未收數報告表

機關名稱

…………月份

應收未收數報告表

民國…………年…………月…………日製　　第…………號

科目	科目號數	應征數	征獲數	未收數	備考

19　歲入分戶明細表（格式十九）

A　格式：——　　高度30公分　　寬度40公分

歲入分戶明細表

機關名稱

歲入分戶明細表

…………年度…………月份

民國＿＿年＿＿月＿＿日製　　第……號　第＿＿頁

各項收入所屬機關名稱	合計			………稅收入			………稅收入			………稅收入			………稅收入		
	本分月配份數	本實月收份數	未溢收收或數	本月分配數	本月實收數	未溢收收或數	本月分配數	本月實收數	未溢收收或數	本月分配數	本月實收數	未溢收收或數	本月分配數	本月實收數	未溢收收或數

20收入計算書(格式二十)

A. 格式：——高度39公分　寬度36公分

收入計算書

機關名稱

……………計算書　　　　　　　　——月份

第——號

民國——年……月——日製

科目	科目號數	本月份收入預算數	本月份收入計算數			比較		備考
			本月份收入數	補收上月份數	合計	增	減	

21財產目錄(格式二十一)

A,格式：——高度36公分　寬度27公分

財　產　目　錄

機關名稱

財產目錄

民國＿＿＿＿年＿＿＿＿月＿＿＿＿日

名稱	編號		單位	量數	金額	單據粘存簿			備考
	字	號				年度	月份	單據號數	

庶務

22財產增加表(格式二十二)

A,格式：——高度36公分　寬度27公分

財產增加表

機關名稱

財產增加表

民國……年……月份　第……號第……頁

物品名稱	增加事由	編號		單位	數量	單位價	金額	單據號數	備考
		字	號						

23財產減損表(格式二十三)

A.格式：——高度36公分　寬度27公分

財產減損表

機關名稱

財產減損表

民國……年……月……日　第……號第……頁

名稱	減損事由	單價	原編號數	備考

24物品現存表(格式二十四)

A.格式:——高度36公分27寬度公分

品物現存表

機關名稱

物品現存表　　第……號

民國……年……月……日製　　第……頁

物品名稱	單位	現存			物品名稱	單位	現存		
		數量	單位價	金額			數量	單位價	金額

廣東省財政廳所屬機關暫行會計制度（乙種）

簿記組織系統圖

一、會計科目

二、記帳憑證與登記通則

（一）原始證據

（二）證據登記及程序

三、賬簿與報表

（一）收支登記簿

（二）普通分類賬

（三）收入分類賬

（四）經費分類賬

（五）財產登記簿

（六）現金結存表

（七）稅款收入旬報表

（八）收入計算書

（九）支出計算書

（十）財產目錄

（十一）財產增加表

（十二）財產減損表

（十三）單據粘存簿

廣東省財政廳所屬機關簿記組織系統圖

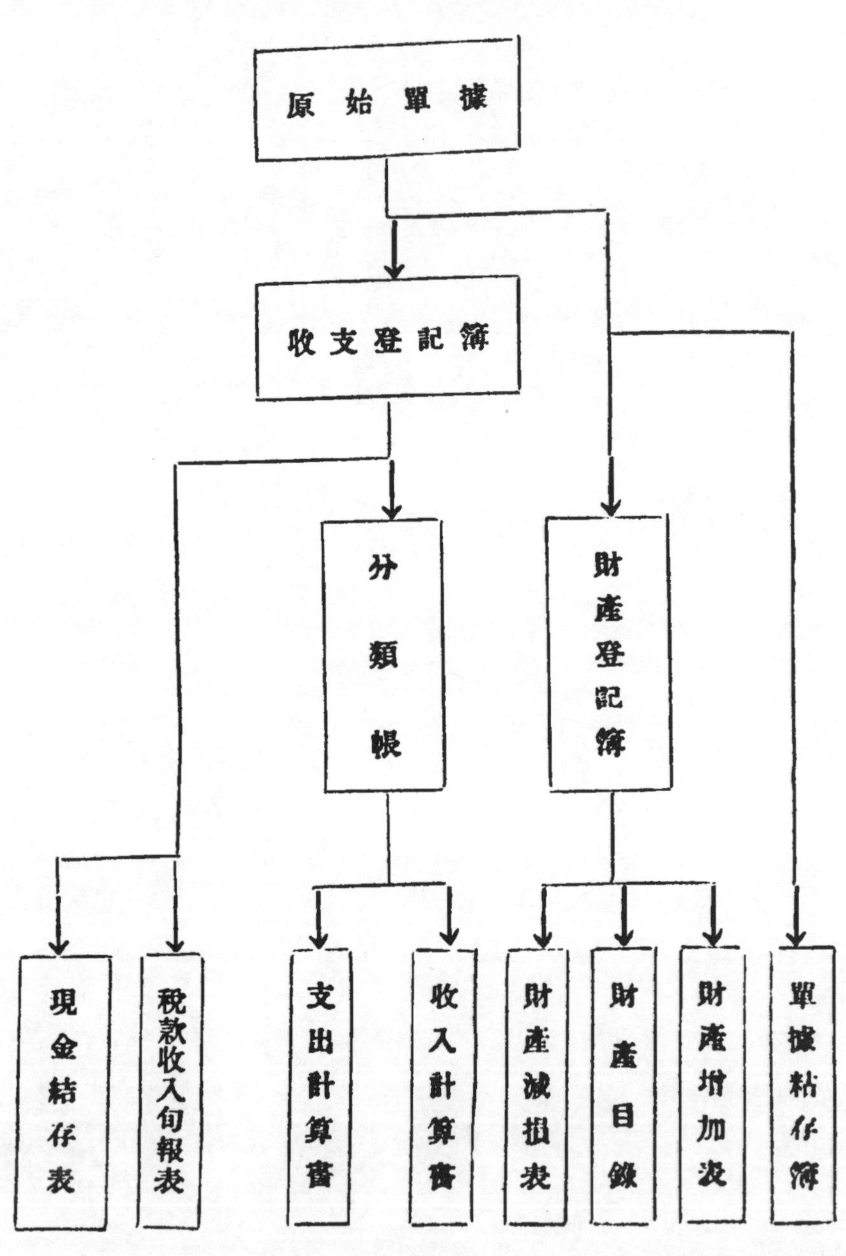

一、會計科目

甲、收入類會計科目

表示收方餘額科目

現金

墊付經費

解繳款

乙、經費類會計科目

表示收方餘額科目

現金

暫付款

押金

經常門支出(照年度預算書經常支出科目編列)

臨時門支出(照年度預算書臨時支出科目編列)

二、記賬憑證與登記通則

甲、原始證據

一、解款書

表示付方餘額科目

借入款

保管款

經常門收入(依收入科目編列)

臨時門收入(根據臨時事實編列)

歲入餘絀數

表示付方餘額科目

借墊經費

暫收款

經臨費剩餘數

二、領款書，或領款收據。

三、納稅憑證，及罰款收據。

四、俸薪工餉表，及收據。

五、出差旅費表。

六、購置，修繕，郵電，印刷，消耗，等發票收據。

乙、證據登記及程序

一、根據原始證據，按照會計科目，將收支數目，記入收支登記簿。

二、根據收支登記簿，按照科目，分別過入各種分類帳。

三、根據收支登記簿，編製現金結存表。

四、月終結算時，按照規定表格，編製報告表。

三、帳簿與報表

(一)收支登記簿(格式一)

說明：

一、收支登記簿，根據各項原單據之收款，或付款日期，順序登記之。

二、收支登記簿第一欄之號數爲記帳之順次號數，(在原單據上，應將該號數註明，以利核對。)月日欄登記賬項發生之時期，科目欄依據原單據之性質，幷按照會計科目登記之。(例如支付「文具」，以「文具」爲入賬之科目，「消耗」之「油脂」，則以「消耗」爲入賬科目，在分類帳上，以「消耗」入帳主節「油脂」當在該賬之空白欄，登記「油脂」及其支付數，其摘要欄登記重要事由，分類賬頁數欄登記過入分類賬之頁數，(分類賬分三種(一)收入分類(二)經費分類，(三)普通分類，在分類賬頁數欄以收——號，經——號，普——號，表誌之以資區別)，現金收付欄登記收入或付出數額，餘額欄登記收付比較餘額。

三、每日應將收支登記簿各項分別過入各相當分類賬，凡記于收支登記簿之收方金額，過入分類賬之付方金額；收支登記簿之付方金額，過入分類之收方金額欄。

(二)普通分類賬(格式二)

說明：

一、普通分類賬根據收支登記簿登記之，每一科目設置一賬。

二、普通分類賬，分收付兩方。凡收支登記簿之現金收支欄之收方數，過入分類賬之付方；收支登記簿之付方數，過入分類賬之收方。收付方之比對差額，記入差額欄。如收方大于付方時，表示收方結餘數，應用黑書。付方大于收方時，表示付方結餘數，應用紅書，以示區別。

三、普通分類賬應于月終時結算，以備造具各種報告。

(三)收入分類帳(格式三)

說明：

一、收入分類帳根據收支登記簿登記之，並依照收入類科目所屬之「目」及「月份」分別設置帳戶。「節」則在各「節之科目」欄，分別填明。

二、收入分類帳，不分收付方，收支登記簿收入數目，均須按照科目直接記入各該月份之相當分類帳戶（反納及退還各數，當用紅書，表示數目之減少。）

三、凡屬本月份收入，不問收款日期，是否在本月份以內，均應記入本月份帳。

四、收入分類帳於各月份數目登記完畢後，分別結算，「目」之總數，（即該目各節合計之總數），以使編造收入計算書。

(四)經費分類帳（格式與收入分類帳同）

說明：

一、經費分類帳根據收支登記簿登記之，並依照現金支出類科目所屬之「目」及「月份」分別設置帳戶，（例如辦公費爲「項」，文具，郵電，消耗，等爲「目」。故文具，郵電等科目應各設立帳戶，至文具之下各節，如紙張，筆墨等，則在各「節之科目」欄填明。）

二、經費分類帳，不分收付方。收支登記簿支出數目，均須按照科目直接記入各該月份之相當分類別細帳。

三、凡屬本月份支出，不問支付日期，是否在本月份以內，均應記入本月份帳。

四、經費分類帳于各月份數目登記完畢後，分別結算「目」之總數，以便編造支出計算書。

（五）財產登記簿（格式四）

說明：

一、財產登記簿由庶務員根據原始單據分類登記之。

二、開帳時，庶務員應將財產之計算單位，所屬類別及其名稱分別填明。

三、其他各欄均依事實各別填明。

四、財產目錄根據財產登記簿編製之。

（六）現金結存表（格式五）

說明：

一、每日記帳後應根據收支登記簿所登記各項數目，編製現金結存表。「科目」及「收入數」「支出數」各欄，依照收入，經費分類之收入支出數目及科目分別填明。

二、現金結存表，複寫三份，由製表員，會計員，及主管長官蓋章後，以一份送上級機關，一份送財政廳會計室查核，一份留存原機關備查。

（七）稅欵收入旬報表（格式六）

說明：

一、各機關征收省稅各款均應按旬照表填報。

二、各機關填報時，如因科目繁多，一張報表不敷記載時，得另張接記之，惟第一張最末一行填寫「過次頁」，第二張第一行填寫「承上頁」字樣。

三、「年，月，旬」空格內填寫所報征收稅款之年、月、旬，「年月日」空格內填寫造報之年、月、日。「稅款科目」欄填寫征收稅款科目名稱。金額欄內「本旬數」欄填寫本旬征收每項稅款數目。金額欄內「本月各旬累計數」欄填寫本月份征收各項稅款之累計數惟上月數目不能列入以清月限。金額欄內「截至本旬止累計總數」欄填寫本旬及以前各月各旬征收各項稅款之累計總數(即自年度開始至報告該旬止之總數)。「備考」欄填寫各項稅款加減理由及其他重要說明。

四、收入旬報表每旬填寫三份，經各有關係人員蓋章後，以一份呈送財政廳會計室，以一份存查，以一份呈主管稅務局。

(八)收入計算書(格式七)

說明：

一、收入計算書，依原預算所列科目順序分別門類排列。

二、各目收入計算數，如超過預算數，應將事由註明于備考欄。

三、收入計算書，編製三份，以一份送上級機關，以一份送財政廳會計室查核，一份連同單據送審計處審查。

(九)支出計算書(格式與收入計算書同)

說明：

一、支出計算書，依原預算所列科目順序分別門類排列。

二、各目支出計算數，如超過預算數(或流通者)，應將事由註明于備考欄。

三、單據粘存簿之單據號數均應于備考欄內分節註明。

四、支出計算書編製三份，以一份送上級機關，以一份送財政廳會計室查核，一份連同單據送審計處審查。

(十)財產目錄(格式八)

說明：

一、財產目錄，由庶務員按照日期及財產登記簿次序，將現存財產，類別，及其名稱，分別填入。字號及單位，均照登記簿所載分別填明。數量與金額，照各項餘額數量及金額填明。至單據粘存簿之年度，月份，及單據號數均按類分別填入。各類金額，應分別合計。各類財產合計數之和，即為財產總數，總數填入表內最末一行。

二、財產目錄于年度終了及辦理交代時，根據財產登記簿編製之。由製表員，會計員及長官閱核蓋章。如屬交代所造目錄則須會同後任長官蓋章，方送審核。

三、財產目錄編製四份，一份留原機關(或前任)存查，其餘三份送呈主管機關核閱後，以一份送財政廳會計室查核，一份送審計處審核。

(十一)財產增加表(格式九)

說明：

一、財產增加表為支出計算書附表之一，根據財產登記簿編製之。

二、財產目錄各項說明，此表亦適用之。

(十二)財產減損表(格式十)

說明：

一、財產減損表，根據財產登記簿編製之。

二、凡曾列入財產登記簿之物品，如有損壞撥交或出售事，應將物品名稱列入表內「種類名稱」欄，減損事由記入「減損事由」欄。物品原價及原編號數等項，均須逐一註明。至物品之損壞程度，撥交機關名稱等事由，則註明於備攷欄。

（十三）單據粘存簿

說明：

一、單據粘存簿爲各機關支出計算書之附件，按照支出憑證單據證明規則之規定，並依照支出計算書，區分項目節順次編列號數粘存。出納員應在每張右角騎縫蓋章，並于憑證單據上註明所屬之項目節，每項目節之後，填一總數，裝釘成册。至參考憑證單據，應分別註明原件號數，並在原件號數之上，註明參考附件總數。

一、收支登記簿

格式一（用五開玉扣紙印）　高度二十五公分　寬度三十一公分

收支登記簿　年　月　日第　頁

號數	月份	日	科目	摘要	分類賬頁數	現金收方	現金付方	餘額

（格式一）

二、普通分類賬

格式二（用五開玉扣紙印） 高度二十五公分 寬度三十一公分

科目名稱

年月日	登記簿頁數	摘要	收方	付方	差額

普通分類賬 月份第 頁

（格式二）

三、收入分類賬　四、經費分類賬

格式三（用五開玉扣紙印）　高度二十五公分　寬度三十一公分

收入分類賬　月份第　頁

科目名稱

月	日	登記簿頁數	摘要	目之合計	各節名稱

（格式三）

五、財產登記簿

格式四　高度二十五公分　寬度三十一公分

單位……類別……名稱

財產登記簿　　月份第　　頁

購置日期			單據粘存簿		事由	售賣人	所在地	編號	數量金額	領物單號數	變動收據日期號數	減損或變動				餘額		附記
年	月	日	月份	號數				字號				受主	事由	數量	金額	數量	金額	

（格式四）

六、現金結存表

格式五（可用稿心紙製）　高度三十一公分　寬度四十公分

某機關　年　月　日現金結存表

科目	收入數	科目	支出數

現金結存：上日結存

本日收入

本日支出

本日結存

機關長官　　會計員　　製表員

（五式格）

七、稅款收入旬報表

格式六　高度三十一公分　寬度四十公分

某機關民國　年　月　旬稅款收入旬報表

稅款科目	金額			備考
	本旬數	本月各旬累計數	截至本旬止累計總數	

機關長官　　會計員　　覆核員　　製表員

中華民國　年　月　日

（格式六）

八、收入計算書　九、支出計算書

格式七　高度三十一公分　寬度四十公分

某機關中華民國　年　月份（收入）支出計算書

支出經常（臨時）門

科目	本月份預算數	本月份計算數	比較		備考
			增	減	

機關長官　印

會計員　印

中華民國　年　月　日

（格式七）

十、財產目錄

格式八　高度三十一公分　寬度四十公分

某機關中華民國　年　月份財產目錄

名稱	編號		單位	數量	金額	單據粘存簿			備考
	字	號數				年度	月份	單據號數	

機關長官　　會計員　　庶務員

(格式八)

十一、財產增加表

格式九　高度三十一公分　寬度四十公分

某機關　年　月份財產增加表

物品名稱	增加事由	編號字號	單位	數量	單位價	金額	單據號數	備考

機關長官　　會計員　　製表員

（九式格）

十二、財產減損表

格式十　高度三十一公分　寬度四十公分

某機關　年　月份財產減損表

名稱	減損事由	單價	原編號數	備考

機關長官　會計員　製表員

（十式格）

廣東省金庫會計制度

二十六年六月呈奉省政府第八屆第七次會議議決「通過」在案

目錄

簿記組織系統圖
一、會計科目
二、記帳憑證
(一)單據
(二)傳票
甲、收入傳票
乙、支出傳票
丙、轉帳傳票
三、賬簿與報表
(一)分錄日記簿
(二)總賬
(三)補助賬。
(四)報告表
甲、日記抄報
乙、收支月報表
丙、現金結存表

丁、明細表

四、格式

(一)啓用單(帳簿通用)

(二)目錄表(總分類賬用)

(三)收入傳票

(四)支出傳票

(五)轉賬傳票

(六)分錄日記簿

(七)總賬

(八)補助賬

(九)日記抄報

(十)收支月報表

(十一)現金結存表

(十二)明細表

民国时期广东财政史料

廣東省金庫簿記組織系統圖

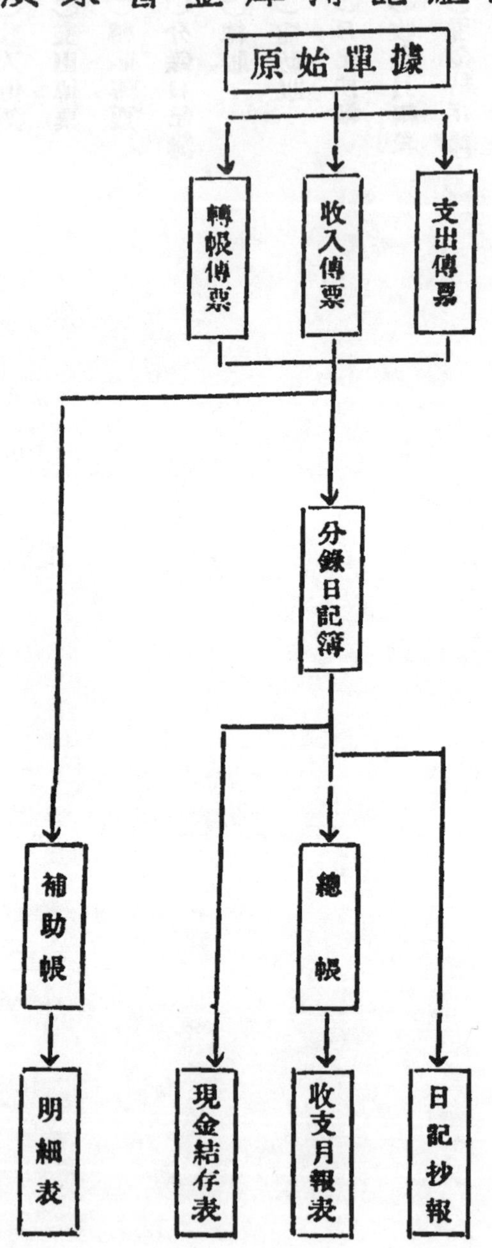

廣東省金庫會計制度

一 會計科目

(一)銀行往來 凡與銀行往來之各種之存款均屬之。

(二)金庫往來 凡金庫間之往來款項均屬之。每一金庫設立一戶。

(三)省款出納數 凡地方歲入歲出之經常臨時款項均屬之。

(四)暫收款 凡收入來源未明之各種款項均屬之。

(五)暫付款 凡支付性質不明之各種款項均屬之。

(六)借入款 凡借入之各種款項均屬之。

(七)保管款 凡收入充作保證用之一切款項均屬之。

(八)撥借款項 凡撥借財政特派員公署及其他撥借款項均屬之。

上列科目不敷用時，得按事實之需要酌量擬訂送呈請財政廳審定添設之。

二 記帳憑証

(一)單據

庫據 遵照廣東省政府財政廳之規定。

(二)傳票

甲、收入傳票(格式三)

說明：

(一)凡收入各種款項時應填製收入傳票

(二)收入傳票應根據原始單據按照事實填製之

(三)收入傳票製就後應連同原始單據依次遞送各該有關係人員蓋章方得入帳

(四)填製方法

子、「年」「月」「日」填製票時期

丑、「第　號」填該張傳票應編列之號數

寅、「附件　張」填所附原始單據之張數

卯、「單據字號」欄填各項單據之字號

辰、「科目及摘要」欄填該帳項所屬之科目及事由

巳、「帳簿頁數」欄填註科目過入各帳之頁數

午、「細數」欄填該帳項之各項細數如無細數者免填

未、「收入金額」欄填收入款項數目

乙、支出傳票（格式四）

說明：

(一)凡支出各種款項時應填製支出傳票

(二)支出傳票應根據原始單據按照事實填製之

(三)支出傳票製就後應連同原始單據依次遞送各該有關係人員蓋章方得付款入帳

(四)填製方法

子、「年　月　日」填製票時期

丑、「第　號」填該張傳票應編列之號數

寅、「附單　張」填所附原始單據之張數

卯、「單據字號」欄填各項單據之字號

辰、「科目及摘要」欄填該帳項所屬之科目及事由

巳、「帳簿頁數」欄填該科目過入各帳之頁數

午、「細數」欄填該帳項之各項細數如無細數者免填

未、「支出金額」欄填支出欵項數目

丙、轉帳傳票（格式五）

說明：

（一）凡無現金之收付僅據文件或其他憑證表示款項授受之移轉或科目之整理者得填製轉賬傳票

（二）轉帳傳票應根據原始單據按照轉帳事實填製之

（三）轉帳傳票製就後應連同原始單據依次遞送各該有關係人員蓋章方得入帳

（四）填製方法

子、「年」「月」「日」填製票時期

丑、「第　　號」填該張傳票應編列之號數

寅、「附單　　張」填所附原始單據之張數

卯、「單據字號」欄填各項單據之字號

辰、「科目及摘要」欄填該帳項所屬之科目及事由其第一行所書借方科目應靠近左綫書入第二行所書貸方科目應向右略偏約離左綫一字地位以資識別

巳、「帳簿頁數」欄填該帳項過入各帳之頁數

午、「細數」欄填該帳項各項細數如無細數者免填

未、「借方金額」欄填借方科目之金額

申、「貸方金額」欄塡貸方科目之金額

三、帳簿與報表

(一)分錄日記簿(格式六)

(一)分錄日記簿登記歲入歲出各項數目

(二)分錄日記簿根據收入支出轉帳等傳票登記

(三)分錄日記簿用活頁於啓用時將啓用單(格式一)依次塡明蓋章黏于帳簿皮面之反面

(四)每頁啓用時將日期一一塡明

(五)分錄日記簿每用一頁應由主辦會計人員蓋章於該頁之下端以昭愼重

(六)每次根據傳票記帳時將記帳之日期傳票字號單據字號科目名稱事由及金額在同一行各欄內分別書明

(七)根據收入傳票之收入金額記入借方現金欄內支付傳票之支出金額記入貸方現金欄內轉帳傳票之借方金額過入此帳之貸方轉帳欄內貸方金額過入此帳之借方轉帳欄內

(八)每頁用至只剩一行但尙須繼續記帳時應將各欄金額分別相加其總數記於末行並書「過次頁」三字於摘要欄內再將此行各欄金額總數移記於次頁首行之相當各欄並於摘要欄內書「承前頁」三字

(九)每日記帳完畢後將此帳借方各欄數目逐筆過入總帳各相當科目之貸方將貸方各欄數目逐筆過入總帳各相當科目之借方

(十)每日記帳完畢後應在是日帳目之最後一項下借貸各欄內劃一單紅綫並將以下各行分別書明

子、將本日借貸金額相加之和書于紅綫下各欄內，在同一格摘要欄內書「本日合計」四字。

丑、在本日借方合計行之次行塡列上日轉入之數在同行摘要欄內書「上日結存」四字。

寅、在本日貸方合計行之次二行用紅筆寫本日結存之數，在同行摘要欄內用紅筆寫「本日結存」四字。

卯、在本日結存數下借貸各欄內劃一單紅綫

辰、在單紅綫下摘要欄內書「合計」二字，借方金額欄內填本日借方合計與上日結存相加之和數，貸方填本日貸方合計與本日結存相加之和數。

巳、在各該欄合計金額下劃一雙紅綫。

(二)總分類帳(格式七)

(一)總帳按照會計科目記類登記各種帳項

(二)總帳根據分錄日記簿各科目登記

(三)總帳啓用時將啓用單依次填明蓋章黏于帳簿皮面之反面

(四)在總帳目錄表(格式二)上科目及頁數欄內分別書明其科目名稱及頁數黏于啓用單之次頁

(五)總帳各頁應順序編號

(六)每次根據分錄日記簿記帳時應將日期摘要日記簿頁數金額在同一行各欄內分別書明

(七)分錄日記簿借方各科目之金額過入總帳各相當科目之貸方日記簿貸方各科目之金額過入總帳各相當科目之借方

(八)每科目借貸兩方金額相比之差額應書于差額欄內並在「借或貸」欄內書明差額之類別

(九)總帳各帳戶之次序應依照會計科目規定之次序編列

(十)每一科目所占頁數應根據過去經驗估計其本年度內所需用之頁數分別分配之

(十一)每頁用至只剩一行但尚須繼續記帳時其處理方法與分錄日記簿同

(十二)每次結算時各科目之處理如下

子、在各摘要欄中各科目最末一筆帳之次行紅書「差額」二字並依差額之性質分別在借方或貸方欄內用紅筆填明其數目

丑、在借貸欄內差額數目之上劃一單紅綫又在其下劃一雙紅綫

(十三)次月開帳時應在摘要欄內書「上月轉入」四字並依差額之性質分別填入借方或貸方欄

(三)補助賬

格式及登記方法與總賬相同惟其科目以總賬之分戶科目爲科目

(四)報告

甲、日記抄報

(一)日記抄報報告每日金庫收支詳細數目(即每日分錄日記簿之複寫本)

(二)日記抄報每日複寫三份以一份留庫作爲金庫日記分錄簿一份于每日結賬後或次日午前連同省款出納之書類單據送財政廳會計室一份連同解款書報核聯及領款書報核聯逕送審計部廣東省審計處審核

乙、收支月報表(格式十)

(一)收支月報表報告每月金庫收支省款數目

(二)收支月報表根據總賬編製之

(三)製表時應將年、月、日分別填明

(四)科目及借方或貸方金額之差額應分別書于同一行各欄內

(五)總賬各科目全部記入本表後在最末一行摘要欄內書合計二字並將借方貸方二欄金額之總數分別填入各金額欄

(七)收支月報表每頁用至祇剩一行但尚須繼續登記時應在其末行摘要欄內書「過次頁」三字借方及貸方各欄內分別填明各該欄金額之總數並在次頁首行摘要欄內書「承前頁」三字借方及貸方各欄內分別填明承前頁各該欄之總數

(八)收支月報表應編製三份經出納主任會計主任金庫長蓋章後以一份送審計部廣東省審計處一份送財政廳會計室一份留庫存查

丙、現金結存表(格式十一)

(一)現金結存表報告每日金庫收支款項各數

(二)收支欵項日期應分別填於「年」「月」「日」空格內

(三)昨日結存本日共收數目應分別填于借方

(四)本日共支本日結存數目應分別填于貸方

(五)本日結存數內應分別各種貨幣于摘要欄內「庫存狀況」下並將原幣價值折合率及折合數目詳細列入

(六)借貸兩方均應各結總數

(七)此表編竣後由出納主任會計主任金庫長蓋章

(八)此表編製三份一份送金庫長一份送財政廳會計室一份留出納主任存查

丁、明細表(格式十二)

(一)明細表詳列各分戶數目

(二)明細表應根據補助賬編製之

(三)製表時應將年月日分別填明

(四)科目金額均應書於同一行各欄內

(五)補助賬各科目之本月借方差額應記入本表借方金額欄

(六)補助賬各科目之本月貸方差額應記入本表貸方金額欄

(七)補助賬各科目分別記入本表後在摘要欄內之末行書合計二字將借方貸方二欄金額各結總數分別填入

(八)此表製表三份經金庫長會計主任蓋章後以一份隨同收支月報表送審計部廣東省審計處一份隨同收支月報表送財政廳會計室一份留庫存查

四、格式

(一)啓用單(格式一)

啓用單

機關名稱								
賬簿	名稱							
	冊次							
	內含頁數							
啓用日期			民國	年		月		日
主辦會計人員	姓名							
	簽名蓋章							
	任期 啓始	年						
		月						
		日						
	任期 終止	年						
		月						
		日						

（二）目錄表（格式二）

目錄表

科目	頁數	科目	頁數

(三)收入傳票(格式三)　　格式：高度公寸一寸六分　寬度二寸二分

廣東省政府財政廳　　金庫

收入傳票

民國　　年　　月　　日第　　號附件　　張

單據		科目及摘要	帳簿頁數	細數								收入金額							
字	號			十	萬	千	百	十	元	角	分	十	萬	千	百	十	元	角	分
		合計																	

庫長　　會計主任　　出納主任　　記帳員　　覆核　　製票員

（四）支出傳票（格式四）　格式：高度公寸一寸六分　寬度二寸二分

廣東省政府財政廳　　金庫

支出傳票　（白紙印藍色字）

民國　　年　　月　　日第　　號附件　　張

單據		科目及摘要	帳簿頁數	細數								收入金額							
字	號			十	萬	千	百	十	元	角	分	十	萬	千	百	十	元	角	分
		合計																	

庫長　　會計主任　　出納主任　　記帳員　　覆核　　製票員

（五）轉帳傳票（格式五）　格式：高度公寸一寸六分　寬度二寸二分

廣東省財政廳　金庫

轉帳傳票　（白紙印黑色字）

民國　　年　　月　　日第　　號附件　　張

單據		科目及摘要	帳簿頁數	細數								借方金額								貸方金額							
字	號			十	萬	千	百	十	元	角	分	十	萬	千	百	十	元	角	分	十	萬	千	百	十	元	角	分
		合　　計																									

庫長　　會計主任　　記帳員　　覆核　　製票員

（六）分錄日記簿（格式六）格式：連四週空白在內計長公寸三寸寬四寸二分

分錄日記簿

民國　　年　　月　　日　　　　第　　頁

傳票		單據		摘要	總帳頁數	借方金額																								貸方金額																							
						現金								轉帳								合計								現金								轉帳								合計							
字	號	字	號			十	萬	千	百	十	元	角	分	十	萬	千	百	十	元	角	分	十	萬	千	百	十	元	角	分	十	萬	千	百	十	元	角	分	十	萬	千	百	十	元	角	分	十	萬	千	百	十	元	角	分

（七）總帳（格式七）格式：連四週空白在內計長公寸三寸寬二寸一分

總　　帳

科　目

年		摘要	日記簿	借方金額								貸方金額								借或貸	差額							
月	日		頁數	十	萬	千	百	十	元	角	分	十	萬	千	百	十	元	角	分		十	萬	千	百	十	元	角	分

（八）補助帳

格式　與總帳同

（九）日記抄報

格式　與分錄日記簿同但應於格式下添註廳長，會計主任，出納主任，製表員各名稱。

(十)收支月報表（格式十）

格式連四週空白在內計長六寸三分寬二寸二分

金庫

收支月報表

借方金額								摘要	貸方金額							
十萬	萬	千	百	十	元	角	分		十萬	萬	千	百	十	元	角	分

庫長　　會計主任　　出納主任　　製表員

廣東省金庫會計制度　一四三

(十一)現金結存表(格式十一)

金庫現金結存表

民國　　年　　月　　日

借方金額								摘要	貸方金額							
十	萬	千	百	十	元	角	分		十	萬	千	百	十	元	角	分
								昨日結存								
								本日共收								
								本日共付								
								本日結存								
								庫存狀況： □幣@ □幣@ □幣@								
								合計								

庫長　　　會計主任　　　出納主任　　　製表員

（十二）明細表（格式十二）

＿＿＿＿金庫

＿＿＿＿明細表

摘要	借方金額								貸方金額							
	十	萬	千	百	十	元	角	分	十	萬	千	百	十	元	角	分

庫長　　　　會計主任　　　　製表員

廣東省財政廳各機關請領票照暫行規則

第一條　廣東省財政廳所屬各機關，請領各種票照手續，均依本規則辦理。

第二條　各機關請領票照，應填具四聯請票書(附式一)，除截留存根一聯外；其餘三聯送財政廳。如同時請領數種票照時，除填具請票書外；另具請票明細單(附式二)，一併附送。

第三條　財政廳主管科股核明應領票照數額後，將通知一聯存查，憑單及收據二聯呈　廳長批准，交票照股照發。

第四條　財政廳票照股發票後，將憑單，收據二聯截留存查，並填具發票書四聯(附式三)其存根一聯留存備查，通知，回單，及報告三聯，一併送請票機關分別辦理。

第五條　請票機關收到票照，核與發票書所列字號張數相符，截留通知一聯存查，並將發票書回單及報告各聯簽名蓋章，一併送財政廳。

第六條　本規則如有未盡事宜，得隨時修正之。

第七條　本規則自公布日施行。

請票書

第一聯——存根

請票書	字第　　號
請領機關	
票照種類	
數額	
已繳金額	
備考	

右列金額已另填解款書　字第　　號於　　年　　月　　日解繳

廣東省政府財政廳（某金庫）核收第一併填具請票書及附遞呈請核發

機關長官

主管會計人員

主管人員

中華民國　　年　　月　　日

此聯留請票機關存查

字第　　號

請票書

第二聯——通知

請票書	字第　　號
請領機關	
票照種類	
數額	
已繳金額	
備考	

右列金額已另填解款書　字第　　號於　　年　　月　　日解繳

（釣廳/某金庫）核收茲一併填具請票書請予發給右列票照謹呈

廣東省政府財政廳

機關名稱及長官

中華民國　　年　　月　　日

此聯送財政廳主管科股核收存查

字第　　號

請票書

第三聯——收據

請票書	字第　　號
請領機關	
票照種類	
字號	由　字第　　號 至　字第　　號
數額	
備考	

右列款額已如數領訖此據

機關名稱及長官

主管會計人員

中華民國　　年　　月　　日

此聯由請領機關於領票時送財政廳票照股付票並加蓋付訖戳記後留存備查

字第　　號

請票書

第四聯——遞單

請票書	字第　　號
請領機關	
票照種類	
數額	
已繳金額	
備考	

右列金額已另填解款書　字第　　號於　　年　　月　　日解繳

（釣廳/某金庫）核收茲一併填具請票書請予發給右列票照謹呈

廣東省政府財政廳

機關名稱及長官

主管會計人員

中華民國　　年　　月　　日

財政廳長		科長		股長	科員
核發數額				票照股長	

此聯送財政廳主管科股核呈廳長蓋章後送票照股印發存查

（附式一）

（附式二）

請票明細單

（請票機關）請票明細單　　年　　月　　日

票照名稱	數額	備考

機關長官

（附式三）

發票書

第一聯——存根

領票機關	字第 號
票照種類	
請領張數	由 字第 號至第 號共 張
附記	

右票照已於 年 月 日如數 留此備查

科長 股長 填發員

中華民國 年 月 日

此聯留存票照股備查

字第 號

發票書

第二聯——通知

領票機關	字第 號
票照種類	
請領張數	由 字第 號至第 號共 張
附記	

右票照已於 年 月 日

收到後即將回單報告兩聯蓋章寄還

（印票機關）

廣東省財政廳

中華民國 年 月 日

此聯送領票機關存查

字第 號

發票書

第三聯——回單

領票機關	字第 號
票照種類	
請領張數	由 字第 號至第 號共 張
附記	

右票已於 年 月 日由本

如數收訖

謹呈

廣東省財政廳

領票機關長官

中華民國 年 月 日

此聯由領票機關點驗票據蓋章送
財政廳主管科股轉送票照股存查

字第 號

發票書

第四聯——報告

領票機關	字第 號
票照種類	
請領張數	由 字第 號至第 號共 張
附記	

右票已於 年 月 日如數收到謹將報告聯奉上請核存

謹呈

廣東省財政廳

領票機關長官

中華民國 年 月 日

此聯由領票機關蓋章連同回
單寄送財政廳主管科股存查

廣東省財政廳會計室組織暫行章程

二十六年四月呈奉省政府財字三三六三號指令准備案

第一條　廣東省財政廳爲謀財務會計之改進及統一起見，設立會計室。

第二條　會計室設主任一人，承廳長之命，綜理全室事務。

第三條　會計室設副主任一人，承廳長之命，襄助主任，辦理全室事務。

第四條　會計室設會計專員二人至四人，承長官之命，辦理調查設計視察指導會計事務。

第五條　會計室爲辦事便利起見，內設五股。

第六條　第一股之職掌如左

(一)關於籌劃預算所需事實之調查事項。

(二)關於各機關歲入歲出概算書之核算，及總概算書預算書之編造事項。

(三)關於預算內款項，依法留用之登記事項。

(四)關於各機關歲入歲出決算書之核算，及總決算書之編造事項。

(五)其他有關歲計事項。

第七條　第二股之職掌如左

(一)關於所屬會計人員之訓練及考績事項。

(二)關於所屬各機關會計事務之指導監督事項。

(三)關於各機關會計報告之綜核事項。

(四)關於各機關會計表册書據等格式之編製頒行事項。

(五)關於歲入歲出賬册之登記及表單之編製事項。

(六)其他有關會計事項。

廣東省財政廳會計室組織暫行章程　一四九

第八條　第三股之職掌如左

(一)關於所屬各機關統計圖表格式之製定頒行及一切編製統計辦法之統一事項。

(二)關於所屬各機關統計事務之指導事項。

(三)關於統計報告之編製事項。

(四)其他有關統計事項。

第九條　第四股之職掌如左

(一)關於各機關經臨費支付書之填發事項。

(二)關於核發支付書之登記及查對事項。

(三)其他有關核發支付書事項。

第十條　第五股之職掌如左

(一)關於公債之發行登記事項。

(二)關於金融事業之調查審核登記事項。

(三)關於貨幣之管理事項。

(四)其他有關金融公債事項。

第十一條　各股設股長一人，由　廳長於會計專員或科員中，指派兼充，承長官之命，指揮督率本股職員，辦理主管事務。

第十二條　各股視事務之繁簡，得分設科員辦事員各若干人，承長官之命辦理分掌事務。

第十三條　會計室得酌用僱員承長官之命，助理各項事務。

第十四條　會計室設室務會議，由主任副主任會計專員，及各股股長組織之，以主任為主席，倘主任因事不能出席時，由副主任代理之，室務會議，各所屬機關主管會計人員，對於有關職掌之提案，亦得列席。

第十五條　會計室辦事細則另訂之。

第十六條　本章程如有未盡事宜，得隨時修正之。

第十七條　本章程呈請　省政府核准施行。

會計室組織系統圖

會計室——主任——副主任

- 會計專員　調查設計視察及指導會計事項
- 第一股　股長　辦理預決算事宜
- 第二股　股長　辦理會計事宜
- 第三股　股長　辦理統計事宜
- 第四股　股長　辦理核放事宜
- 第五股　股長　辦理金融公債事宜

廣東省政府財政廳所屬各機關會計人員暫行規程

二十六年四月呈奉　省政府財字四三三七號指令准備案

第一條　財政廳爲集中及統一會計起見，對於所屬各機關會計人員，均由財政廳委派。

第二條　各機關主管會計人員，分左列二等，應設等次，由財政廳視其事務之繁簡定之。

一、會計主任，

二、會計員，

第三條　主管會計人員，受財政廳會計室之指揮，承所在機關長官之命，辦理左列事項。

一、本機關歲入歲出預算之編製事項，

二、本機關賬目之登記事項，

三、本機關各項會計書表之造報事項，

四、本機關有關款項來往文件之核簽事項，

五、本機關所轄機關會計事宜之稽核事項，

六、本機關及所轄機關庫存之檢查事項，

七、本機關及所轄機關辦理會計人員之監督及指導事項，

八、其他有關於會計事項，

第四條　各機關佐理會計人員分左列二等：

一、會計員　設會計主任之機關得設置之，

二、會計助理員　設會計主任及會計員之機關均得設置之，

第五條　佐理會計員，承主管會計人員之命，辦理其分掌事務。

第六條　各機關會計人員不得兼辦出納事務，但機關較小者，會計人員，得兼任其他事務。

第七條　收入款項之收據，應由長官及主管會計人員簽名蓋章，方爲有效。

第八條　收入欵項，由出納員於當日將收據存根送主管會計人員審查登賬。

第九條　各機關現金，只能留置一定額數，爲庫存備用，逾額欵項，應隨時存放指定之銀行。

第十條　凡向銀行存款，均應用本機關名義，存入後出納員須將摺據送主管會計人員査閱登賬。

第十一條　凡向銀行提款之支票，或其他提款摺單，須由長官及主管會計人員簽名蓋章，方爲有效。

第十二條　各機關長官擬辦事項，須支出款項者，應先交主管會計人員査明所能支用之數。

第十三條　支出款項應由主管會計人員審定，在原始單據上或請發之表單上簽名蓋章，送長官核准後，由出納員照付，未經審定核准手續者，不得付款。

第十四條　出納員根據上條所定辦法付欵後，應在原始單據或請發之表單上蓋付訖戳記，並簽名蓋章，將單據等送主管會計人員審査登賬。

第十五條　主管會計人員對於支出欵項，査有超過預算或不合法令者，得拒絕簽名蓋章，如長官强制執行，或不依支款手續，竟行支付款項者，得逕呈財政廳核辦。

第十六條　主管會計人員，除依法照以上各條執行職務外，遇有會計事項，與法令及預算案不符者，並須隨時呈明長官核辦。

第十七條　本規程呈報　省政府備案施行。

广东省国防公债条例及募集办法汇编

广东省国防公债劝募委员会　编

廣東省國防公債條例及募集辦法彙編

廣東省國防公債勸募委員會編印

民國廿七年三月五日出版

廣東省國防公債勸募委員會通告

本省爲鞏固國防起見呈奉中央核准發行廣東省國防公債國幣壹千五百萬元并在廣州市設立勸募委員會總會在全省各縣市組設分會辦理勸募事宜茲本總會經于二月廿六日組織成立并遵照條例於三月一日開始發行總會會址設在廣州市南堤廣東省銀行內各分會亦趕緊組設以利進行值此全面抗戰時期粵省爲西南重鎭充實國防刻不容緩吾粵民衆急公好義向爲全國先對於此項公債務祈踴躍認銷以期迅速集欵克奏事功實深利賴特此通告

名譽會長　余漢謀
會　　長　吳鐵城
副 會 長　曾養甫
總 幹 事　顧翊羣

目錄

廣東省國防公債條例
廣東省國防公債募集辦法
廣東省國防公債勸募委員會組織章程
廣東省國防公債勸募委員會總會辦事細則
附：總會會長委員及組主任姓名表
廣東省國防公債勸募委員會分會辦事通則
余吳曾會長致各縣市局長函
廣東省國防公債基金保管委員會章程
附：基金保管委員會委員姓名表
各縣市長官募集廣東省國防公債懲奬辦法
廣東省國防公債推銷辦法
廣東省國防公債勸募委員會勸募隊組織辦法

目錄

廣東省國防公債勸募委員會各分會及經收機關收解債欵規則
經發行處代發分會國防公債收據報告表
廣東省國防公債勸募委員會分會經收債欵半月報表
廣東省國防公債勸募委員會各分會及經收機關塡寫收據規則
廣東省國防公債勸募委員會推銷國防公債信託金辦法
經募廣東省國防公債之手續費
廣東省銀行受託舉辦國防公債信託金辦法
民國二十七年廣東省國防公債還本付息表
廣東省國防公債債欵收據式樣

廣東省國防公債條例

國民政府三月五日公布

第一條　廣東政府爲鞏固國防起見呈奉國民政府核准發行公債定名爲民國二十七年廣東省國防公債

第二條　凡個人或團體以現金或有價物品繳充本省國防之用者按照所繳數額發給本公債其物品估價章程另定之

第三條　本公債總額定爲國幣一千五百萬元於民國二十七年三月一日照面額十足發行

第四條　本公債年息四厘自民國廿八年起每年二月底一次付給

第五條　本公債自民國三十年二月起還本每年抽籤還本一次第一次至第九次每次還本百分之二第十次至第十七次每次還本百分之三第十八次至二十四次每次還本百分之四第二十五次至第二十次每次還本百分之五至民國五十九年二月底全

數償清

第六條　本公債還本付息由廣東省政府指定本省營業稅收入爲基金如有不敷以本省所徵他項稅收補撥依時還本付息表所載每年應還本息數目按月平均撥交本公債基金保管委員會負責保管其組織章程另定之

第七條　本公債債票分千元百元五十元十元五元五種均爲無記名式

第八條　本公債由廣東省政府委託機關經募並公告之

第九條　本公債之還本付息由廣東省銀行及其委托之銀行經理之

第十條　對於本公債如有僞造毀損信用之行爲者由司法機關依法懲處

第十一條　本條例自呈奉核准日公佈施行

廣東省國防公債募集辦法

一、廣東省國防公債根據廣東省國防公債條例發行之
二、廣東省政府爲勸募廣東省國防公債設立之廣東省國防公債勸募委員會總會於廣州設分會於各縣市及省外各地辦理宣傳經募事宜其組織及辦事通則另定之
三、本公債委託廣東省銀行及各地縣市金庫及郵局等爲經收機關
四、本公債之募集以國幣爲本位凡以省劵硬幣生金銀等繳納債款者均依政府定價折合之以外幣繳納者依市價折合之
五、正式收據由總會印製發交各規定或指定之經收機關應用其塡寫規則另定之
六、各經收機關收解債欵應依照收解債欵規則辦理之
七、凡持有第五條之正式收據者得向原出收據之經收機關按照收據所載金額換取同額廣東省國防公債其開始換發期由廣東省政府公告之
八、凡應募及經募鉅額之公債者由總會函請廣東省政府特予獎勵其獎勵章程另定之

九、勸募委員會總會應將辦理情形隨時報告廣東省政府分會報告總會以備查考

十、本辦法由廣東省政府公佈施行並呈請行政院備案

廣東省國防公債勸募委員會組織章程

第一條 廣東省政府依照廣東省國防公債募集辦法之規定組織廣東省國防公債勸募委員會辦理本公債經募事宜

第二條 廣東省國防公債勸募委員會設總會於廣州并由總會設分會於省內外各地

第三條 總會委員由廣東省政府聘請之分會委員由總會選定并呈報廣東省政府備案

第四條 總會設名譽會長一人由省政府聘請廣東綏靖主任充任之會長一人以廣東省政府主席充任之副會長一人由財政廳長充任之委員若干人由廣東省政府聘定之分會設主任委員一人副主任委員一人或二人由總會選定并呈報廣東省政府備案

第五條　總會會長綜理全體會務副會長輔助之分會主任委員主管分會事務副主任委員勷助之

第六條　總會設總幹事一人秉承正副會長處理一切事務并分設總務宣傳經募會計各組及稽核委員會并視事務之繁簡酌用幹事分會辦事人員設置及分配由總會酌量情形定之

第七條　總分會必需開支由總會呈請廣東省政府核定之

第八條　本分會辦事通則由總會訂定并呈報廣東省政府備查

第九條　本章程如有未盡事宜由廣東省政府隨時修訂之

第十條　本章程由廣東省政府公佈施行并呈報行政院備案

廣東省國防公債勸募委員會總會辦事通則

廣東省國防公債條例及募集辦法彙編

六

第一條　本會依照廣東省國防公債勸募委員會組織章程第二條之規定設立總會於廣州辦理廣東省國防公債勸募一切事項

第二條　本會在總幹事之下設置左列四組

總幹事（一）總務組　（二）宣傳組　（三）經募組　（四）會計組

第三條　總務組掌理左列各事項

（一）關於典守印信事項

（二）關於撰擬文稿事項

（三）關於收發繕校文件事項

（四）關於保管擋案事項

（五）關於開會事項

（六）關於本會經費之出納事項

(七)關於物品購置及其他庶務事項
(八)關於不屬於其他各組之事項

第四條 宣傳組掌理左列各事項
(一)關於辦理各項文字圖畫宣傳事項
(二)關於演講播音宣傳事項
(三)關於刋登廣告事項

第五條 經募組掌理左列各事項
(一)關於國防公債承募及經募之接洽事項
(二)關於募得債欵通知收款機關及會計組核收事項

第六條 會計組掌理左列各事項
(一)關於債欵之核收及撥解事項

（二）關於基金之核算及募得國幣以外之其他貨幣折價事項
（三）關於各分會所募債欵之考核登記報告事項

第七條 每組設主任一人副主任一人至二人并就各組事務之繁簡分設各股以幹事辦理之

第八條 本會置稽核委員會設委員若干人掌理一切賬目欵項之稽核及檢查事項以幹事辦理之

第九條 本會得酌用僱員若干人勷辦各項事務

第十條 本通則自公佈之日施行

附：總會會長委員及組主任姓名表

名譽會長 余漢謀 正會長 吳鐵城 副會長 曾養甫

委　員　繆培南　歐陽駒　顧翊羣　余俊賢，方少雲　何輯屏

陳玉潜　鍾榮光　黃隆生　上官德賢　李應林　李德軒

總務組主任　陳秉鐸　副主任　程育圃

宣傳組主任　余俊賢　副主任　陳宗周

經募組主任　鄭炳忠　副主任　杜梅和

會計組主任　雲照坤

廣東省國防公債勸募委員會分會辦事通則

第一條　廣東省國防公債勸募委員會依組織章程第二條之規定由總會於省內外各地設立分會

第二條　分會設主任委員一人副主任委員一人至二人由總會聘任之委員十二人由正副

主任選聘報告總會備案

第三條　分會得設左列各組其辦事細則由分會自行訂定之

一·總務組　一·經募組　一·宣傳組　一·會計組

第四條　各組設主任一人副主任一人至二人幹事若干人但會計組主任由總會指定之

第五條　分會得設稽核委員三人掌理一切賬目欵項物品之稽核及檢查事宜

第六條　關於經募及宣傳事宜得分設勸募隊及宣傳隊

第七條　委員主任幹事隊長隊員等均為無給職但僱員不在此限

第八條　分會收款應交總會指定之經收機關如分會擬自行指定經收機關者應先報告總會核定

第九條　分會必需辦公費應請總會核定之

第十條　分會記賬科目及解欵手續應照總會所發會計規則及收解公債債欵規則辦理

第十一條　關於廣東省國防公債之一切條例辦法組織章程法令等分會均應一律遵守

第十二條　本通則如有未盡事宜得隨時修正之

第十三條　本通則自公布之日施行

余吳曾會長致各縣市局長函

各縣市局長均鑒自首都淪陷國難益深河山有纍卵之變風雨切危舟之懼粤地瀕海門戶洞開敵國樓船狡焉思逞摩空鐵翼日肆憑陵勞將伺隙南侵傾師臨我念同仇而敵愾秦豈無人惟阜財以益兵國庶有豸吾粤以饒裕上腴雄領外粤人又以忠誠尚義聞國中輸財助邊家皆卜式請纓繫敵人盡終軍當此千鈞一髮之秋咸懍百年爲戎之懼辛勤負弩既奮前驅慷慨解囊宜彰後勁茲惟庤糧備械所有事爰有國防公債之籌募業經呈奉

中央明令頒布定額國幣壹千五百萬元並經省府通令各地方政府依額推銷雖物力云痡竭澤

之魚忍言第寇氛甚惡覆巢之卵無完非謀軍實之充牣不足以保疆圉非賴資源之接濟又何以供度支此舉實繫存亡有衆諒當踴躍

執事為親民之官尤望共體斯旨設法勸導依期完成漢文帝有言與共天下者惟良二千石賢有司嘉惠及民輿情愛戴想必有以副此期望也佇遲報曷不盡懷懷即頌

政綏諸希

亮詧

廣東省國防公債勸募委員會名譽會長余漢謀

會　長吳鐵城

副會長曾養甫

廣東省國防公債基金保管委員章程

第一條　廣東省政府爲保障廣東省國防公債還本付息之確實起見設立廣東省國防公債基金保管委員會

第二條　本會設委員九人由廣東省政府省銀行商會銀行公會各派代表一人由省政府聘請社會有聲望者五人充之并由各委員推定主席委員及總幹事各一人

第三條　廣東省政府應照廣東省國防公債條例第六條之規定自民國二十七年三月起飭由廣東省庫在本省營業稅收入項下每三個月撥付國幣十五萬元又自民國三十年三月起每年提撥九十萬元按月提撥國幣七萬五千元交本會負責保管由本會於每屆還本付息時照還本付息表所載數目指定備付到期本息

前項還本付息應由本會負責監督按期辦理

第四條　省庫提撥付之基金應由本會按每次撥到如數送交廣東省銀行儲存并照還本付息表所載數目按期由省銀行辦理付息還本事務并登報公告之

第五條 本會經費由省政府負担其經費預算組織細則及辦事章程均另定之

第六條 本章程自呈奉核准之日公佈施行

附·基金保管委員會委員姓名表

曾養甫	顧翊羣	何輯屏	陳玉潛	黃元彬
錢樹芬	金曾澄	黃隆生	蔡昌	

本省各縣市長官募集廣東省國防公債奬懲辦法

廣東省政府訓令財字第五六八七號

案查本府第八屆委員會第八十次會議本主席提議：

一 查本府前據救國公債勸募委員會廣東分會擬具本省各縣市長官募集救國公債懲獎辦法三項呈請察核施行等情到府當經提出本府委員會第三十五次會議議決「通過」並分行在案其辦法三項如下

(一)勸募足額者嘉獎

(二)超過定額者記功超過一成以上者記大功超過二成以上者升級並呈請 國民政府明令嘉獎

(三)募至八成者免議不及八成者罰一個月薪俸百份之四十不及七成者罰一個月薪俸百份之五十不及六成者酌量情形降級或撤職

查省防公債勸募總會業已組織成立所有各縣分會亦已分令限期本月十日以前成立所有各縣市局長募債懲獎辦法似擬援照上項辦法辦理並提會核定後轉呈行政院備案」

當經決議「通過」紀錄在案自應照決議案辦理除呈行政院備案并分令外合行令仰知照此令

中華民國廿七年三月七日

主席　吳鐵城

廣東省國防公債推銷辦法

(一)所屬各縣市地方情形派定應銷債額限期三個月內分期收集解繳

(二)本市各銀行按營業大小分別認銷

(三)本省黨政軍警學各機關職員不拘薪俸多寡捐薪半個月購債在四月份內一次扣足限期五月上旬清繳

(四)所有國省市稅捐承商按照餉額半個月派銷總商負担十分之三分商負担十分之七如有

子商則分商與子商仍照三七比例分担由三月份起分三個月匀繳但不得轉嫁於納税商人

（五）所有省市税捐及菸酒税委辦機關由四月一日起至五月底止以兩個月爲限照納税數額搭銷二成於納税時附帶征收搭銷期滿後統計搭銷債欵數目發給債票撥充各地方慈善機關爲辦理慈善事業之用

（六）各團體各殷富各埠華僑分別派員勸銷

廣東省國防公債勸募委員會勸募隊組織辦法

第一條　本會爲喚起民衆踴躍購債建設國防增强抗戰實力起見組織勸募隊若干隊分任勸募

第二條　勸募隊每隊設隊長一人由本會聘請各界領袖社會名流担任之，每隊以隊長名

字爲隊號

第三條 每隊得設參謀顧問秘書各一員及隊員若干人均由隊長各自物色熱心人士薦由本會加函聘任同時將各員姓名住址通知本會備查

第四條 各勸募隊所有勸募事宜得隨時向本會洽商辦理

第五條 各隊自組織成立之日起至民國二十七年五月底止爲勸募期間

第六條 在勸募期間分爲三期結算廿七年三月底止爲第一期四月底止爲第二期五月底止爲第三期

第七條 爲鼓勵各隊努力爭先以期迅集鉅欵起見擬定加分考核成績辦法（一）計算成績以國幣一元爲一分凡在第一期結算所得成績加二計分（卽國幣壹百元作壹百式拾分計）（二）第二期結算所得成績加一計分（三）第三期結算成績照實數計分

第八條　關於各機關團體派銷及扣薪債欵不屬勸募隊範圍不得塡列認購書作爲勸募成績

第九條　各隊勸募人員持本會所發公債認購繳欵書分向親朋勸募由認購人在認購書內塡明姓名住址及認購債額其繳欵書一聯由認購人持赴本會指定之經收機關交欵認購通知一聯由勸募人逕交本會登記備核存根一聯由勸募人存查

第十條　勸募期滿後核計成績優異者由本會呈請　政府獎勵之

第十一條　本辦法如有未盡事宜得隨時由本會議决修正之

廣東省國防公債勸募委員會各分會及經收機關收解債欵規則

第一章　經收機關

第一條　本總會委託廣東省銀行總行信託部爲經收總機關廣東省銀行各地分支行處及本省各縣市郵局等爲經收機關幷於必要時隨時增設之

第二條　各地分會經募債欵如不指定經收機關得由分會自行收解之

第二章　現欵收解辦法

第三條　經收總機關及經收機關收解現欵辦法如下

甲　經收機關（卽代總會經收債欵之銀行郵局及其他委託機關）收到債欵應塡具收據交公債認購人收執每日塡造經收機關國防公債各戶現欵收入日報報告總會同時在其賬册內列收國防公債勸募委員會總會戶幷於每星期六日將收存債欵撥解經收總機關核收塡具經收機關彙解債欵報告表二份分報總會及經收總機關

乙　經收總機關（卽廣東省銀行信託部）收到經收機關解欵應塡具收據發還

解款之經收機關核收幷造具經收總機關收入經收機關彙解債欵報告表報送總會同時在其賬册內列收國防公債勸募委員會總會總收帳戶

丙　分會收到債欵應填具收據交公債認購人收執幷於每半月填造分會國防公債各戶現款收入報告表報告總會債欵解繳經收總機關時應填分會解欵報告表三份以一份留存備查二份分報總會及經收總機關如解繳債欵託由銀行郵局或商店滙繳應將分會解欵報告表附同滙票寄送經收總機關核收

丁　經收總機關收到分會解欵應填具收據發還分會收執幷造具經收總機關收入分會解欵報告表報送總會同時在其帳册內列收國防公債勸募委員會總會帳戶

第四條　收解債欵均以國幣計算各分會及經收機關收到國幣以外之各地通行貨幣應照財政部規定換算率或市價換成國幣收解

經發行處代發分會國防公債收據報告表

注意．此表請於收據發出後連同分會領據寄回總會

分會名稱						
票額	千元	百元	五十元	十元	五元	合計
號數	由　號至　號計　張	由　號至　號計　張	由　號至　號計　張	由　號至　號計　張	由　號至　號計　張	
金額						

上列收據。業由　　分會具領。經敝行處照數發給。合將領據一

份附表送還。即希查照登記爲荷此致

廣東省國防公債勸募總會　　經發收據行處簽印　　月　　日

附送分會領據　　張

分會經收債款半月報告表

收據種類＼數額	領用總數		張數金額		本期續銷		尚存未銷		備註
	張數	金額	張數	金額	張數	金額	張數	金額	
千元									
百元									
五十元									
十元									
五元									
合計									

說明：經收債欵報告以半月爲一期每期塡製三份以一份留存備查二份分寄總會會計組及經募組上半月不得過每月十六日發出下半月不得過次月一日發出不得延誤

廣東省國防公債勸募委員會　組

主任委員

會計

中華民國　年　月　日

廣東省國防公債勸募委員會各分會及經收機關塡寫收據規則

一　本會收據核定面額計分千元百元五十元十元五元五種

二　本會收據由總會印製發交各分會及經收機關應用以資一律

三　收據分爲兩聯第一聯收據由經收機關或分會簽印並加蓋負責人印章第二聯存根由經收機關留存備査

四　收據號碼由總會編定分會及經收機關不得更改

五　認購人日後憑各分會及經收機關所發給之總會收據仍向原經收機關或分會換領同額公債

六　收據誤寫或破污毀致註銷時應將收據聯同存根寄回總會以備查核

廣東省國防公債勸募委員會推銷國防公債信託金辦法

（一）本會爲利便國人小額認銷國防公債起見特委託廣東省銀行舉辦國防公債信託金已於三月廿一日開始收受并定以國幣一元爲一個單位凡個人熱心認購或遵照派銷辦法認購額不足整張債劵者得依照單位繳納信託金

（二）國防公債信託金先發收據再換存儲証均由本會印製交廣東省銀行辦理

（三）國防公債信託金存儲証爲無記名式得自由轉讓與承受

（四）國防公債信託金存儲証發給時由本會登報週知認購人可持收據逕向廣東省銀行換領

（五）認購國防公債信託金存儲証與認購公債同爲集合五個單位可向廣東省銀行換領國防公債面額五元票一張其不足五元者於還本付息時由廣東省銀行代收本息分配發還

（六）各縣市分會及派銷之機關團體所推銷信託金數目得歸入原派銷額內計算

（七）各勸募團體及認購人認購國防公債信託金存儲証可直向廣東省銀行認購

（八）各縣市分會所銷國防公債信託金應發收據由總會向廣東省銀行代領轉發幷由分會塡具領據向總會領用

（九）各縣分會經銷國防公債信託金收據每半月應將經銷張數金額塡具經銷國防公債信託金報告表按期報告總會以備查核

（十）各縣市分會解繳收國防公債信託金時應塡具國防公債信託金解欵報告單三份照份留

存備查一份報告總會一份連同信託金解欵繳交廣東銀行信託部核收

（十一）各縣市分會推銷此項信託金收據將來由認購人逕向廣東省銀行信託部換領國防公債信託金存儲証如道路遙遠認購人得附同郵票開具本人詳細地址寄由廣州市廣東省銀行信託部按址發還

（十二）各縣市分會收解國防公債信託金應依照本辦法另定專表報告不得與國防公債債欵收解表報相混表報格式另訂之

（十三）此項信託金均以國幣計算如收到國幣以外之各地通行貨幣應照財政部規定換算率或市價換成國幣收解之

經募廣東省國防公債之手續費

——廣東省國防公債勸募委員會總會代電——

鑒本會奉令勸募國防公債前經擬具各市縣局攤銷額數及解欵限期呈奉省政府核定通飭遵照在案惟查各分會所需印刷行旅等費係屬必需開支不能無着茲核定按照實收債欵每百元發給手續費一元五角除呈省政府備案暨分電外特電達查照廣東省國防公債勸募委員會灰印

廣東省銀行受託舉辦國防公債信託金辦法

(一)廣東省銀行受廣東國防公債勸募委員會委託爲利便國人小額認購起見特由信託部舉辦國防公債信託金彙集五元以下一元以上資金購買整額公債

(二)國防公債信託金總額暫定國幣五十萬元分爲五十萬單位每單位國幣一元凡熱心購買國防公債或依照派銷辦法而獨力不足購買整張者可向廣東省銀行總行信託部或全省各地分支行處認定單位繳納欵項由廣東省銀行發給信託金存儲證存執

（三）國防公債信託金由廣東省銀行全數購買國防公債所有認購交款換券以及將來收回本息概由廣東省銀行負責辦理

（四）國防公債以信託金所購之國防公債將來還本付息之所得由廣東省銀行按期依照單位全數分配於信託金存儲證持有人

（五）凡彙集國防公債信託金存儲証滿五單位者得向廣東省銀行換取五元面額國防公債券一張自行保管

（六）國防公債信託金存儲証持有人如志切捐輸不欲享受其應有權利者得將其信託金存儲證交回廣東省銀行彙集整數將同額國防公債券繳還省庫並登報表揚之

（七）廣東省銀行辦理國防公債信託金純以服務國家爲目的一切工作均盡義務不徵取任何手續費

（八）國防公債信託金之處理由廣東省銀行負無限責任

民國二十七年廣東省國防公債還本付息表

年 月	現負數	次數	還本數	期數	付息數	本息共計
28. 2	15.000.000			1	600. 000	600. 000
29. 2	15.000.000			2	600. 000	600. 000
30. 2	15.000.000	1	300. 000	3	600. 000	900. 000
31. 2	14.700.000	2	300. 000	4	588. 000	888. 000
32. 2	14.400.000	3	300. 000	5	576. 000	876. 000
33. 2	14.100.000	4	300. 000	6	564. 000	864. 000
34. 2	13.800.000	5	300. 000	7	552. 000	852. 000
35. 2	13.500.000	6	300. 000	8	540. 000	840. 000
36. 2	13.200.000	7	300. 000	9	528. 000	828. 000
37. 2	12.900.000	8	300. 000	10	516. 000	816. 000
38. 2	12.600.000	9	300. 000	11	504. 000	804. 000
39. 2	12.300.000	10	450. 000	12	492. 000	942. 000
40. 2	11.850.000	11	450. 000	13	474. 000	924. 000
41. 2	11.400.000	12	450. 000	14	456. 000	906. 000
42. 2	10.950.000	13	450. 000	15	438. 000	888. 000
43. 2	10.500.000	14	450. 000	16	420. 000	870. 000
44. 2	10.050.000	15	450. 000	17	402. 000	852. 000
45. 2	9.600.000	16	450. 000	18	384. 000	834. 000
46. 2	9.150.000	17	450. 000	19	366. 000	816. 000
47. 2	8.700.000	18	600. 000	20	348. 000	948. 000
48. 2	8.100.000	19	600. 000	21	324. 000	924. 000
49. 2	7.500.000	20	600. 000	22	300. 000	900. 000
50. 2	6.900.000	21	600. 000	23	276. 000	876. 000
51. 2	6.300.000	22	600. 000	24	252. 000	852. 000
52. 2	5.700.000	23	600. 000	25	228. 000	828. 000
53. 2	5.100.000	24	600. 000	26	204. 000	804. 000
54. 2	4.500.000	25	750. 000	27	180. 000	930. 000
55. 2	3.750.000	26	750. 000	28	150. 000	900. 000
56. 2	3.000.000	27	750. 000	29	120. 000	870. 000
57. 2	2.250.000	28	750. 000	30	90. 000	840. 000
58. 2	1.500.000	29	750. 000	31	60. 000	810. 000
59. 2	750.000	30	750. 000	32	30. 000	780. 000
	共 計		15.000.000		12.162.000	27.162.000

廣東省國防公債
債款收據式樣

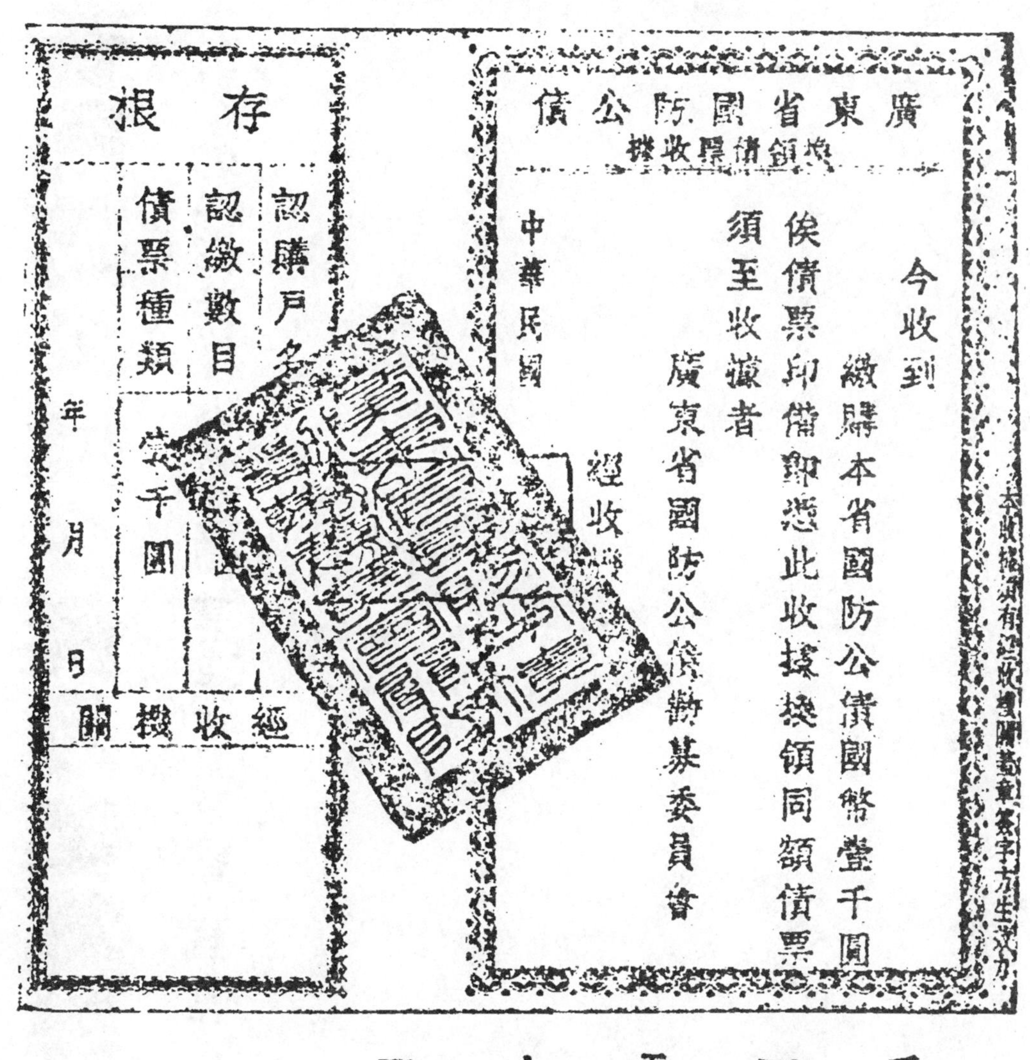
廣東省國防公債
繳領債票收據

今收到
繳購本省國防公債國幣壹千圓
俟債票印備即憑此收據換領同額債票
須至收據者
廣東省國防公債勸募委員會
經收機關
中華民國

本收據須有經收機關蓋章簽字方生效力

存根
認購戶名
認繳數目
債票種類
壹千圓
年　月　日
經收機關

說明

千元券　一千張　共一百萬元
百元券　二萬張　共二百萬元
五十元券　四萬張　共二百萬元
十元券　五十萬張　共五百萬元
五元券　一百萬張　共五百萬元
共計　壹百伍拾陸萬壹千張　壹千伍百萬元

廣東省國防公債條例及募集辦法彙編

廣東省國防公債勸募委員會宣傳組編印